历史的沸点

第五卷

隋朝：黄金时代的黎明

赵海峰 著

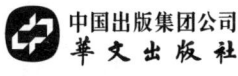

中国出版集团公司
华文出版社

图书在版编目（CIP）数据

历史的沸点. 第五卷 / 赵海峰著. －－ 北京：华文出版社，2022.12（2023.2 重印）

ISBN 978-7-5075-5694-0

Ⅰ．①历… Ⅱ．①赵… Ⅲ．①中国历史－古代史－研究 Ⅳ．①K220.7

中国版本图书馆CIP数据核字(2022)第193615号

历史的沸点　第五卷

作　　者：	赵海峰
选题策划：	胡　子
责任编辑：	张明华
出版发行：	华文出版社
地　　址：	北京市西城区广外大街305号8区2号楼
邮政编码：	100055
网　　址：	http://www.hwcbs.cn
电　　话：	总编室 010-58336239　发行部 010-58336267
	责任编辑 010-58336197
经　　销：	新华书店
印　　刷：	三河市龙大印装有限公司
开　　本：	710×1000　1/16
印　　张：	20.75
字　　数：	278千字
版　　次：	2022年12月第1版
印　　次：	2023年2月第2次印刷
标准书号：	ISBN 978-7-5075-5694-0
定　　价：	58.00元

版权所有，侵权必究

目 录

第一章 | 普六茹忠 …………………………………… 001

真假弘农杨氏—从北到南　从南到北—十二大将军

第二章 | 左右为难 …………………………………… 012

神奇尼姑智仙—最牛老丈人—两姑之间难为妇—庞晃的忽悠

第三章 | 术士救命 …………………………………… 021

计杀宇文护—北周灭北齐—都是长相惹的祸

第四章 | 刀尖舞蹈 …………………………………… 029

混账皇帝宇文赟—危险的女婿

第五章 | 杨坚辅政 …………………………………… 036

骑兽之势不得下—秘不发丧骗五王—群臣被迫选站队

第六章 | 平定三方 …………………………………… 043

尉迟迥造反—高颎初露峥嵘—平定三总管之乱—沧海横流识英雄

第七章 | 代周建隋 · · · · · · 055

又一场鸿门宴—大隋王朝诞生了—得来帝位并不易—断子绝孙宇文氏

第八章 | 万象更新 · · · · · · 066

三省六部制—打破金饭碗—影响深远的《开皇律》—营建大兴城

第九章 | 突厥臣服 · · · · · · 077

一碗水端平—突厥专家长孙晟—分化瓦解五可汗—三位闲人搞谋反

第十章 | 天下一统 · · · · · · 091

隔江犹唱后庭花—损招最管用—众人献策平陈—打过长江去 活捉陈叔宝—金陵王气黯然收—是谁杀死张丽华—没心没肺陈叔宝—江南又乱了—苏威的朋党之灾

第十一章 | 开皇之治 · · · · · · 119

治标又治本—软实力也要硬—巡视执法—赏罚分明树榜样—抠门皇帝创奇迹—大义公主不大义—"圣人可汗"开先河

第十二章 | 夺嫡之争 · · · · · · 135

任性的太子—人见人爱的晋王—太子的儿女亲家—拉杨素下水—最强同盟军—高颎的倒台—最狠小舅子—杨广的最后一击—杨勇的罪状—清除太子党

第十三章 | 皇家悲剧 ········· 167

悲催的老三杨俊—有口难言的老四杨秀—贤后还是悍妇

第十四章 | 弑父谜案 ········· 179

晚年隋文帝—杨素失宠—仁寿宫谜案

第十五章 | 文帝功过 ········· 190

杨坚是个好皇帝—喜怒无常乱杀人

第十六章 | 大业初年 ········· 195

五弟杨谅造反—营建东都洛阳—千秋功过大运河—第一次下江都—创设进士科

第十七章 | 朝中五贵 ········· 216

亦正亦邪杨素—大业五贵

第十八章 | 扬威异域 ········· 224

突厥人傻眼了—重开丝绸之路—走得最远的皇帝

第十九章 | 一征辽东 ········· 236

小事件引发大纷争—全国总动员—意料之外的惨败

第二十章 | 玄感之乱 ································ 244

二征高句丽—杨玄感反了—下策变上策—杨玄感兵败—多米诺第一张骨牌

第二十一章 | 内外交困 ································ 261

当有李氏应为天子—雁门关＝鬼门关—皇帝说话不算数

第二十二章 | 三下江都 ································ 271

暗战关陇贵族—宇文述死了—李密来到瓦岗寨—翟让主动让贤—长乐王窦建德—浮浮沉沉杜伏威

第二十三章 | 李渊起兵 ································ 288

真假"桃色事件"—李渊不是窝囊废—太原城头竖反旗—一封书信搞定李密—宋老生和屈突通—攻克大兴城

第二十四章 | 杨广之死 ································ 308

过一天算一天—骁果军不干了—自作孽不可活—有功无德隋炀帝

第二十五章 | 曲终人散 ································ 321

三位隋帝并立—流星一般的王朝

第一章　普六茹忠

真假弘农杨氏

西魏大统七年六月，即公元541年7月的一个夏夜，冯翊般若寺里，一名男婴的哭声打破了寂静，一时间"紫气充庭"，看上去是一位大人物来到了人世间。没错，这个呱呱坠地的婴儿便是后来的隋朝开国之君，三百多年乱世的终结者——杨坚。

在古代，一些杰出的帝王出生时总会闹出比较大的动静，换句话说，如果没有一些不凡的气象，都似乎觉得不好意思。一如刘邦之母梦中与神龙交合而生下了他，李世民出生时二龙戏于馆门之外而三日不去。至于像杨坚这样出现紫气萦绕、红光漫天的天象，只能算是基本的标配。

杨坚注定会成为一个大人物，除了天象外，面相更与众不同。据《隋书》记载，他"为人龙颜，额上有五柱入顶，目光外射，有文在手曰王，长上短下，沉深严重"。就是说，他额头突出，并有五个隆起的部分从额头直插到头顶上。眼球凸显，目光咄咄逼人，手上有一个奇怪的掌纹，组成一个"王"字，而且上身长，下身短，显得很不成比例。

纵观其长相，除了"目光外射"还算正常外，其他的都有些奇葩。别的不说，倘若真的是"额上有五柱入顶"，用现在的眼光看，实在奇丑无比，甚至有些畸形，说是怪物也不为过。但在相术发达的古代，这种相貌却是"其贵无比"，相书上的术语称这样的额头为"龙犀"，额头上那五根入顶的"肉柱"，是"龙颜"的象征。换句话说，杨坚长得虽然有些对不住观众，但注定了他一生下来就有成为帝王的命数。

不过，这只是一种可能性，要想人生有个好的前途，在很讲究门第的那个时代，首先要保证自己生在一个不错的家族。面相奇异的杨坚，出生在一个什么样的家族呢？他自报是弘农杨氏的后裔。这个家族非常显赫，代表人物是东汉太尉杨震，号称"关西孔子"，杨家一门"四世太尉"，被赞誉为"四世三公"，就是说家族中有四代人坐到了三公的高位，其他家族难以企及，《隋书》上说杨坚是杨震的第十四世孙子。

到底是真实如此，还是有意贴金，大部分学者认为是后者，因为史书上的记载有几处明显的破绽。第一大破绽是关于名讳的问题，杨震的曾祖父叫杨忠，而杨坚的父亲也叫杨忠，这种名字撞车的事情在今天觉得没有什么，但在古代却是一大忌讳，特别是对于弘农杨氏这样的名门望族来讲，胆敢冒犯祖先名讳，堪称是大逆不道的行为，完全在禁止之列。倘若杨坚真是弘农杨氏之后，他的父亲无论如何不可能取名杨忠，这样做只会贻笑大方。

第二个破绽是关于通婚的问题。杨坚的母亲叫作吕苦桃，人如其名，妥妥的一个苦出身。用《隋书》里的话来讲是"高祖外家吕氏，其族盖微"。杨坚后来当上皇帝，找到了失散多年的亲舅舅吕道贵，将其接到京师。杨坚见到舅舅想起了已逝的母亲，潸然泪下，非常动容。但吕道贵见到杨坚后，"道贵略无戚容，但连呼高祖名"，一点不懂君臣之礼，也丝毫没有悲伤的表情。这还不算什么，吕道贵说了一句更要命的话："种末定不可偷，大似苦桃姊。"就是说"谁家的种就是谁家的，别人想偷也偷不去，你看皇帝跟我苦桃姐长得多像啊！"吕道贵在朝堂上，公然当着满朝文武的面，把皇帝比喻成"种"，言语十分粗鄙，完全就是一个乡野村夫。这让杨坚十分尴尬，百官们也是暗中偷笑。杨坚"厚加供给，不许接对朝士"，不让这个舅舅与文武百官交往，后来给了一些赏赐，直接将他打发回家。

这暴露了一个大问题，在魏晋南北朝时期，士族婚姻最讲究门当户对，绝对不允许与庶族通婚，何况是弘农杨氏这样的望族。因此，如果杨忠真的是弘农杨氏之后，绝不会与出身贫寒的吕苦桃成婚。

除了这两个明显的破绽外，《资治通鉴》还记载了杨坚自己打脸的一个故事：隋主与周载下大夫北平荣建绪有旧，隋主将受禅，建绪为息州刺史。将之官，隋主谓曰："且踟蹰，当共取富贵。"建绪正色曰："明公此旨，非仆所闻。"及即位，来朝，帝谓之曰："卿亦悔不？"建绪稽首曰："臣位非徐广，情类杨彪。"帝怒曰："朕虽不晓书语，亦知卿此言不逊！"

杨坚和北周大臣荣建绪有交情，在他快要接受禅让时，荣建绪被朝廷任命为息州刺史，杨坚对荣建绪说："别如此着急去，不久我将与你共享富贵荣华。"荣建绪很严肃地回答说："明公的这些话，不是我想听到的。"摆明了反对杨坚篡位。杨坚上位后，荣建绪入朝觐见，杨坚对他说："你感到后悔吗？"荣建绪叩头回答道："我虽然没有处在晋、宋禅让之际东晋秘书监徐广的位置，但和曹魏代汉后的东汉太尉杨彪情状相似。"杨坚听后说："朕虽然不明白书上的典故，但也知道你此言不恭敬！"

问题的关键在杨坚所说的"不晓书语"。荣建绪讲的两个人物，徐广是东晋的大臣，桓玄篡位，他悲痛万分。后来，刘裕禅让代晋，他又是悲伤不已，说自己是"身世荷晋德，实眷恋故主"，对于这样一个历史人物，杨坚不知道，尚情有可原。但对杨彪的身世不清楚，无论如何也说不过去了。因为杨彪的曾祖父不是别人，正是杨震，他本人同样是弘农杨氏的重要成员，儿子是大名鼎鼎的杨修。曹丕篡位后，请杨彪做太尉，杨彪不愿意叛汉，于是以年老多病为由予以拒绝。杨坚口口声声说自己是弘农杨氏的后裔，居然连先人彪炳史册的光荣事迹都不清楚，实在有些数典忘祖。

从以上种种迹象来看，杨坚自谓弘农杨氏之后，完全是为了自抬身价。这样做，杨坚不是第一个，更不是最后一个。唐朝李家就将道家的创始人老子李耳追认为自家祖先，并追封他为"唐圣祖"。穷得叮当响、当过和尚要过饭的朱元璋，当上皇帝后也说自己是朱熹的后人。

既然杨坚不是弘农杨氏之后，追根溯源，那他的"根"到底在哪里呢？对于这个问题，有不同的看法。有人认为杨氏一家确实是弘农人氏，但他们的先祖跟名门望族弘农杨氏并没有太多的关联。而根据著名历史学家陈寅恪的考证，杨坚家族可能是山东寒族，"疑杨家本系山东杨氏"。更普遍的看法是杨坚祖先应该是来自武川，即今天内蒙古自治区呼和浩特市西北一带。《隋书》中记载说隋文帝杨坚的五世祖杨元寿"魏初为武川镇司马"，《北史》里说，保定三年（563年），杨坚的父亲杨忠在出征途中"出武川，过故宅，祭先人，飨将士，席卷二十余城"。

从北到南　从南到北

武川，在今天看是个不起眼的偏僻小城，但在北魏时却是一个相当牛的地方。牛到什么程度呢？据说有一位云游四海的面相师途经这里，发现所见之人都有帝王将帅之相，一眼看去便是"王气所聚，龙兴之地"，面相师不敢相信自己的眼睛，认为这不科学，回来之后就把相书烧掉了。

这虽然是一段野史，但在这个小地方确实涌现出了一批政治和军事的知名人物，特别是一些厉害家族，其中包括宇文家族、独孤家族、贺拔家族、尉迟家族等。除了这些鲜卑英杰，出生于武川的重量级人物还有两个汉人：隋文帝杨坚之父杨忠和唐高祖李渊的祖父李虎。换句话说，出生于武川的豪杰以及他们的后代，先后建立了北周、隋、唐等朝代，开创了灿烂辉煌的隋唐盛世。清朝学者赵翼对此赞叹道："魏之亡，则周、隋、唐三代之祖皆出于武川……区区一弹丸之地，出三代帝王……共三百余年，岂非王气所聚，硕大繁滋也哉！"

武川成为藏龙卧虎之地，是因为北魏建国初期，都城在平城（今山西大同）。为了抵抗北方少数民族柔然的入侵，拱卫京城，北魏在柔然南下的必经之路设置一系列军镇，规模较大且比较稳定的有六个，武川镇就是其中之一，另外五个分别是沃野、怀朔、抚冥、柔玄、怀荒。

由于六镇地位极为重要，驻守将领都是北魏王朝的上层人士，就连普通军士也都是鲜卑贵族的子弟。能够在六镇任职，不仅地位高，待遇好，而且意味着前途远大，所以难免有种高人一等的优越感，所谓"当时人物，忻慕为之"。

但一切在孝文帝拓跋宏迁都后发生了颠覆性的变化！

拓跋宏一心想将鲜卑带出愚昧落后的泥沼，大力推进汉化改革，将都城由平城迁到了洛阳，北方六镇距离新都城非常遥远，由此一下子从拱卫京师的重镇变成了老少边穷地区，地位一落千丈。镇守边镇的将士逐渐被遗忘，政治待遇遭到断崖式下跌，"……留居京者，得上品通官；在镇者，便为清途所隔"，洛阳和六镇完全是两个世界，有门路的千方百计逃离六镇，这里的军将不仅失去了往日的荣耀，镇兵镇民甚至被归入贱民的行列，到最后，六镇居然成了罪犯的流放地。

六镇军士和镇民自然充满怨气，下层军士由于处境相同，不再把民族界限分得很清楚，结成了义父子、义兄弟的关系，形成了一个个小集团。北魏正光四年（523年），积怨已久的六镇发生了军民暴动，这股浪潮很快便席卷了整个北方大地。

这个变故改变了杨家的命运，因为杨坚的父亲杨忠离开了出生地武川镇，流落到山东。《周书》里说："年十八，客游泰山。"说杨忠离开武川后到泰山旅游。这样的记载令人费解，当时天下大乱，杨忠怎么可能有闲情逸致游山玩水，实在有些讲不通。从常理上讲，他跑到山东大概率是为了躲避战乱，正是在流落山东期间，他和吕苦桃结为夫妻，想着在那里过上"老婆孩子热炕头"的普通人生活。

但在乱世之中，这样最基本的要求都无法满足。南梁想着趁北魏内乱，捞些便宜，于是出兵山东，抓了不少俘虏，婚后不久的杨忠便是其中之一，他被带到了江南，成为南梁军队中的一员。

杨忠在江南待了五年，本来想着这辈子没有可能再回到北方，但没想到在北魏永安二年（529年），迎来了绝佳机会：这一年，南梁派遣大将陈庆之带着七千兵马护送叛魏降梁的北海王元颢返回洛阳。

元颢当初担心被北魏权臣尔朱荣诛杀,所以投奔了南梁。他见到梁武帝萧衍后,"涕泣陈情",请求梁武借兵,帮助自己杀回北方。梁武帝于是决定"以魏治魏",派兵护送元颢回去,想着扶植一个傀儡政权,对南梁俯首听命。即使此次不成功,也能引起北魏内乱,趁机可以占些便宜,而杨忠就在这七千人的护送军队之中。

这次行动冒险的成分极大,毕竟只有七千人,而且还是孤军深入,远离后方作战,许多人并不看好,但他们忽视了这支队伍的统帅是"深思奇略、善克令终"的陈庆之。他带着七千兵马,一路上所向披靡,横行数千里,连下三十二城,攻无不克,大小四十七战,战无不胜,缔造了一个空前绝后的战争神话。护卫元颢成功进入洛阳城,赶跑北魏原来的皇帝,正式登基,改元建武。

但好景不长,北魏军队在尔朱荣的统领下进行疯狂的反扑,而当上皇帝的元颢被胜利冲昏了头脑,拒不接受陈庆之提出的从南梁增兵的建议,结果遭到毁灭性打击,元颢被杀,陈庆之假扮成和尚跑回南梁,而杨忠又一次成为俘虏,只是由南梁变成了北魏。

杨忠怎么也不会想到,自己居然以这样的方式又回到了北方。

尔朱荣的堂弟尔朱度律看到杨忠一表人才,气度不凡,将其召到帐下充当统军。关键时刻,杨忠的长相起了重要作用,他到底如何"不凡"呢?史书上说:"美髭髯,身长七尺八寸,状貌瑰伟。"身高两米以上,美髯飘舞,活脱脱一个充满英武之气的大帅哥。

北魏孝庄帝元子攸不满尔朱荣专权,设计杀掉了尔朱荣,由此引发尔朱家的集体复仇,最终攻入洛阳,杀掉了元子攸。杨忠也跟随尔朱度律参与了此事。事成之后,被赐封爵位昌县伯,授任都督,另封小黄县伯。

不过,杨忠并不看好尔朱家族,于是辗转来到了将军独孤信麾下。独孤信是杨忠的老乡,也是武川人,他对杨忠很关照。"后从独孤信,屡有军功。"从此,杨忠跟着老乡独孤信南征北战,立下不少军功。

杨忠前半辈子过得相当有意思，从北魏被掳到南梁，又从南方打回北方，"从独孤信破梁下溠戍，平南阳，并有功"。接着又跟着独孤信杀回南梁。

很快，一个新的转机来临了。北魏朝局发生了重大变化，孝武帝元脩不堪忍受权臣高欢的专权，选择了西逃，投靠了关中地区的厉害人物宇文泰，高欢另立了一个皇帝，从此北魏分裂为东魏和西魏。虽然两边都有一个皇帝，但只是两个傀儡，真正的实权掌控在权臣高欢和宇文泰手里。

元脩西逃时，独孤信和杨忠都在都城洛阳，跟随元脩的宗亲近臣在路上不停开小差，眼见这位落跑皇帝就要成为孤家寡人，没想到独孤信、杨忠等从洛阳城中跑出来，要求追随元脩西进，这让元脩感动不已，不由叹息道："将军抛弃老母妻子而来，'世乱识忠臣'，这句话岂是一句空话！"

杨忠就此改换门庭，来到关中，成为另一个老乡宇文泰手下的一员猛将。在新东家这里，杨忠表现得相当给力，参与平定潼关，攻克回洛城之战。西魏朝廷任命杨忠为安西将军、银青光禄大夫。

但杨忠的命运很快又发生了反转，东魏天平元年，即公元534年末，东魏荆州刺史辛纂占据穰城，杨忠跟随独孤信前往征讨，杀掉了辛纂，占据了穰城。但东魏大军杀到，他们后路被切断，独孤信等无奈之下只好投奔南梁，杨忠又一次来到江南，在南梁过了三年寄居的生活。

说来也怪，杨忠似乎和南梁有着一种不解之缘，不同的是，上次他只是一个不起眼的俘虏，如今则作为西魏将军暂时归顺。梁武帝萧衍慧眼识才，觉得杨忠是个难得的奇才，任用他为文德主帅，封关外侯。

西魏大统三年（537年），梁武帝准许他们回到北方，杨忠跟随独孤信回到西魏都城长安。独孤信认为自己的行为有损国家的威望，上书请求治罪，西魏文帝元宝炬并没有责罚他，下诏专门解释，大意为：

独孤信荆襄之战，实有大功。既遇强敌，力尽道阻，不肯降贼，还朝无路，权宜之计，不足为错。避难江南，履顺入险，情义始终，实可赞叹。况且谦虚退让，诚心谢罪……浮阳郡公之官爵照旧。

杨忠同样没有受到责任追究，反而因祸得福，宇文泰非常欣赏他，将他留在自己身边。杨忠对得住宇文泰的信任，很快迎来了出彩的机会。有一次，宇文泰打猎，杨忠跟随护卫。突然冲出一头猛兽，众人惊作一团，只见杨忠毫无惧色，主动跑上前去，"左挟其腰，右拔其舌"，左手紧紧抱着猛兽的腰，右手拔出猛兽的舌头，赤手空拳就将猛兽打死，表现得比后来景阳冈上的武松更为勇猛。宇文泰见状惊呆了，对杨忠更为欣赏，当时北方人把猛兽称作"掩于"，因此就把"掩于"作为杨忠的表字。

十二大将军

杨忠的命运翻开了新的一页，作为宇文泰的心腹，他参加了几次与东魏的大战，表现得相当亮眼。

沙苑之战，杨忠生擒东魏大将窦泰，因功升任征西将军，金紫光禄大夫，进封襄城县公。

河桥之战，杨忠率部浴血奋战，成功守卫桥梁，使得敌军最终不敢前进。再以战功授任左光禄大夫、云州刺史，兼任大都督。

邙山之战，杨忠身先士卒，冲锋陷阵，因功授任大都督，升任车骑大将军、仪同三司、散骑常侍。不久，宇文泰授任杨忠为都督朔、燕、显、蔚四州诸军事，朔州刺史，加任侍中、骠骑大将军、开府仪同三司。

杨忠的地位越来越显赫，但他对得住自己所获得的荣耀，因为每一次晋升都是拿命搏来的。杨忠打仗很英勇，同时非常善于动脑子，史书上说他"武艺绝伦，识量深重，有将率之略"。

西魏大统十六年（550年）正月，杨忠围攻安陆，南梁司州刺史柳仲礼率大军援救。诸将担心柳仲礼的援兵抵达后，安陆就难以攻克，都请求加紧攻城。杨忠却说："攻守双方态势悬殊，不可能迅速攻占。如果我军拖延时日，劳顿军队，内外受敌，这可不是好办法。南方人大都习惯水战，不熟悉在原野作战。柳仲礼的军队就在附近，我军出其不意，以奇兵突袭，敌军懈怠，我军奋勇，一举可克。打败柳仲礼，那么安陆就不攻自破，其余各城就可传送文告而使它们平定。"于是精选两千骑兵，为了防止提前暴露，令所有的人口中衔着小木棍，乘夜偷袭。在与柳仲礼遭遇后，杨忠亲自冲进敌阵，击败并擒获柳仲礼，把他的军队全部俘虏。安陆守将果然献城投降，一切都按杨忠事先的谋划实现。

西魏恭帝元年（554年），汉人出身的杨忠因为高光表现，宇文泰赠予他一个鲜卑人的姓——普六茹。从此，杨忠就变成了"普六茹忠"，这不是一个简单的改名问题，在民族界限异常分明的当时，对于汉人而言，这是一个相当大的恩赐，意味着这个少数民族政权已经将杨忠视为了"自己人"。

杨忠干得更起劲了，就在赠姓当年的九月，他与常山公于谨、中山公宇文护带兵五万进攻南梁的都城江陵，起因是梁元帝遣使向西魏要求返还所占之地，态度非常傲慢，这激怒了宇文泰，遂发兵攻打南梁。杨忠担任前锋，切断了梁元帝东逃的路线。西魏军主力大败梁军，可怜的梁元帝被擒获后用袋子闷死。经此一战，西魏的疆域得以大大扩展。

杨忠就此升任大将军，这表明他已经进入西魏统治集团核心。宇文泰大权在握后，设立了八柱国。宇文泰总领百官，为柱国之首。广陵王元欣是宗室，因身份高贵而位列其中，他们两人皆不领兵。其余六柱国各辖两个大将军，共十二个大将军，每个大将军又辖两个开府，每个开府下有两个仪同，共四十八个仪同，一个仪同领兵千人，一个开府领兵两千，一个大将军领兵四千，一个柱国领兵八千，这就是历史上著名的府兵制，杨忠便是十二个大将军之一。

宇文泰之所以建立这样的体系，目的是为了使西魏能够尽快强大，可以和东魏掰掰手腕。因为西魏、东魏分裂后，西魏一直处于劣势。从地域上讲，东魏占据了富庶的中原地区，而西魏的地盘除了关中外，大多是欠发达地区。从人口上，东魏有二百七十万户，西魏只有六十万户，双方的差距有四倍之多。从武力上看，宇文泰接收的只是六镇起义的偏师，人数只有三万多。经过战火洗礼的二十多万鲜卑武装都归于高欢麾下。

宇文泰当初带着自己的人马来到关中后，面对的是人数众多的汉人豪强集团。为了安定地方和加强军事力量，宇文泰必须要依靠汉人豪强，为此开始军制改革，"广募关陇豪右，以增军旅"，将一些汉人选拔到高级将领位置上，同时让自己身边核心集团人物担任更高级别的将领统领他们。于是，"八柱国、十二将军"体制应运而生。正是借助这样的军制，西魏军队的战斗力逐渐提升，到最后不仅能够与东魏相抗衡，甚至取得了战略上的优势。

由此，以八柱国、十二将军为主体，形成了一个军事贵族集团，这个集团以武川老乡为班底，成员都是府兵集团当中的高级将领，陈寅恪先生称之为"关陇集团"，关是关中，陇是陇右，这个以宇文泰为核心的政治集团深远地影响了后世，北周、隋、唐，这几个王朝的皇室大多出自这个集团的后裔。

杨忠成功挤入这个集团，对他而言，是生命中的一桩大事，他靠着一路打拼，不仅改变了自身的命运，也改变了整个家族的命运。

宇文泰死后，杨忠表现得依旧出色。北周明帝二年，即公元558年发生的一件事，更使得他名声大噪。那时，宇文泰的儿子宇文觉废掉了西魏皇帝，建立了北周。与此同时，高欢的儿子高洋废黜了东魏皇帝，建立了北齐。

这一年二月，北齐北豫州刺史司马消难请求投降北周，杨忠奉命与另一位名将达奚武率领五千骑兵前往虎牢城迎接司马消难来降。他们深入北齐境内五百里，几次派人联络司马消难，都没有接上头。达奚武怀疑情况有变,担心再往前走会陷入重围,于是建议折头返回。杨忠说:"我们只有前进赴死的责任,没有后退求生的道理!"独自带领一千骑兵连夜赶到城下,成功接应到了司马消难。

杨忠让司马消难和达奚武率部属先回西魏,自己带三千骑兵殿后。军队行抵洛水南岸时,北齐大军追杀过来,双方隔河相望,两边实力极为悬殊,如果北齐军队杀过河来,情况将十分险恶。关键时刻,杨忠却让将士们解下马鞍躺在地上休息,他说:"你们只管饱吃一顿,现在我们处于必死之地,敌军怕我们与之拼命,一定不敢渡河来追。"将士们吃完后,齐军装出准备渡河的样子,杨忠指挥骑兵立即奔驰前往迎击。齐军看到北周军队这样的表现,以为有诈,不敢渡河来追,杨忠率领军队安全返回,这让达奚武心服口服,不由感叹地说:"我达奚武自认为是天下健儿,今天在杨忠面前算是服气了!"

杨忠由此再次获得新的荣誉,因功升任柱国大将军。北周武成元年(559年),杨忠晋封随国公,食邑一万户,达到了他事业上的新高峰。

第二章　左右为难

神奇尼姑智仙

在杨忠三十五岁时，杨坚来到了这个世界。算得上是中年得子，杨忠大喜过望，为这个宝贝儿子取名为"坚"，希望他坚韧顽强、健康成长。

父母的美好愿望可以理解，但现实情况是，杨坚自打一生下来身体便不好，就在全家人为此犯愁时，一个出家人主动来到杨家，此人不是和尚，而是一位比丘尼，名叫智仙。智仙直接找到杨坚的母亲吕苦桃，开门见山地说："你们不必太过担心，此子为满天神佛所护佑，身强体健，将来会大有作为。"

听上去颇为神奇，更神的还在后面。本来杨坚一直哭哭啼啼，谁抱着都不行，但一见到智仙便不哭了，而智仙一走开，他又开始哭闹。

智仙提出了一个"得寸进尺"的请求，希望由自己来抚养这个孩子。杨忠夫妇起初不同意，好不容易中年得子，怎么可能将其交由一个素不相识的人来养育，万一有个三长两短该如何是好。但有件事改变了他们的想法，杨坚出生后，天气异常闷热，吕苦桃为儿子扇扇子避暑，或许是用力过猛，使得杨坚着凉了，浑身哆嗦差点断了气，亏得智仙及时赶到，杨坚才转危为安。智仙说："此儿所从来甚异，不可于俗间处之。"意思是说，这个孩子不是一般人，不能像俗间的孩子一样抚养。

杨忠夫妇本就是佛教徒，听智仙如此说，觉得自己的儿子与佛着实有缘。于是，同意由智仙来抚养，但又舍不得儿子，最终杨忠想了个两全其美之策，从宅子中拿出一部分地改为尼姑庵，由智仙来做住持，将杨坚放入庵中抚养，这样既可以让智仙护佑杨坚健康成长，家人又能随时照看。

即便如此，吕苦桃总是放心不下，控制不住对儿子的思念，偷偷到尼姑庵看望杨坚。谁知就在她抱起杨坚的瞬间，杨坚突然头上长角，身上长出鳞片，作出一条蛟龙的样子，吓得吕苦桃差点把儿子扔到了地上，智仙赶到，见状埋怨道："何因妄触我儿，遂令晚得天下。"杨忠夫妇自此完全放手，不敢轻易过问儿子的日常生活，"尼将高祖舍于别馆，躬自抚养"。

这个故事记述得比"紫气充庭"更玄乎，也更离谱，不过还是熟悉的味道，当作传奇看看，呵呵一笑即可。

智仙给杨坚起了一个小名叫作"那罗延"，这是梵文音译，在佛典里，是指金刚力士，是力大无穷的神祇。智仙为杨坚取这个小名，是希望他能有一具那罗延金刚不坏之身，平安茁壮地成长起来，这和杨忠给他取名为"坚"，是同样一个期许。

这段经历对年幼的杨坚影响深远，他七岁的时候，智仙郑重地告诉他："儿当大贵，从东国来，佛法当灭，由儿兴之。"非常看好杨坚将来的前途，觉得他不是凡人，而是护法金刚转世，注定要成为一代帝王，期望他能担负起济世弘法的重任。这一切都深深烙在杨坚幼小的心灵里，永难磨灭。后来，杨坚在回首这段童年往事时，说道："我兴由佛法，而好食麻豆，前身似从道人中来。由小时住寺，至今乐闻钟声。"

智仙对杨坚更大的影响是性格的塑造，史书上说幼年杨坚深沉少言，不像其他孩童那样喜欢嬉戏玩闹，这份早熟型人格无疑和他的生长环境有很大的关系，天天熏陶在寺院的氛围中，使得杨坚心思沉静，"初入太学，虽至亲昵不敢狎也"。就是说，刚刚进入太学的时候，即使是十分亲密的人也不敢戏弄。"三岁看小，七岁看老"，从小"沉深严重"的杨坚天生就是当领导的料。

最牛老丈人

时光荏苒，转眼间十多个寒暑过去，杨坚在十三岁时，告别智仙，走出尼姑庵，进入太学学习。

太学是古代专门培养贵族子弟的学校，在两汉时期非常兴盛，后来遭遇五胡十六国和南北朝，乱世中城头变幻大王旗，凡事都是拳头说了算，太学便没落了。没想到，没有什么文化基础的宇文泰掌权后，对儒家表现出异乎寻常的热情，在长安重新设立太学，让官僚子弟入学读书，以便培养大批人才，作为政权的支柱。

杨坚作为大将军杨忠的儿子，自然是重点培养对象。只是杨坚在太学的时间并不长，大概只有一年时间。不过时间虽短，杨坚却结交了一些好朋友，包括郑译、王谊、元谐等，这些都是"官二代"，初步形成了一个关系网，连他自己也不承想到，这些太学同学在他后来篡周建隋时起到了至关重要的作用。

十四岁的杨坚提前毕业，史书上没说他的学业如何，想必还算不错。少年老成的他，无论读书还是做事，都非常专注，与那些豪门子弟不同，他的心很静，能抵御住来自外界的各种诱惑，这使得他在同辈人中显得出类拔萃，不凡到什么程度呢？宇文泰见到杨坚后，惊叹道："此儿风骨，不似代间人！"这里"代"的本意是指代地，就是现在山西省北部代县、雁门关一带。宇文泰这里说的"代"是指人间，意思是说杨坚的风骨就像一个仙人，不应该在人间。

要知道宇文泰是叱咤风云的一代枭雄，阅人无数，说出这样的赞语，可见杨坚确实与众不同。

杨坚毕业后获得的第一份工作是京兆功曹，是京兆尹的一个小助理，虽说官职不高，但标志着杨坚正式步入仕途。第二年，杨坚因为父亲杨忠平定江陵立了大功，被授予了散骑常侍、车骑大将军、仪同三司的勋官，加封成纪县公。转年又晋升为骠骑大将军，加开府。就在杨坚屡获头衔的同时，他迎来了人生中的一件大喜事，父亲杨忠的老领导独孤信决定把女儿独孤伽罗嫁给他。

独孤信本名叫作独孤如愿，在秦州担任刺史时，将地方治理得非常好，"示以礼教，劝以耕桑。数年之中，公私富实。流民愿附者数万家"。由于政绩突出，宇文泰为了表彰他，"故赐名为信"，从此改名为独孤信。杨坚的这位岳父文武双全，不仅英勇善战，而且理政有方，成为西魏的八柱国之一，地位相当高，当年杨忠正是投靠他，命运才翻开新的一页。

同时，独孤信又是一个大帅哥，史书记载"信美容仪，善骑射"，平日里非常注重打扮，"信既少年，好自修饰，服章有殊于众，军中号为独孤郎"。独孤信很重视仪表，经常搭配一些与众不同的装饰品，引领时尚界潮流，被粉丝们称为"独孤郎"，在中国古代美男子排行榜中有他一席之地。

成语"侧帽风流"说的就是独孤信，有一次他出城打猎，傍晚赶着宵禁前回家。马骑得太快没注意头上帽子歪了，独孤信没在意，斜顶着帽子骑马入城，人们看到以为他是故意这么打扮。结果第二天，满城的人都开始歪着戴帽子。一个不经意的动作就被竞相效仿，放在今天，一定会是位顶级的带货高手。

位高权重且基因优质，独孤信的女儿们既美丽又聪慧，因此成就了三桩不同寻常的婚姻，使得独孤信在历史上拥有了一个最有名的身份——岳父大人。他有七个女儿，其中三个是皇后，如此算来出产皇后的概率达到了百分之四十以上，可谓当之无愧的"史上最牛老丈人"。

更让人感到惊奇的是，哪怕连着换了三个朝代，皇后还是产自独孤家。大女儿是北周的明敬皇后，不过活着的时候只是王后，死了之后老公北周明帝宇文毓当上皇帝后追封她为皇后；四女儿是李渊的生母，是唐朝的元贞皇后，当然这也是李渊成为皇帝后追封的；七女儿独孤伽罗是隋朝的文献皇后，杨坚的老婆，也是三位皇后中名气最大的，其他两位连名字都没留下。因此,《北史·列传》写道:"周、隋及皇家三代皆为外戚,自古以来,未之有也。"

独孤信作为天下第一老丈人,眼光自然独到,在众多豪门子弟中,一眼便看中了"潜力股"杨坚。虽然杨坚长得有点怪,但出身将门,性格沉稳,又受过良好教育,口碑很好,将来必定前程似锦,因此将最小的女儿嫁给了他。而对于杨坚来讲,这是求之不得的好事,父亲是大将军,又多了一个柱国岳父,这样的强强联合,无疑很有助于自己将来的发展。

只是,计划赶不上变化,杨坚和独孤伽罗成亲几个月后,独孤信却被逼自尽了。

这要从西魏恭帝三年(556年)说起,宇文泰北巡,途中染疾,病情急转直下,非常危急。他册立的世子宇文觉只有十四岁,无法独立支撑朝局。宇文泰担心大权从宇文家旁落,决意将宇文觉托付给侄子宇文护。于是派人快马急召宇文护,宇文泰见到侄子后,托付后事道:"我如今已病入膏肓,恐将不久于人世。我的儿子都还年幼,外敌内忧尚未平定,以后国家大事托付给你,希望你勉力从事,完成我的夙愿。"

宇文护当时四十四岁,正值盛年,他一上台就干了一件宇文泰都没敢做的大事——篡位。在他的强势威逼下,西魏恭帝元廓下诏将皇位禅让给宇文觉,改国号为周,史称北周。

宇文护从此大权独揽,八柱国之一赵贵不满宇文护专权,密谋诛杀宇文护,事先他找独孤信商量,独孤信不仅没有掺和,还阻止了赵贵。后来此事被人告发,赵贵被诛杀,由于独孤信没有实际参与,而且威望很高,宇文护暂时放了他一马,以同谋罪将其免职。但事后宇文护觉得留着独孤信心里始终感觉不踏实,于是派人逼迫他在家中自尽。

杨坚没有沾到柱国老丈人的光,反而险些受到牵连,这让初出茅庐的他由衷体会到了政治的险恶,表现得更加谨小慎微。

两姑之间难为妇

宇文护扳倒几位柱国后，满以为没有可以挑战自己的对手了，但他却忽略了坐在龙椅上的宇文觉，这位被称为"天王"的傀儡皇帝已经十六岁，不觉中马上就要成年，宇文护紧紧把握着大权，一点没有想撒手的意思。宇文觉自然对宇文护很有意见，一场你死我活的争斗一触即发。

就在这样的状况下，杨坚被任命为右小宫伯，负责宫廷宿卫，天天在皇帝身边服务，虽算是近臣，但在行政上却隶属天官大冢宰，而当时担任大冢宰的正是宇文护。宇文护做出这样的安排，目的很明确——"欲引以为腹心"，就是让杨坚成为自己安插在皇帝身边的一个耳目，这可苦了杨坚，夹在关系不可调和的皇帝与权臣之间的他不知如何是好。

老岳父的悲惨结局，给杨坚上了生动一课，政治斗争是残酷无情的，搞不好就要人头落地，血流成河。如今一边是皇帝，一边是权臣，如果换作一般人，一定会选择追随投靠宇文护，毕竟他大权在握，连皇帝都不放在眼里。特别是宇文护让杨坚做右小宫伯，摆明了是要笼络他，如果不乘势贴上去，宇文护心里会很不高兴，甚至会打击报复。但是，换个角度看，宇文护再有权势，毕竟只是一个大臣，宇文觉才是正统，更何况宇文护飞扬跋扈，多行不义必自毙，跟着宇文护到时候难免会背上悖逆的恶名。

该何去何从呢？几乎没有任何政治经验的杨坚，只能向父亲杨忠求教。经历过大风大浪的杨忠果然老谋深算，他对儿子说："两姑之间难为妇，汝其勿往。"这是一句俗语，本指媳妇夹在婆婆和大小姑之间不好做人，泛指夹在两种强大势力中间，左右不是，关系不好处理。杨忠告诉儿子，在这种情形下，最佳选择是两边都不靠，特别是不能受到权贵诱惑而投靠宇文护，否则会死得很惨。

杨坚按照父亲教授的求生秘籍，对宇文护抛来的橄榄枝毫不理会，"坚乃辞之"，这自然让宇文护很不开心，他虽然没有对杨坚动杀心，毕竟杨忠是十二大将军之一，这个面子还是要给的。而且，杨忠父子一向低调，抓不住什么把柄，不过还是要让杨坚付出些代价，让他知道不顺从自己的后果。于是，宇文护给杨坚穿了小鞋，让他在这个岗位上原地踏步，一待就是八年，其间只是由右小宫伯变成了左小宫伯。

当年和杨坚平级的同事，早已平步青云，只有他不动地方。而且，看上去只要宇文护还掌权，他在仕途上就很难有大的发展。即便如此，杨坚不改初心，将父亲的告诫始终牢记心头，不选边不站队，再难也要坚持下去。他能做的就是做好本职工作，成为一个不关心政治、忠诚履职的皇家侍卫。

庞晃的忽悠

武成二年（560年），北周武帝宇文邕即位，这是宇文护扶立的第三位皇帝。在此之前，他毒杀了北周第一位天王宇文觉，扶立宇文毓为新天王，没想到看上去非常文弱的宇文毓很有主见，亲政后将天王改称为皇帝，大刀阔斧地剪除宇文护的势力，这让宇文护再次痛下杀手，毒死了宇文毓。

新皇帝即位后，杨坚终于结束了踏步不前的日子，被任命为随州（今湖北省随州市）刺史，进位大将军。这让杨坚感到颇为开心，终于可以离开是非之地了。但令他没想到的是，到随州任上没多久，他又被召回京城待命，白白高兴了一场。

不过，这段短暂的履职经历，让杨坚第一次意识到了自己的潜能，这是因为他遇到一个叫作庞晃的朋友。

杨坚赴任路上途经襄阳，襄阳总管府总管是皇帝的亲弟弟宇文直，按照惯例，杨坚前往拜见，宇文直看不上他，结果吃了闭门羹。不过，宇文直后来出于礼貌，派属下庞晃回访，这次相见杨坚给庞晃留下了极为深刻的印象，觉得此人非同常人，于是倾心相交。

杨坚离任回京时又一次路过襄阳，庞晃主动迎见，并摆酒设宴为他饯行。两人都喝了不少，进入兴奋状态，庞晃突然凑到杨坚耳边说了一句："公相貌非常，名在图箓。九五之日，幸愿不忘。"这就是说杨坚长得不同常人，将来肯定要当皇帝，以后登上皇位后，希望他不要忘记自己。

杨坚听到庞晃说出如此大逆不道之言，酒吓醒了一大半，不知道庞晃的葫芦里卖的什么药，是夸自己还是害自己，于是赶忙说："何妄言也！"意为就此打住，不要再继续乱说了。

就在此时，窗外传来了雄鸡报晓的声音，在当时这算是吉兆，杨坚不禁心中一动，让庞晃射它，说："射中了有赏，富贵之日，拿这事作为应验。"如果庞晃射中了公鸡，那就相信他说的话，以后要是真得了富贵，庞晃可以来找自己，就以这支箭为凭证。庞晃一下子射了个正着，杨坚见状击掌大笑说："这是天意，你能感应天意而射中。"一高兴赐给他两个奴婢，从此两人的交往更深了。

这段故事很有趣，私下谈论改朝换代是要掉脑袋的事情，但庞晃和杨坚，一个真敢说，一个真敢信。庞晃敢说，是因为杨坚看上去确实非同常人，这一点宇文泰也认可，但是要想当上皇帝，光有奇相是远远不够的。庞晃更看重的是杨坚的身世背景，毕竟杨坚有个很厉害的父亲，关陇核心集团成员之一，如果有一天宇文护倒了，杨坚不是没有机会。风水轮流转，说不定就到杨家呢。

杨坚敢信，是因为心中觉得有这样的可能性，但有多大概率会发生，他也不清楚，至少现在来看，可能性微乎其微，只能走一步看一步。不过梦想还是要有的，万一实现了呢。

回到京城的杨坚很快就将此事抛在脑后，因为现实比他想象的还要残酷，一手遮天的宇文护对他依旧不"感冒"，仕途上根本看不到任何曙光。这时候，杨坚的母亲病了，他索性辞职，"遇皇妣寝疾三年，昼夜不离左右"，三年间远离政治，一心用在侍奉母亲上，这不仅使他暂时远离了政治上的争端，还为他赢得了"纯孝"的美名。

屋漏偏逢连夜雨，北周天和三年（568年），戎马一生的杨忠病逝，虽然杨坚承袭了父亲随国公的爵位，但从此失去了政治上的靠山，过去有父亲罩着，宇文护有所顾忌，如今靠山没了，他的命运将会如何，杨坚心里一点谱都没有，庞晃所说的皇帝梦更遥不可及，如今最重要的事情是要保住身家性命。

杨坚带着这份焦虑开始与术士们频繁交往，请他们来算凶吉，以缓解心中的不安情绪。当时有个著名的术士叫作来和，包括宇文护在内的王公大臣对他都很信服，"引之左右，由是出入公卿之门"。杨坚请他到家中来算一算，来和仔细端详杨坚后说道："公眼如曙星，无所不照，当王有天下，愿忍诛杀。"就是说杨坚的眼睛像早晨的星星一样无人不识，这正是帝王之相。只是希望将来成为皇帝后，不要杀太多的人。

继庞晃之后，来和是又一个说杨坚要当皇帝的人，在杨坚看来，来和更为靠谱，毕竟是相术大师，即使当不上皇帝，有这样的福相保佑，想必一时半会儿不会有什么大的灾祸，这让杨坚感到极大的宽慰。

杨坚期盼的事情很快就来了：宇文护死了。不过，不是自然死亡，而是死于非命，杀掉他的正是当朝皇帝宇文邕。

第三章 术士救命

计杀宇文护

这一桩血案惊心动魄,发生在建德元年(572年)三月十四日。

这一天北周武帝宇文邕陪同刚从同州回京的宇文护去见皇太后。在此之前,宇文邕请宇文护帮一个忙,他说:"太后春秋高,颇好饮酒,虽屡谏,未蒙垂纳。兄今入朝,愿更启请。"说太后喜欢贪杯,自己规劝无效,希望宇文护出面劝劝。宇文邕从怀中拿出早已准备好的《酒诰》,请宇文护读给太后听,这位权臣没当回事,觉得是小事一桩,不假思索便答应了。

就在宇文护专心为太后读着《酒诰》时,站在他身后的宇文邕突然发难,拿起玉圭用尽全力猛击宇文护的头部,毫无防备的宇文护应声倒地,但并没有马上毙命,而是在地上痛苦挣扎。宇文邕令宦官何泉拿佩刀彻底结果了宇文护,但何泉由于胆怯和紧张而浑身哆嗦,连续几下都无法砍中要害。关键时刻,暗地里早已投靠宇文邕的卫国公宇文直从内室冲进来,手起刀落,不可一世的宇文护立即身首异处。

为了这一天,宇文邕整整等了十二年。

宇文邕登上帝位后,非常冷静地分析了形势,前两任皇帝惨死的结局,使他深刻意识到除掉宇文护不能操之过急,需要等到水到渠成的那一天,任何急躁情绪都可能给自己带来杀身之祸,成为死在宇文护手下的第三个皇帝。

于是,宇文邕韬光养晦,表现出一副对政治丝毫不感兴趣的样子,一切听由宇文护说了算,刚即位下诏称:"大冢宰晋国公,亲则懿昆,任当元辅,自今诏诰及百司文书,并不得称公名。"意思是说宇文护对我来讲是哥哥,对国家来讲是宰相,地位异常尊贵,以后任何诏令和文书,都不能直呼其名,只能称晋国公,可见宇文邕对宇文护"尊崇"之程度。

宇文邕每次在宫中见到宇文护,都站起来说话,表现得毕恭毕敬。他不仅拼命讨好宇文护,对其家人也同样用心。宇文护的母亲被北齐扣留三十五年后才返回北周。宇文邕对宇文护的老母亲极为关照,经常赏赐奢华的礼物,每逢节日,宇文邕都要带着皇族贵戚向宇文护之母行家人之礼,称为"觞上寿",伺候得比对皇太后还要周到。

这一切宇文护看在眼里记在心头,他对宇文邕的戒心渐渐消退,转而将精力集中在攻打北齐上,没想到大败而归,搞得宇文护颜面扫地。与此同时,宇文邕加快了步伐,暗地里拉拢宇文直等人。宇文直虽然是宇文邕的亲弟弟,但却是个看风使舵之人,起初一直拼命投靠宇文护,后来因作战不利被宇文护罢官,心里感到不愤,转而投靠了宇文邕。

小不忍则乱大谋,隐忍了十二年的宇文邕终于除掉宇文护,将大权收归己有,当上了真正的皇帝。

北周灭北齐

宇文护被杀,对于杨坚来说,无疑是重大利好,一来他因不肯投靠宇文护而屡受打击,甚至有性命之虞,史书上说:"宇文护执政,尤忌高祖(杨坚),屡将害焉,大将军侯伏、侯寿等匡护得免。"宇文护死了,这个危险也就不存在了。二来过去要在皇帝和权臣前选择站队,麻秆打狼两头怕,如今权臣倒了,便不再有这个烦恼,可以一心一意侍奉皇帝。

杨坚同时觉得为这样的皇帝卖命值得,因为武帝宇文邕确实非同一般,不仅隐忍十二年除掉宇文护,上台之后还做了两件大事,一是整军,宇文邕下令将府兵制中的军士改为侍官,这样做是因为过去北周军队的将士直属于本军长官,导致带兵的将军权力很大。如此改革后,所有的将士都是皇帝的侍官,只能效忠于皇帝,实际上是将军权收归己有。同时为了扩大兵源,宇文邕取消了从军的民族限制,"募百姓充之,除其县籍",这意味着汉人百姓从此也可以当兵了,很快占人口比例最大的汉人成为北周军的主力,不仅军队规模大大扩展,而且缓和了民族矛盾,可谓"一箭双雕"。

另一件大事是灭佛。当时正值乱世,处于生死挣扎中的百姓为了寻求精神寄托和解脱之道,纷纷信奉宗教,导致佛教极为盛行,众多寺庙占据了大量土地,不用向国家缴纳税赋。无数贫民出家做了和尚,从而逃避兵役劳役,这无异于与朝廷争利,与国家抢人。

宇文邕意识到,任由佛教发展下去,国家不可能振兴,更不可能平灭北齐,完成统一大业。急着要钱要人的北周武帝只能"求兵于僧众之间,取地于塔庙之下"。建德三年(574年)五月,他下诏"断佛道两教。经沙门道士,并令还俗,三宝福财,散给臣下,寺观塔庙,赐给王公"。一时间,北周境内"融佛焚经,驱僧破塔……宝刹伽蓝皆为俗宅,沙门释种悉作白衣"。灭佛运动很快取得了成效,国家财政收入增加,军队规模变大,"自废以来,民役稍稀,租调年稠,兵师日盛"。

北周武帝这样大刀阔斧地改革,目的是什么,明眼人都看得出来,就是要改变北周和北齐的实力均势,使得胜利的天平倒向北周,为统一北方奠定基础。这一点,杨坚自然看得很清楚。对于他而言,心里充满着一种兴奋感,觉得建功立业的好机会终于要到了。

就在杨坚摩拳擦掌时,一个意外之喜降临到他的头上,武帝宇文邕为太子宇文赟纳妃,杨坚的长女杨丽华被选中,成为太子妃。这对杨坚来讲,无疑是人生的一大转折,当时他已经人到中年,除了从父亲那里承袭的爵位外,没有建立任何功业,甚至看不到前途和希望。如今摇身一变,和当朝皇帝成了儿女亲家,地位一下子提升了许多,为以后的发展提供了重要的平台。

宇文邕励精图治，北周国力蒸蒸日上，而与此同时，北齐皇帝高纬却在忙着"自毁长城"。他先是杀掉了北齐第一名将斛律光，接着又逼着战力出众的兰陵王高长恭喝下了毒酒。除掉了他认为的"危险人物"后，穷奢极欲，变着花样折腾，宫中的游戏玩腻了，弟弟南阳王高绰献上了新玩法，说弄一笼蝎子，把猴子放进去，看到猴子痛苦挣扎，会很开心。高纬觉得创意不错，下令弄来许多蝎子，然后将一个人剥光了，和蝎子关在一起，看到那人在里面痛苦哀号，高纬高兴得手舞足蹈。

高纬极为宠幸一个叫冯小怜的女子，两人坐则同席，出则同车，一刻也舍不得离开，根本无心打理朝政，朝堂上下一片乌烟瘴气，用史书上的话说："政出多门，鬻狱卖官，唯利是视，荒淫酒色，忌害忠良。阖境嗷然，不胜其弊。"

宇文邕看到北齐的状况，觉得灭齐的时机已经成熟，北周建德四年（575年）七月，武帝宇文邕正式下诏，讨伐北齐，兵分六路，共有十八万人，东出潼关，直扑洛阳。

杨坚参加了此次军事行动，不过令他失望的是，没有得到主攻任务，而是奉命率领三万水军从渭水进入黄河，配合主力作战。

北周这次行动非常突然，刚开始进展很顺利，但北齐在河洛一带有重兵驻守，北齐将士拼死抵抗，宇文邕率军围攻二十多天，仍然无法攻克。北齐派出的增援大军行将抵达，无奈之下，宇文邕只好下令撤军，第一次伐齐以失败告终。

主力撤了，杨坚所统领的水军也只能后撤，但谈何容易，进军时是顺流而下，如果直接返回，则需要逆流而上，速度会非常慢，容易被北齐追兵包了饺子。杨坚当机立断，决定烧毁战船，让三万水军改走陆路返回，在极端困难的情况下，全军得以全身而退。

宇文邕并不甘心，第二年十月，他统率十万大军再次出征，这一次换了进攻方向，兵峰直指平阳城（今山西临汾）。杨坚得偿所愿，不再是偏师，而变成了主力，他被任命为右军第三军总管。

北齐皇帝高纬此时正忙着和冯小怜在晋阳城外打猎，平阳和晋阳相距不远，前方的告急文书不断送来，但被高纬的宠臣右丞相高阿那肱拦了下来，他害怕打扰高纬的雅兴。直到平阳陷落的消息传来，高阿那肱才意识到问题的严重性，急忙向高纬禀报，高纬一听瞬间血压升高，平阳是晋阳的门户，平阳丢了，晋阳危在旦夕，高纬决定率大军收复平阳城。

就在这个节骨眼上，冯小怜不干了，她正玩到兴头上，恳求高纬"更杀一围"，高纬居然答应了，放着十万火急的军情不管不顾，陪心爱美人玩尽兴了，才回到晋阳部署反攻事宜。

宇文邕听说北齐大军将至，而且是高纬御驾亲征，觉得对方来势汹汹，他任命梁士彦为晋州刺史，率领一万人坚守平阳，自己则率大军先撤了。

高纬带着北齐军将平阳城围成铁桶一般，昼夜发动攻击，想着快速拿下城池。但没想到的是，梁士彦和手下一万将士实在太能打了，一时间很难攻克。久攻不下的齐军改变策略，开挖地道，这一招果然好使，城墙坍塌撕开一个大口子，北齐军队像潮水一般涌入，正当梁士彦感到万念俱灰的时候，高纬突然下令暂停进攻，因为他要等一个人——冯小怜，让这个美人和自己一起见证这一激动人心的时刻。

这种非常具有仪式感的场合，冯小怜一定会盛装出席，等她精心化妆打扮一番款款来到阵前时，黄花菜已经凉了，趁这个间隙，北周守军已经将垮塌的城墙堵上了，北齐的进攻功亏一篑。

就这样，梁士彦率残部苦苦坚守了一个月，直到宇文邕带着援军赶到。不过，由于北齐军先前在平阳城南挖了一条壕沟，挡住了北周军队的前进步伐，只能隔着壕沟与北齐军对峙。

就在此时，高纬的脑子再度进水，他下令填埋壕沟与北周军决一死战，这正是宇文邕求之不得的事情。壕沟刚刚填平，宇文邕率大军掩杀过来，北齐军稍稍后退，高纬和冯小怜在远处观战，看到北齐军后退，冯小怜吓得花容失色，大呼："败了！败了！"高纬慌了神，赶

第三章 术士救命

紧掉转马头，带着冯小怜逃离战场。

皇帝跑了，北齐军队瞬间崩盘，死伤无数。高纬一口气跑回了都城邺城，随即将皇位传给八岁的儿子，自封为太上皇。他又担心邺城不保，于是带着小皇帝向南逃去，想着投靠南梁，结果被北周追兵半途追上，押回长安，很快被杀。

宇文邕终于实现了平生的夙愿，统一了北方大地。只是在平灭北齐的过程中，作为一路兵马总管的杨坚，到底发挥了多大作用，参加了什么战斗，取得了什么样的战果，史书上都没有明确记载。

杨坚真正发威是在扫清北齐残余势力方面，河北的广宁王高孝珩和任城王高湝合兵一处，意图匡扶北齐。高湝是高欢的儿子，在北齐的亲王中辈分最大，威望很高，他一出头，应者众多，一时声势很大。宇文邕派宇文宪、杨坚北上讨伐，这一场仗打得毫无悬念，高湝和高孝珩最终都成了俘虏。

武帝宇文邕对杨坚的表现很满意，任命他为定州总管，并加封为柱国。定州总管是主政河北地区的最高长官，这意味着杨坚凭借自己的努力成了北周的封疆大吏。

都是长相惹的祸

木秀于林风必摧之，又有人拿杨坚的长相说事了。宇文宪对武帝宇文邕说："普六茹坚相貌非常，臣每见之，不觉自失，恐非人下，请早除之。"这句话说得很是夸张，说杨坚的相貌非同常人，我每次见到他都感到震撼，甚至都不知道我是谁了，这样的人不会久居人下，应该尽早清除掉。

宇文宪是宇文邕的同胞弟弟，他的话很有分量，但宇文邕并没太往心里去。不久，内史王轨向武帝宇文邕进言道："皇太子非社稷主，普六茹坚有反相。"杨坚知道后十分畏惧，行事更为小心谨慎。

武帝宇文邕虽然没有对杨坚采取什么措施，但宇文宪和王轨的话还是引起了他的高度重视，自己虽然没有看出杨坚有反相，但为了保险起见，他决定请权威的相面专家来看看，宇文宪和王轨所言是否正确。宇文邕请来的相面师不是别人，正是来和。

来和曾经给杨坚相过面，说他将来能成为皇帝。如果这次答案还是这样，杨坚恐怕凶多吉少，但来和却给出了不同的意见，说"隋公只是守节人，可镇一方。若为将领，城无不破"，隋国公（有史书记为"随国公"）这个人尽忠职守，如果让他做将军，率军攻城，则会攻无不克。言外之意，杨坚虽然长相不凡，但至多是一个优秀的将领，身上没有帝王之气。

来和如此"出尔反尔"，保护杨坚的同时更多的是为了保护自己，如果杨坚被拉下马，难免会供出自己当年说他能成为皇帝的事情，到那时，来和也会吃不了兜着走。

来和的话多少让宇文邕放宽了心，他将此话转告了王轨，但王轨还是坚持他的意见，一口咬定杨坚有反相。宇文邕见状只好说："必天命有在，将若之何？"如果他真有天命，谁能奈何呢？

宇文邕话虽这样说，但还是不放心，因此又请来另一个顶级相士赵昭，让他偷偷给杨坚相面。没想到，杨坚素来喜欢相面，和包括赵昭在内的这个"圈子"里的大师们私交都不错，赵昭自然又站到了杨坚这边，他对宇文邕说："陛下多虑了，杨坚相貌平平，没有什么大贵之相，最多就是一个将军的料。"

两位"权威专家"的话让宇文邕彻底放心。不过，很快从定州传来一个消息，让杨坚又一次陷入了不利的境地。定州城的西门长时间关闭不开，北齐皇帝高洋在位时，有人请求将西门打开，方便人们通行，却遭到高洋拒绝，他说了一句意味深长的话："当有圣人来启之。"

杨坚成为定州总管后，命人将西门打开，他并不知道高洋所说的话，想法很简单，就是为了便于东西向交通，此举引发了热议，人们说杨坚就是高洋所说的圣人，一时间搞得沸沸扬扬。

本来已打消猜忌之心的宇文邕，听到这个传闻，心里又开始犯嘀咕。当时北齐刚刚平定，人心不稳，当地的百姓将杨坚视为"圣人"，如果他有二心，又得到百姓的拥护，难免引发祸乱。不过，就凭这个杀掉杨坚，似乎难以服众，宇文邕最终找了一个折中方案，将其调离原岗位，重新安排工作。

于是，杨坚由定州总管转任亳州总管，虽然官职都一样，但地位相差很大。定州地处边陲，担任防范外敌的任务，地位非常重要，再说天高皇帝远，自由度更大些。而亳州地处中原，杨坚的一举一动都在宇文邕的眼皮底下，如有二心，可以随时拿下。

非常看好杨坚的庞晃，当时任常山太守，两人相距不远，常有来往，得到职务调动的诏令后，庞晃对杨坚说："燕、代精兵之处，今若动众，天下不足图也。"劝说杨坚起兵造反。搞不懂庞晃为何如此看好杨坚，倒是杨坚比较冷静，清楚自己有几斤几两，回道："时未可也。"时机还远远未成熟。

从二人的两次对话来看，杨坚并非没有野心，只是觉得时机未到，特别是遇到武帝宇文邕这样的雄主，此时造反，无异于羊送虎口、飞蛾扑火。不如先忍一忍，看看时局发展再做决定，无论何种情况下都要保持冷静。

于是，杨坚二话不说乖乖上任，如他所期盼的，朝廷时局很快发生了重大变化，一代英主北周武帝宇文邕驾崩了。

宇文邕死得有些突然，算得上是"出师未捷身先死"。因为如果再给他一些时间，想必他会成为一统天下的千古一帝，这本来就是宇文邕人生最大的目标，"凡布怀立行，皆欲逾越古人"，可惜上天没有给他这个机会。后世史官很是遗憾地说："破齐之后，遂欲穷兵极武，平突厥，定江南，一二年间，必使天下一统，此其志也。"也就是说，如果北周武帝能多活一两年，统一天下的将是北周，何来隋唐？历史的进程或许将完全改写。

不知杨坚对武帝宇文邕的离世感想如何，想必欣喜大于悲伤，不管怎么说，他的身份又升格了，成了新皇帝的岳父大人。

第四章　刀尖舞蹈

混账皇帝宇文赟

宣政元年（578年）六月初二，皇太子宇文赟即位，是为北周宣帝。

许多大臣并不看好这位新皇帝，因为在他们看来，宇文赟是家庭教育失败的典型。这要怪他的父亲北周武帝宇文邕，宇文邕自己太优秀了，总是觉得宇文赟差点火候，担心将来无法承担起治理天下的重任，于是从小就对宇文赟的教育出奇的严格。

宇文赟还是小孩子时，宇文邕就要求他的行为举止要像大臣一样，即使严寒酷暑，也不准擅自休息。稍微长大些后，宇文赟喜欢喝酒，宇文邕下令禁止将美酒和与酒有关的东西送到东宫。

宇文邕是"棍棒底下出孝子"教育理念的忠实实践者，宇文赟每次犯错，不论大小，都要受到体罚，而且下手很重。除了肉体受苦，宇文邕还对太子进行精神上的威胁，常常说道："以前被废的太子有很多，我其余的儿子难道就不能立为太子吗？"他还命令东宫官员详细记录宇文赟的言行，每个月都要向他汇报。

宇文邕简单粗暴的教育方式，带来的直接恶果是将宇文赟变成了一个"两面人"：在父皇面前，宇文赟装得很乖巧，绝不敢流露自己的真实情感；但背地里却做一些坏事，发泄被压抑的情绪。他对父亲没有任何的爱意，充溢在内心的都是仇恨，天天盼着自己的"皇帝老爸"早日去见阎王。

对于宇文赟的德行，有些大臣看得很清楚，王轨觉得这个太子难堪大任，他将想法告诉了另外一位大臣贺若弼，贺若弼则建议他直接奏报武帝宇文邕。于是，王轨找了个机会同宇文邕开诚布公地说："皇太子在仁孝方面名声不好，恐怕不能胜任陛下的家事，连文武全才贺若弼也为此事忧虑。"宇文邕于是询问贺若弼的意见，贺若弼答道："太子在东宫修养德行，从未听说过他有什么过失。"

这相当于打了王轨的脸，两人退出后，王轨责备贺若弼当着武帝的面说假话，贺若弼说："这种事情只能秘奏，你怎么当着众人的面公开直言？太子是储君，搞不好会被夷灭三族。"王轨这才意识到自己有些太冒失了，沉默许久后说："我一心一意尽忠于国家，完全没有为自己打算，但刚才这样做，实在不太合时宜。"

尽管王轨认识到了错误，但并不甘心。有一次，他和武帝宇文邕一起喝酒，假借醉酒摸着宇文邕的大胡子说："好可爱的老头，但恨后嗣暗弱。"宇文邕当然明白他的意思。在此之前，宇文邕问过太子老师宇文孝伯关于宇文赟的表现，宇文孝伯说："太子畏惧陛下天威，不再犯错。"既然太子老师都这样说，宇文邕便放心了。

但王轨在酒局上如此一闹，搞得宇文邕很不爽，找来了宇文孝伯责备其说谎话。宇文孝伯对此解释道："我曾经听说，父子之间的事情，外人最难建议。我知道陛下不能忍痛割爱，所以不敢开口。"这话使得宇文邕沉默不语，确实也说到了他的痛处。宇文邕不是铁了心不想换太子，而是没得可换，次子宇文赞表现得更差，其他儿子都还年幼，易储的事情也就不了了之了。

宇文赟就这样有惊无险地走上了皇位。他终于可以不用装了，能够彻底发泄对父皇宇文邕的不满。于是，宇文邕死后，他不仅没有悲戚之色，居然指着父皇的棺木破口大骂道："老东西，死得太晚了。"骂完以后，转身进入内廷，将父亲留下的妃嫔中有些姿色的都充实进了自己的后宫。

宇文赟的好色是出了名的，他登基后一口气封了五个皇后：除了天元大皇后杨丽华外，还有天大皇后朱满玥、天中大皇后陈月仪、天左大皇后尉迟炽繁、天右大皇后元乐尚。五后并立，一举打破了前赵皇帝刘聪创造的"三后并立"的纪录。

其中的尉迟炽繁是蜀国公尉迟迥的孙女，嫁给了宇文赟的堂侄西阳公宇文温为妃。依照北周的规矩，每年这些宗室的命妇都要进宫朝见皇帝。宇文赟见到美艳无比的尉迟炽繁后魂不守舍，全然不顾尉迟炽繁已经是自己堂侄的妻子，强行将尉迟炽繁纳入自己的后宫。宇文温的父亲宇文亮得知宇文赟强占了自己的儿媳妇，起兵造反，兵败被杀，丢了媳妇的宇文温也被连带砍头。就这样，为了一个女人，宇文赟将堂侄一家几乎赶尽杀绝。

宇文赟的瞎胡闹很快又创造了一个纪录，他当初担心当不上皇帝，而登上皇位又觉得需要操心的事情太多，严重影响了他的寻欢作乐，于是在继位八个月后，便将皇位传给了年仅七岁的儿子宇文衍（继位后改称宇文阐）。他自封了一个比皇帝更高的名分——天元皇帝，对臣子自称为"天"，住处称为"天台"，为了体现他的尊贵，大臣们在朝见他以前，都要斋戒三天，沐浴干净方可入殿。

或许由于从小在棍棒下长大，在宇文赟心中有个"棍子情结"，宫内宫外，无论是王公大臣，还是后宫嫔妃、太监、宫女，无论是他喜欢的还是讨厌的，动不动就用棍子打。一开始每次打人以按一百二十下为基数，后来，根据宇文赟的心情好坏，按照一百二十的倍数确定挨打次数。即使这样，宇文赟还觉得不过瘾，被打的人伤疤不明显，又把基数提高到二百四十下，每次按照二百四十的倍数打人。宇文赟给杖人的棍子起了个好听的名字，叫"天杖"。一时间，恐怖气氛笼罩朝堂，"人不自安，皆求苟免，莫有固志"。

对于这位皇帝的胡乱作为，有大臣终于看不下去了，京兆郡乐运命手下抬着一口棺材上朝，陈述宇文赟的八项罪状，惹得宇文赟大怒，当场就要杀了他。其他大臣好生劝解才让宇文赟消了气，保住了乐运的性命，从此以后，朝中没有人再敢进谏，任由宇文赟胡折腾。

危险的女婿

无论宇文赟多么不堪,但他成为皇帝,对杨坚来讲属于一个利好。被宇文邕猜忌的他,在任上如履薄冰,本来觉得前途暗淡,但没想到一下子又翻了身,成为当今皇上的岳父大人。宇文赟刚刚上台,需要重用身边的人稳住朝局,所以将杨坚从南亳州调回京城,连升三级,官至大前疑。这个职位是宇文赟搞出来的,为什么叫这个名字无人知道,但地位非常重要,高居四辅之首,宇文赟每次到外地出巡,都让杨坚在京城留守。

这对翁婿看上去颇为和谐,但实际上暗流涌动。宇文赟虽然荒淫,但脑子却很清醒,重用老丈人的同时也防着老丈人,时刻将手中的权力牢牢地掌控,不能让别人染指。特别是像杨坚这样的人,是功勋之后,又立有战功,而且还是皇亲国戚,需要加倍提防。

为了巩固权力,宇文赟除掉了叔父齐王宇文宪,以及曾经说他坏话的王轨和自己的老师宇文孝伯等大臣。宇文宪英姿奋发,智勇兼备,是北周最杰出的将帅。而宇文孝伯、尉迟运、宇文神举、王轨等大臣,都是当朝最有能力的骨干之臣,杀了他们,基本上瓦解了他父亲宇文邕留下的班底,极大削弱了皇帝的支持力量,造成勋贵大臣们进一步离心,为杨坚篡权埋下了伏笔。

宇文赟同时重用亲信郑译、刘昉,这两位都是世家子弟,祖辈都是大官,因此可以长期在宫廷中活动,和宇文赟臭味相投,非常懂得宇文赟的心思,变着花样讨他的欢心。郑译将北齐末帝高纬的歌舞班子重新组织起来,日夜陪伴宇文赟游乐。宇文赟在后宫聚集了无数美女,增置了许多千奇百怪的妃嫔名号,连写起居录的史官都难以记录。他整日躲在后宫沉湎酒色,政务主要靠郑译、刘昉上传下达。杨坚由此受到了排挤,逐渐淡出了核心权力圈。

尽管如此,杨坚在一些问题上仍然直言进谏。宇文赟觉得父亲武帝宇文邕制定的《刑书要制》很严酷,便下诏予以废除。这样一来,根据旧法被关到监狱的罪犯都被释放，结果搞得社会治安不断恶化。宇文赟一气之下制定了一部《刑经圣制》，比先前的律法更为严苛。有的大臣上书劝谏皇帝，只要表奏文字有错漏现象，便可拿下治罪，甚至判处死刑。因此，无论大臣还是百姓，如果出现一个小过失，都有性命之虞，搞得人人自危，怨声载道。

杨坚对此进谏说："法令滋章，非教化之道。"法令过于严酷，不是教化臣民的好办法，可宇文赟并没有采纳。但杨坚这次出头是为臣民说话，虽然没有效果，但让他赢得了人心，"高祖（杨坚）位望益隆，帝颇以为忌"，这让宇文赟对杨坚越发不信任。由父及女，宇文赟对杨丽华的态度也发生了很大变化。

只是杨丽华的表现没得挑，宇文赟搞出五个皇后，作为正宫的杨丽华没有陷入宫廷争斗中，她生性柔顺，不嫉妒也不争宠，和其他几位皇后相处得很和谐，"四皇后及嫔、御等，咸爱而仰之"，后宫的人都很敬重她。即便杨丽华表现得如此"佛系"，但还是明显感觉到宇文赟对她的态度越来越冷淡，经常无故责骂自己。如果换作他人，或许早已服软，放下身段说些好话，但杨丽华"进止详闲，辞色不挠"。宇文赟平素最喜欢别人向他叩头求饶，眼见杨丽华毫无惧色，宇文赟"大怒"，气急败坏地"赐后死，逼令引诀"，居然要逼着杨丽华自尽。

此事对杨坚来说非同小可，不仅事关女儿的性命，更关乎整个杨家。杨坚听到这个消息，顿觉五雷轰顶，他知道宇文赟对自己多有猜忌，如果自己出面去见宇文赟，很可能将事态搞得更加糟糕，况且，后宫也不是他能去的地方，关键时刻只能让夫人独孤伽罗入宫求情。

杨坚选对了人，独孤伽罗飞奔进宫，"诣阁陈谢"，代替女儿磕头认罪，以致"叩头流血"。宇文赟见丈母娘都成了这般模样，心里得到极大满足，这事也就罢了，杨丽华躲过一劫。

不过，宇文赟对杨坚的猜忌并没有消除。在他看来，杨丽华之所以胆敢不屈从自己的威严，完全是仗着其父杨坚的权势。有一次，宇文赟又和杨丽华吵架，理屈的他吵不过杨丽华，就扔下一句话，"必族灭尔家"，随即召见杨坚，下令左右带刀侍卫，如果杨坚"色动，即杀之"。但杨坚入朝后，"神色自若"，和平日里没有两样，找不到茬的宇文赟"乃止"，悻悻地再次收手。

杨坚依靠丰富的政治斗争经验，成功躲过生死劫，但好运气总会用完的，杨坚意识到不能继续待在权力中枢了，宇文赟已经对自己有了阵阵杀意，再这样下去，离人头落地的日子不远了。三十六计走为上，只是如今这样的情势，宇文赟不一定同意外放他出京任职。

杨坚想到了一个人——老同学郑译，如今他是宇文赟身边的"红人"，说话比自己要好使得多。杨坚私下找到郑译，说自己不再贪恋权位，想离京到地方上辅佐藩王，享清福去了。郑译满口答应："以公德望，天下归心，欲求多福，岂敢忘也。谨即言之。"以杨公您的道德威望其实是天下归心了，有一天，您会得志的，到时候，我还指望您罩着我呢，所以我怎么能不替您办事呢？

郑译如此痛快答应，说到底是为自己留条后路，虽然他是宇文赟的宠臣，但眼看着宇文赟凶狠残暴，大失人心，又整天喝酒纵欲，怕这个暴君长不了了。杨坚身为国丈在朝廷很有势力，没准哪天就能重新掌权，何不做一个顺水人情。

机会很快到来了，宇文赟虽然荒唐暴虐，但是对于开疆拓土一直很有热情。这是因为他从小被老爸武帝宇文邕打压，形成了强烈的逆反心理，当了皇帝以后，总想证明自己比老爸强。宇文邕灭了北齐，如果想超越老爸，那就只剩下平定江南了。

郑译深知此点，觉得可以做做文章。有一次，他主动和宇文赟聊起南征事宜，宇文赟让郑译推荐军队统帅，郑译自然不会放过这样的机会，赶紧说："若定江东，自非懿戚重臣，无以镇抚。可令隋公行，且为寿阳总管，以督军事。"如果想要平定江东，不用朝廷的重臣做统帅，难以完成这个重任，提出建议让杨坚离京，担任寿阳总管，负责前线军事。

宇文赟不知两人早已串通，觉得郑译这个建议不错，他对杨坚早就看不顺眼，但又找不到什么很好的理由杀了杨坚，毕竟怎么说也是自己的岳父，不如让杨坚离开京城，到前线为自己卖命。于是下诏任命杨坚为扬州总管，筹备发兵南征事宜。

这个任命对杨坚来说是苦苦期盼的。但是接到诏令后，他却没有着急动身，给出的理由是"足疾犯了"。对于这个突如其来的疾病，历史上有不同的看法，有人说这个病是真实的，因为逃离京城是杨坚日思夜想的，如果没有"足疾"，杨坚没有理由不抓紧走。但也有人说这个意外完全是杨坚的"托词"，因为他在京城多待了几日，就等到了宇文赟的死讯，这不能简单地说是一个巧合。

更何况杨坚素来喜欢看相，觉得宇文赟长着一副短命相。有一次，他还跟自己的心腹说："天元实无积德，视其相貌，寿亦不长。加以法令繁苛，耽恣声色，以吾观之，殆将不久。"如果真如命相所示，宇文赟真的死了，七八岁的小皇帝肯定无法掌控局面，到时候，政局必定要有大变化，如果自己远在扬州，只能鞭长莫及。

杨坚对此内心颇为纠结，不走不安全，走又舍不得，在这种情况下，"足疾"就成了很好的借口，暂时不走，静观事态，再决定何去何从。

无论两种分析哪个更接近于历史的真相，但在这一场翁婿斗法中，年长的杨坚笑到了最后，他的命运和整个历史进程将迎来极为重大的变化。

第五章　杨坚辅政

骑兽之势不得下

宇文赟的暴亡和他的瞎胡闹有直接关系。一天夜里，他心血来潮，决定连夜巡幸天兴宫。对于这位皇帝突如其来的奇葩想法，身边的人已经见怪不怪了，赶忙备驾，一直到三更时分才准备妥当。宇文赟趁着夜色出城避暑，仅仅隔了一天，只有二十二岁的宇文赟突发急症，病情急转直下，被紧急护送回宫。

宇文赟早已将皇位给了儿子宇文阐，所以即使他死了，不存在选择继承人的问题，但此时宇文阐只有八岁，不能亲政，需要有人来主持大局。按说宇文家宗亲不少，根本轮不上杨坚，但在关键时刻，宇文赟身边的两个宠臣刘昉和郑译，做出了抉择，推举宇文赟的老丈人杨坚。

宇文赟料想自己不行了，紧急召见刘昉和御正中大夫颜之仪入内室，准备托付后事，但两人赶到床前时，这位天元皇帝已经"不复能言"，说不出话来。刘昉见状，赶紧找来郑译商量，史书记载："昉见静帝幼冲，不堪负荷。然昉素知高祖，又以后父之故，有重名于天下，遂与郑译谋，引高祖辅政。"两人很快达成了一致意见。

刘昉、郑译这样做无非是想保住荣华富贵，这两人都是佞臣，除了会献媚，并没有什么真本事。史书上说刘昉"性轻狡，有奸数"，以功臣之子入侍当时的皇太子宇文赟，宇文赟即位后，刘昉"以技佞见狎，出入宫掖，宠冠一时"。郑译比刘昉强一些，他出身名门望族——荥阳郑氏，颇有学问，又通晓音乐，善于骑射，与宇文赟关系很亲近，被越级提拔为内史下大夫，封为归昌县公，食邑一千户，委他以朝政。不久，他迁任内史上大夫，晋爵为沛国公。

虽然他们是宇文赟身边的红人，但天天只是围着皇帝转，没有什么权力基础。最大的靠山便是宇文赟，如今靠山倒了，当朝皇帝年龄太小，必须要寻找一座新的靠山。他们之所以选中杨坚，一来因为杨坚是皇亲国戚，位居四辅之首，地位很高，容易服众。二来郑译与杨坚私交不错，两人当年是老同学，求学期间，"译又素知高祖相表有奇，倾心相结"。前不久，杨坚还恳求郑译在宇文赟面前说情，让其离京外任。

两人议定此事，便假传皇命召杨坚入宫。此时的杨坚根本不知宫里发生了什么，更不清楚突然被召见是福是祸，担心其中有诈，觉得很可能宇文赟临死之前要拉自己垫背，一时惶恐不已。但皇命难违，无论内心如何害怕，也只能硬着头皮进宫，正巧在路上遇到了著名术士来和，此人曾说自己有帝王之相，还在宇文邕面前保护过自己，比较可靠。杨坚急忙问他："我无灾障不？"此次入宫是否有灾祸，来和回了一句："公骨法气色相应，天命已有付属。"从您的骨法气色上看，有当皇帝的样子，天命有所嘱咐了。言外之意是放心去吧，皇帝还没当上，怎么会有事呢？

杨坚听到来和这样说，多少放宽了心，进宫后，刘昉、郑译将宫中的情况讲与他听，并劝杨坚出山辅政。即便这样，杨坚心里的石头并没有完全落地，毕竟长期以来，他一直在刀尖上舞蹈，养成了极为谨慎小心的个性，不会轻易相信任何人的话，也不会将自己的真实观点和想法轻易说出去。因此，他起初的态度是"固让，不敢当"。刘昉急了，抛下一句狠话："公若为，当速为之；如不为，昉自为也。"都什么时候了，还在这里让来让去，这种掉脑袋的事情，必须当机立断，你如果要干，就不要犹豫；如果你不愿干，我就自己上了。

刘昉的话明显有激将成分。事实上，杨坚并不是不想干，相反，为了这一天，苦苦等待了好久，早在武帝宇文邕在位时，他就和庞晃议论过篡位的事情，只是觉得当时机会并不成熟。如今如此好的机会摆在面前，他焉能错过？从某种意义上来说，刘昉的这句话将杨坚心中的权力欲望激发了出来。此时，其他参与的大臣也劝杨坚，御史大夫柳裘说："机不可失，天与不取，反受其咎。"也就是说，如果拖延下去，一定会后悔。

就在杨坚略感犹豫之时，夫人独孤伽罗出面了，她派心腹入宫见到自己丈夫进言道："大事已然，骑兽之势，必不得下，勉之！"如今的事态就像射出去的箭，泼出去的水，没有回头路，只能一口气走到底。妻子一句话点破了杨坚的处境，也给了他最大的支持和鼓舞，让杨坚最终下了决心，出任首席辅政大臣。

刘昉、郑译见杨坚点头同意，便拟定诏书，命杨坚在宫中辅政，并都督内外诸军事。本来一切进行得很顺利，但在颜之仪这里遇到了麻烦。按照规定，遗诏必须由御史大夫联名签署才能对外发布。对于这份虚假的诏书，颜之仪拒绝在上面签字，在他看来，这无异于阴谋政变，义正词严道："主上升遐，嗣子冲幼，阿衡之任，宜在宗英。方今贤戚之内，赵王最长，以亲以德，合膺重寄。公等备受朝恩，当思尽忠报国，奈何一旦欲以神器假人！"意思表达得很明确，先皇升天，新皇年幼，辅政重任应该落在宗室里的人才身上，现在皇亲之中赵王宇文招年龄最大，论血缘、论道德，都该寄以重任。大人们备受朝恩，应当想着尽忠报国，怎么一下子就将皇家大权送给别人？并表示："之仪有死而已，不能诬罔先帝。"我颜之仪大不了一死罢了，绝对不能欺骗先帝。

刘昉等人看到颜之仪态度坚决，索性不再搭理他，在诏书上替他署了名，这道诏书由此生效，宫廷内外的守卫只认诏书不认人，杨坚就这样控制了京城的军权。

颜之仪不肯就这样认命，他联合一部分宦官，急召北周宗室，大将军宇文冲进宫，企图控制朝堂。刘昉、郑译等人闻讯赶到，就在双方剑拔弩张时，宇文冲却主动打起了退堂鼓，杨坚令人将宇文冲、颜之仪关了起来，很快平息了这场风波。

秘不发丧骗五王

杨坚能够顺利地掌控朝中局势，除了刘昉、郑译帮了大忙外，他手中还有一副别人没有的王牌，那便是正宫皇后杨丽华。作为杨坚的女儿，她在整个事变中发挥了什么作用呢？《周书》中记载："刘昉、郑译等因矫诏以后父受遗辅政。后初虽不预谋，然以嗣主幼冲，恐权在他族，不利于己，闻昉、译已行此诏，心甚悦之。"这个记载透露出两层意思，一是杨丽华没有参与此事；二是她的态度上是积极支持的，道理很简单，因为皇帝年幼，杨丽华担心朝中大权落入其他人手中。

不过，如果细细想来，里面还是充满疑点，杨丽华真如《周书》里所言一直袖手旁观、无动于衷吗？恐怕不会，杨坚后来回忆道："公主有大功于我。"到底是什么样的大功呢？史书记载："宣帝崩，杨后令其父隋公为大丞相，总掌国事。"可以说，正是获得已升任皇太后杨丽华的支持，才使得这场无声的政变蒙上了浓重的合法性色彩。

宇文赟打死不会相信，自己死后，局势会变成这样。要从根子上讲，这怨不得别人，只能怪他自己，他杀掉了最能干的叔父宇文宪等人，又把赵王宇文招等宗亲外放到封地任职，宠信刘昉、郑译等佞臣，导致关键时刻朝中没有宗亲势力和强有力的反对力量，使得刘昉、郑译、杨坚有了可乘之机。

对于杨坚而言，此刻最担心的恰恰是宗亲势力，主要包括赵王宇文招、陈王宇文纯、越王宇文盛、代王宇文达、滕王宇文逌，因为这五位都是宇文泰的儿子。换句话说，他们都是宇文赟的叔父辈，在宗亲中的威望高，更重要的是，每个人手里都掌有兵权，如果知道了事情的来龙去脉，一定会联合起来兴兵讨伐。朝中的群臣如今左顾右盼，倘若里应外合，自己会死得非常难看。

如何处理这个烫手山芋呢？杨坚从秦朝赵高那里学了一招——秘不发丧。他下令对外严密封锁皇帝死讯，紧接着以小皇帝名义给各位王爷发了一道诏令，说千金公主要下嫁突厥和亲，请他们入朝观礼。这件事早已定好，众所周知，所以五个王爷并未生疑，纷纷上路回京。杨坚等到他们走到半路，前不着村后不着店时，公开宣布为天元皇帝发丧，让他们抓紧来京参加皇帝葬礼。

与此同时，杨坚在朝中开始权力分配。他自己为假黄钺、左大丞相。北周武帝宇文邕在京的两个儿子汉王宇文赞为上柱国、右大丞相，秦王宇文贽为上柱国。这两位王爷其实只是挂名，实际权力控制在杨坚手中，诏书上写得很清楚："百官总己以听于左丞相。"

即便如此，杨坚还是不放心，特意给自己弄了一个"假黄钺"的头衔，所谓"黄钺"，就是黄金大斧，"专戮节将，非人臣常器矣"，谁不听话，便可断然采取措施。只是杨坚有些过虑了，因为宇文赞原本是一个吃喝玩乐的纨绔子弟。刚开始时，宇文赞还挺把自己当回事，有事没事都准时上朝，和杨坚同帐办公，对朝中的事务指手画脚，杨坚觉得他碍手碍脚，想着让他靠边站。

同为纨绔子弟的刘昉对付这种人有绝招，刘昉知道宇文赞好色，便将几个浓妆艳抹的歌妓献给宇文赞，对他说："大王先帝之弟，时望所归。孺子幼冲，岂堪大事！今先帝初崩，群情尚扰，王且归第。待事宁之后，入为天子，此万全之计也。"这段话的意思是：您是先帝的弟弟，众望所归，如今皇上太小，如何能承担起治理天下的重任，到头来还是要靠您。只是现在先帝刚刚去世，人心不稳，所以不能贸然行动，您不如先回家等机会，等待万事俱备，一定想办法迎立您为天子，这才是万全之计。

刘昉完全是忽悠宇文赞，不过却很好使，宇文赞被这碗迷魂汤灌晕了，带着这些美女回到府中逍遥自在，一门心思等着刘昉有一天来请他去做皇帝。

群臣被迫选站队

杨坚解决了这位不知天高地厚的王爷，接下来琢磨该如何稳住京城的局势，虽然大权在握，但朝中不少大臣并不买他的账。特别是他让小皇帝搬到天台，将宇文阐原来的正阳宫用来做自己的丞相府时，有些大臣对此十分激愤，认为杨坚让皇帝给他腾地，实属大逆不道。

杨坚知道，如果群臣不服，他这个位置便无法安稳，必须要找机会让群臣们站队，于是他导演了一出"搬家"的好戏。有一天，他在群臣面前突然宣布要搬家，然后径直前往正阳宫，也就是如今的丞相府，此举就是要看文武百官的态度，是跟随自己还是顽抗到底，杨坚为此做了精心策划，让司武上士卢贲负责全程监督。

如先前预想，群臣们的反应并不一致，有的大步流星跟了上来，有的则是徘徊犹豫，还有的掉头往回走，表示不顺从。就在此时，卢贲对百官们大呼一声："欲求富贵者，宜相随。"想要富贵的，赶紧跟着丞相走。众臣看着卢贲虎视眈眈，身边还有许多全副武装的士卒，觉得识时务者为俊杰，如今不管愿不愿意只能跟着杨坚走了。

杨坚和众人到了宫门后，又遇到了新问题。守卫宫门的卫士只认得小皇帝宇文阐，拦着众人不让进入。又是卢贲站了出来，将情况告诉门卫，让他们认清形势，行个方便。但卫士不为所动，卢贲急了，瞪大眼睛怒斥门卫，守门卫士被吓唬住了，纷纷后退，杨坚这才正式入主正阳宫的丞相府，百官们也只能表示顺从。

接下来杨坚面对的问题，是如何与两大功臣刘昉、郑译分权。"刘昉牵前，郑译推后"，这两人居功至伟，将杨坚成功推向了权臣宝座，三人最初商量的结果是杨坚出任大冢宰，郑译为大司马，刘昉为小冢宰。

按照这个分工，表面上看刘昉、郑译将最尊贵的位置给了杨坚，但郑译掌控兵权，刘昉负责日常政务，实权还是掌控在他们手中。其实不难理解，他们选择杨坚，无非是想找一个新的靠山，但并不意味着会将手中的权力拱手相让，只是让杨坚在前台撑门面，他们在幕后说了算。

杨坚心里当然知道他们的如意算盘，但是如果没有刘昉和郑译，就不会有自己的今天，刚上台便撕破脸皮，感觉不太合适。正当杨坚犹豫不决的时候，站出来一位关键人物让他下定了决心，此人叫作李德林。

李德林是名满天下的大才子，谈吐自如，玉树临风。史书上说他"该博坟典，阴阳纬候，无不通涉。善属文，辞核而理畅"。李德林最早是北齐的大臣，后来北周平灭北齐，武帝宇文邕进入邺城后，专门派人找到他说："平齐之利，唯在于尔。"意思是平定北齐，最大的收获就是得到先生，并表示："朕本畏尔逐齐王东走。今闻犹在，大以慰怀，宜即入相见。"巴不得马上见到李德林，可见宇文邕对他极为看重。

宇文邕死后，宇文赟重用刘昉、郑译等人，将李德林晾到了一边。杨坚发现他是个人才，上台后派人告诉李德林："朝廷赐令总文武事，经国任重，非群才辅佐，无以克成大业。今欲与公共事，必不得辞。"朝廷让我总管文武大事，但一人很难做到，希望诸公支持我办好这件事情，在所有人里面，您的分量最重，希望以后多帮忙。

杨坚的虚怀若谷让李德林受宠若惊，满口答应道："德林虽庸芃，微诚亦有所在。若曲相提奖，必望以死奉公。"李德林终于迎来了报恩的机会。他听说这件事后，赶忙找到杨坚告诉他万万不可，因为光有虚名，没有实权，地位早晚不保。那怎么办呢？李德林给他出了个主意，"即宜作大丞相、假黄钺、都督中外诸军事，不尔，无以压众心"。只有将政治、军事、人事大权集于一身，才能稳定人心，号令天下。

杨坚听从李德林的建议，任命郑译为相府长史，刘昉为相府司马。本来两人想与杨坚平起平坐，没想到，到头来却成为杨坚的直接属下。杨坚在物质上没有亏待他们，给予了许多赏赐。刘昉、郑译没有其他办法，只能认栽，谁让他们把杨坚送上了权位，如今杨坚羽翼渐丰，控制住了京城局势，胳膊拧不过大腿，只能吃个哑巴亏。

第六章 平定三方

尉迟迥造反

杨坚好不容易暂时安定了内部,但不安情绪始终没有消散。他召见掌管天文的太史中大夫庾季才,问他:"吾以庸虚,受兹顾命。天时人事,卿以为何如?"杨坚还在担心自己是否有天命,能否将权柄牢牢掌握。

庾季才回答得很有意思,他说:"天道精微,难可意察。窃以人事卜之,符兆已定。季才纵言不可,公岂复得为箕、颍之事乎!"天道不好说,我只从人事方面来预料,觉得符兆很明确。即使说天时和人事都对您不利,您难道会效法尧帝时代把天下让出去吗?言外之意是,都到什么时候了,还问这种问题,就算没有天命,你还能回得去吗?

杨坚一想,确实如庾季才所言,如今没有什么选择余地了,前面只有这一条路,无论是坦途还是险境,都必须硬着头皮走下去。当前最紧迫的事宜是镇住被忽悠到京的五位藩王。虽然他们手中无兵权,但影响力不容小觑,毕竟现在还是宇文家族的天下。杨坚决定"杀鸡给猴看",让这几位知道轻重,不要轻举妄动,首先倒霉的是负责京城治安的毕王宇文贤。

宇文贤个性刚强干练,有些谋略,担心杨坚会颠覆宇文氏的江山社稷,想着与五位叔父合谋杀掉杨坚,虽然没有实际行动,但言辞中却透露了这个意思。五王刚到京不久,他被丞相别驾杨雄告发意图谋反,杨坚立即诛杀了宇文贤一家,给了五位王爷一个下马威,希望他们能安分守己,否则宇文贤就是前车之鉴。

杨坚心里很清楚，如今地方势力蠢蠢欲动，在这种情况下，必须要稳住各位藩王，所以不能一味使狠，还要软硬兼施。于是，在杀掉宇文贤后，他让小皇帝下诏令五王可以"入朝不趋，剑履上殿"，这在历朝历代都是极高的赏赐，杨坚这样做，表达了对五位藩王的尊重，希望他们感恩图报。更重要的是为自己争取时间，等将来完全掌握局势后，再来收拾几位王爷。

五位藩王虽然心里很不爽，但他们离开了封地，手中无权无兵，只能暂时向杨坚低头，看看时局变化再伺机而动。

很快，出现了非常有利于几位藩王的事态，地方势力纷纷揭竿而起，举兵反抗杨坚。率先发难的是六十多岁的相州总管尉迟迥，他不仅是一员屡建军功的猛将，而且还是皇亲国戚。尉迟迥是宇文泰的外甥，名望地位素来很高。他所担任的相州总管，是平定北齐后新设置的，也是势力最大的总管府，辖区几乎相当于过去北齐的地盘，包括今天河北、山东以及河南、安徽、江苏的一部分，因此，他是杨坚最担心的人物之一。

杨坚本想着先下手为强，以小皇帝的名义召尉迟迥回京参加宇文赟的葬礼，然后委任久经沙场的老将韦孝宽为新的相州总管，启程前往邺城取代尉迟迥。

尉迟迥当然不会束手就擒，决意起兵反抗，但还需提前做些准备。于是他采用拖延战术，对外宣称接受诏令，并派人迎接接替自己的韦孝宽，但这一切都是假象，真实意图是将韦孝宽骗入邺城杀掉，然后正式起兵。无奈韦孝宽也是一位高人，当年玉璧之战他凭借一己之力打得高欢一筹莫展，如今感觉气氛不对，假托有病故意走得很慢，尉迟迥越是派人催促，他走得越慢，并派人以求医找药为名潜入邺城打探消息。

尉迟迥见韦孝宽不肯上当，为了打消韦孝宽的顾虑，便派他的侄子韦艺前去迎接。韦艺虽然是韦孝宽的侄子，但一直都在尉迟迥身边做事，受其统领，算得上是尉迟迥的死党。韦孝宽见到侄子后，问其此行的真实目的，韦艺避重就轻，一直不说实话，韦孝宽大怒，下令将侄子推出斩首。韦艺是个胆小鬼，一见大难临头，便将尉迟迥的密谋不打折扣地告诉了韦孝宽。

韦孝宽证实了先前自己的猜测，如今再往前走便是羊入狼群，只能掉转马头回京城报告，但韦孝宽知道，如果一味西逃，恐怕跑不过尉迟迥的追兵。于是他想出一条妙计，每路过一个驿站，做两件事情：一是对驿站主管表示尉迟迥的人很快就会来，要提前准备好酒菜；二是临走时将驿站所有的马全部牵走。

果如韦孝宽所料，尉迟迥听说事情败露，赶忙派手下将领梁子康带人来追，结果每到一处驿站，发现没有可替换的马匹，倒是有一桌早已准备好的美味佳肴，只好先饱餐一顿再追，因此追击的速度大为下降，韦孝宽脱离险境进入了安全区域。

与此同时，另一个渠道也报告尉迟迥造反在即。北周大臣杨希尚奉命抚慰山东、河北，走到相州时，正赶上宇文赟驾崩，便留在邺城与尉迟迥一同为皇帝发丧。杨希尚感到有些不对劲，暗地里对随从说："尉迟迥表现得一点都不哀伤，而且眼神也不对，想必准备图谋不轨。"于是连夜离开邺城，从小道跑了。天亮后，尉迟迥才发现，派人去追，但是没有追上。杨希尚跑回长安后向杨坚如实汇报了情况。

一切都在预示着尉迟迥要有大动作，但此时还没有公开撕破脸皮，杨坚还想做最后的努力，于是派使者正破六汗裒去邺城做沟通解释工作，向尉迟迥明确表示自己没有篡位之心，一切事情都可以商量。同时让正破六汗裒带去一份密信给相州总管府长史晋昶，让他做好准备，相机行事。但没想到，正破六汗裒的保密工作没做好，事情被尉迟迥知道了，让他下定决心起兵造反。

尉迟迥杀掉了正破六汗裒和晋昶，然后集合文武官员和百姓，发表了慷慨激昂的演说："杨坚以凡庸之才，藉后父之势，挟幼主而令天下，威福自己，赏罚无章，不臣之迹，暴于行路。吾居将相，与国舅甥，同休共戚，义由一体。先帝处吾于此，本欲寄以安危。今欲与卿等纠合义勇,匡国庇人,进可以享荣名,退可以终臣节。卿等以为何如?"大意是说:杨坚以平庸之才,借皇后父亲的权势,挟制幼主,号令天下,作威作福,赏罚不分,其背叛君主的行迹,已暴露无遗。我身为将相,与君主有舅甥之亲,同甘共苦,本应一体。先帝把我任命到这里,本来就寄托着安危大计。如今打算与各位集合义士,匡复国家,保护百姓,进可享受荣华名望,退可保全为臣节操。各位认为怎样?于是"众咸从命,莫不感激",所有的人都表示坚决拥护。

尉迟迥自称大总管,当时赵王宇文招已经入朝,留下小儿子在这里,尉迟迥又拥戴他以号令天下。不得不说,这实在是一个败笔,尉迟迥在起兵时宣称自己和小皇帝宇文阐有舅甥之亲,又说杨坚挟持幼主,既然如此,最正当的理由应该是"清君侧,杀杨坚",这样可以占据道德高点,得到更多人的支持。但尉迟迥却另立新主,这意味着北周王朝将走向分裂,因此,造反的合法性在源头上便出现了很大问题。

虽然如此,起初叛军的声势颇为浩大,尉迟迥所管辖的相、卫、黎、毛、洺、贝、赵、冀、瀛、沧各州,他弟弟的儿子尉迟勤所管辖的青、胶、光、莒各州,全都跟随尉迟迥,拥有军队数十万。除此之外,荥州刺史宇文胄、申州刺史李惠、东楚州刺史费也利进、东潼州刺史曹孝达各自据州响应尉迟迥。尉迟迥又向北交结高宝宁,联络突厥;向南联络南陈,答应割让长江、淮河一带的土地,希望得到陈朝的支持。更为重要的是,两个地方总管也起兵响应,分别是郧州(今湖北安陆)总管司马消难和益州(今四川成都)总管王谦,因此这场震动了大半个北周的地方叛乱史称"三总管之难"。

除了尉迟迥,另外两个总管的身份地位也不得了,司马消难的父亲是北齐名将司马子如,女儿司马令姬是当朝皇帝周静帝宇文阐的皇后,也就是说他是当朝小皇帝的岳父大人。王谦出身于太原王氏,父亲王雄是西魏十二大将军之一,王雄在随宇文护东征北齐的过程中被北齐名将斛律光射杀,王谦便成为名门之后。当时三总管的统辖区域占到了北周领土一半以上,他们共同对身居长安的杨坚形成了一股合围之势，再加上其余各方势力的蠢蠢欲动，北周王朝顿时处于四分五裂的危机之中。

高颎初露峥嵘

杨坚担心什么来什么，但没有任何退路可走，只能强力镇压，成功与否不仅事关手中的权力，更关乎身家性命乃至家族的命运。既然是三个总管作乱，杨坚就派三路兵马去镇压，先是令尚未到京的韦孝宽为行军元帅，讨伐尉迟迥。又令老将梁睿领兵收拾王谦，令王谊率军攻击司马消难。

双方还没交战，韦孝宽的长史李询秘奏杨坚说："梁士彦、宇文忻和崔弘度三位行军总管私下接受了尉迟迥的金钱，人心异常，可能有变。"杨坚一听脑袋都快炸了，要知道，这三位都是久经沙场的老将，而且是讨伐军的主力干将，如果他们临阵倒戈，后果不堪设想。为了妥善处理此事，他紧急召刘昉、郑译等人来商议，如何能在不生乱的情况下取代三人。

关键时刻，还是要看李德林，他说了一番非常重要的话："公与诸将，并是国家贵臣，未相伏驭，今以挟令之威，使得之耳。安知后所遣者，能尽腹心，前所遣人，独致乖异？又取金之事，虚实难明，即令换易，彼将惧罪，恐其逃逸，便须禁锢。然则郧公以下，必有惊疑之意。且临敌代将，自古所难，乐毅所以辞燕，赵括以之败赵。如愚所见，但遣公一腹心，明于智略，为诸将旧来所信服者，速至军所，使观其情伪。纵有异志，必不敢动。"

这段话包含几层意思：一是这些将领和杨坚一样，都是国家的重臣，地位上是平等的，没必要一定服从杨坚，现在杨坚只是凭借天子的权威控制和驾驭他们罢了。二是李询的密报真假难辨，如果现在派人取代他们，三人可能因害怕获罪而逃走，如果把他们抓起来，其他将领都会感到人人自危，临阵换将一直是兵家大忌。三是当务之急是派遣一个心腹，此人既要有谋略，同时也要为众将领所信服，立即到军中，观察将领们的举动，即便他们怀有二心，也不敢轻举妄动，如果他们有所动作，能在第一时间发现并处置。

杨坚对此建议什么反应呢？拍着大腿赞道："若公不发此言，几败大事。"他刚才一听到这个消息，确实有些慌了神，冷静下来觉得李德林说得太对了，如果在没搞清楚的情况下贸然换将，估计仗还没打，军心先溃散了。

只是，按照李德林所言，需要派一个得力的人深入军中，该派谁去呢？杨坚首先想到的是刘昉和郑译，但这两位在宫中是耍弄权术的高手，一听说要上前线，就变成了稀松软蛋。刘昉表示自己从来没有领过兵，实在无法完成任务。郑译则以家中八十岁的老母需要照顾为由予以拒绝。

杨坚无奈只能寻找新的人选，他选定了崔仲方，此人从小喜爱读书，有文才武略。崔仲方以父亲在山东，害怕受到牵连为由变相拒绝了。就在杨坚为人选犯难的时候，有人站出来主动请缨，此人便是丞相府的司录高颎。

高颎精明强干，并且熟习军事，计谋丰富，杨坚很看重高颎，将他视为心腹。说来两人颇有渊源，高颎的父亲叫作高宾，原本在北齐为官，因避奸臣进谗而投奔北周，北周大司马独孤信引其为僚佐，对高宾非常赏识，赐姓独孤氏。独孤信被逼自杀后，虽然他们改回了"高"姓，但高颎不畏危险，坚持和独孤家来往，"以宾父之故吏，每往来其家"，特别是和杨坚的夫人独孤伽罗往来密切，当杨坚刚刚掌权，急需有人帮助自己时，独孤伽罗推荐了高颎，说他是可用之人。

杨坚派人向高颎传达了想将其延揽入丞相府的意思，当时杨坚的地位并不稳固，但高颎斩钉截铁表示道："愿意接受驱使。即使事业不能成功，我也不怕灭族之灾。"这让杨坚颇为感动，对其更为信任，这次又是在关键时刻挺身而出。其实，高颎和刘昉相同，没有从军打仗的经历，与郑译一样，家里也有一位需要照料的老母，但却欣然应命，忠诚担当高下立判。

高颎少年聪明敏捷，当在孩童时，家有一棵柳树，有百尺多高，繁茂挺拔如同车盖。乡里的老年人说："这家要出大贵人。"此言在以后得到了充分验证，而他真正发迹就是从此次主动请缨开始的。

平定三总管之乱

高颎到达前线后，首先要解决团结问题，他绝口不提三将受贿的事情，想方设法打消众将的疑虑和不安，特别是对于宇文忻，经常主动和他一起研讨破敌之策，"与颎密谋进取者，唯忻而已"，很快重新凝聚了人心。

解决好内部问题后，高颎下令在沁水上架浮桥，准备发动进攻。不过，这种浮桥很容易被破坏，因为叛军从上游放下点着火的木筏，就可以将浮桥烧掉。这难不倒高颎，他早有准备，预先让人制作了"土狗"，这是一种水中障碍物，就是用泥土堆积成的一种前低后高、前窄后宽的土堆，形状有点像狗。这些"土狗"放在水中，可以有效拦截燃烧的木筏。

驻扎在沁水东岸尉迟迥的儿子尉迟惇想着等朝廷军队渡河至一半时，再发动突然袭击。万万没想到，韦孝宽所部渡河速度非常迅速，根本没有给他机会。与此同时，高颎下令焚桥，逼迫全军背水一战。陷入死地的朝廷军队，只能以一当十，拼死杀敌，尉迟惇的军队无法招架，四散逃命，被杀和践踏而死的不计其数。

尉迟惇本来信心满满，但最后只得单枪匹马逃回邺城。高颎、韦孝宽率部一直追杀到邺城城下。如果单从兵力上来看，尉迟迥还是占优，况且还有主场作战的优势。尉迟迥与儿子尉迟惇、尉迟祐出动全部兵力，共十三万人，在城南列阵。尉迟迥亲率的那支队伍，头戴绿巾，身穿锦袄，号称"黄龙兵"。与此同时，尉迟勤率兵五万，从青州来援，先遣的三千名骑兵率先赶到。尉迟迥久在军中，年岁虽老，仍穿着甲胄上阵，极大鼓舞了士气，再加上黄龙军训练有素，作战勇猛，韦孝宽有些抵抗不住，边战边退。

眼见着朝廷军队败局已定，但奇迹却发生了。创造"奇迹"的正是先前被猜忌的宇文忻，他敏锐地观察到一个现象：战场上除了两支军队外，还有大量来围观的邺城百姓，这些百姓看热闹不怕危险，一下来了好几万人，一层又一层形成了一道人墙。但他们此时还没意识到，危险正在一步步逼近。

宇文忻与高颎、李询谋划说："事情紧急，当用权宜之计破敌。"他所说的权宜之计是转而攻击围观百姓，制造混乱，乱中取胜。于是，士兵开始向围观群众发箭，正在品头论足之际的百姓们猝不及防，"大嚣而走，转相腾藉，声如雷霆"，喊声哭声震天动地，纷纷往城里拥。由于百姓们慌不择路，有不少跑到了尉迟迥的军队里，队伍很快就被冲散了。就在此时，宇文忻让部下大喊："贼人败走了啊！"众将士重新振作起来，齐力拼命攻击，尉迟迥的军队完全被百姓冲乱了，又听到这样的喊声，不明真相，为了逃命，跟着百姓一起往城里跑。

尉迟迥的军队彻底失去斗志，韦孝宽手下的李询、贺娄子干等将领带领部属率先登城。尉迟迥退到城楼上，依然拼死抵抗。这时候，轮到另一位受猜忌的将领崔弘度发挥作用了。他和尉迟迥有亲戚关系，具体说崔弘度的妹妹嫁给尉迟迥的儿子为妻，他尾随尉迟迥登上城楼，尉迟迥准备搭弓射他，崔弘度摘下头盔对他说："你还认得我吗？今日我们各自为了国事，不能顾及私情，但念我们有亲戚之情，我会约束乱兵，不让他们侵辱你的家人。事已如此，早点了断吧，还等什么呢？"

这番话说得言辞恳切，搞得走投无路的尉迟迥战意全无，他不愿当俘虏而自取其辱，于是主动放下弓箭，对杨坚破口大骂一番后自刎而死。尉迟勤叔侄三人逃奔青州，但在半路被追上抓获，后来都被处死，持续了六十八天的尉迟迥叛乱被平定了。

再说其他两个总管，就在消灭尉迟迥十天后，王谊率军进逼郧州，司马消难闻讯连夜逃窜，投奔到了南陈。至于益州，梁睿率二十万大军入蜀，连战连捷，随即攻克成都，王谦在逃亡路上被杀，首级被送到京师，自此，看上去很热闹的三总管之乱就这样落下帷幕。

杨坚能如此迅速地取得胜利，《剑桥中国隋唐史》说了几个原因："杨坚的关中平原根据地长期以来是远征的跳板，只要他有取得胜利的迹象，就能得到从北周继承下来的强大的战争机器的效忠；他还掌握着统一领导和各个击破分散敌人的优势；何况后者只有地方的追随者，各怀私心异志，缺乏协调的战略；当时重要的地方和地区领袖依然举棋不定，杨坚的任何敌人的有力行动都可能导致他的失败。"除此以外，同时指出杨坚取胜的关键是重用高颎，"杨坚得力于高颎，而他的敌人又缺乏想象力和个人魅力，所以他继续走运"。

从三总管的角度来分析，他们失败的主要原因是始终没有联合起来，各自为战，缺乏必要的协调。事实上，他们也做过这样的尝试，但由于遭到了激烈的抵抗而没有实现，亳州总管贺若谊西抗司马消难，东拒尉迟迥，使得两军始终不能会合。利州总管豆卢勣昼夜督战，成功抵抗四十天，堵死了王谦出川的要道，将其困在益州。就这样，三总管虽然同时起事，但却被分割开来，最终被各个击破。

同时，从叛乱很快被平息也可以看出，三总管之乱本身并不得人心，没有得到官僚阶层和普通百姓的大力支持。这也说明宇文赟的暴政使得北周皇室丧失了号召力和凝聚力，没有人再愿意为这个政权卖命了。

沧海横流识英雄

通过此次快速平叛，杨坚充分展示了出众的政治智慧，除了听从李德林的建议，任命高颎为监军外，很重要的一点，是争取了一个关键人物的支持，此人便是并州总管李穆。李穆是西魏大将军李远的弟弟，因为在战场上救过宇文泰一命，颇受重用。后来李远家族被宇文护铲除，李穆受到牵连，被贬为庶民，宇文护倒台后，他又重新获得重用。

说李穆关键，是因为并州的战略位置太重要了，处于杨坚和尉迟迥的中间地带，李穆的选择对双方都很要命。如果站到尉迟迥一边，会直接威胁到长安的安全，如果归附杨坚，则会形成一道有力的屏障。同时，李穆又是北周的元老，如果能够得到他的支持，无疑会树立一个很好的榜样，直接影响众多北周朝臣的取向。

杨坚和尉迟迥都清楚地看到了这一点，起兵前尉迟迥特地派人联络李穆，邀其一起反叛，李穆的儿子李士荣也劝父亲支持尉迟迥，这搞得李穆"颇怀犹豫"，有些举棋不定。

杨坚也赶忙派柳裘和李穆的第十子李浑前去做思想工作，柳裘口才很好，是有名的说客。他见到李穆后，动之以情，晓之以理，分析利害得失，说得头头是道，再加上李浑在旁边帮腔，最终使得李穆下定决心，支持杨坚。他说："周德既衰，愚智共悉。天时若此，吾岂能违天。"周朝的德行已经衰微，不管是糊涂人、聪明人，都能看到这一点。天命如果是这样，我怎能违背？

李穆不仅嘴上说，更有实际行动，将镶有十三道玉环的金带、象征天子的服饰送给杨坚，并派儿子李浑进京，将一个熨斗呈上，熨斗有"熨安天下"的意思，希望杨坚执掌权威以安抚平定天下。李穆这样做看上去有些大逆不道，毕竟杨坚还是北周的大臣，不过，杨坚对李穆一系列表忠心的行为感到很满意。李穆归附杨坚后，随即派军队攻打叛军，捉获了尉迟迥的长子朔州总管尉迟谊，并转送长安。

平定这场叛乱对杨坚来说意义重大，不仅消除了外部威胁，权力变得更加稳固，先前有一些不服的大臣，看到杨坚摧枯拉朽般的胜利，便不敢再有二心，转而选择支持杨坚，这同时也加速了杨坚改朝换代的步伐。与此同时，这次平叛还有一个更重要的收获，便是发现不少人才，为今后的治国理政提供了坚实的储备，其中除了高颎和李德林外，还有能文能武的杨素和非常能打的宇文述。

杨素是正经的弘农杨氏之后，不像杨坚有冒牌之嫌，他从小便被家族长老看好，叔祖北魏尚书仆射杨宪经常对子孙说："处道当逸群绝伦，非常之器，非汝曹所逮也。"就是说杨素不是一般的人，他日一定出类拔萃，无与伦比，不是你们赶得上的。言外之意是整个家族最大的希望便是杨素了。

杨素后来的表现远超叔祖对他的期许，他勤奋好学，年纪轻轻便在文学、书法上均有造诣，而且长得很帅，史书称其"研精不倦，多所通涉。善属文，工草隶，颇留意于风角。美须髯，有英杰之表"。

由于才华出众，杨素受到了宇文护的重用，先是担任中外记室，后转礼曹，加大都督。宇文护倒台后，杨素也受到了牵连。此前，他的父亲杨敷在与北齐作战中兵败被俘，后来被杀害于邺城，但没有受到北周的追封。杨素此时为父亲喊冤，更加激怒了北周武帝宇文邕，下令诛杀杨素，没想到杨素毫无惧色，高声喊道："臣事无道天子，死其分也！"就是说侍奉你这样无道的昏君，死是理所应当的。宇文邕不仅没有愤怒，反而对杨素刮目相看，赦其无罪，并追赠其父为大将军，谥号"忠壮"，拜杨素为车骑大将军、仪同三司。

宇文邕令杨素起草诏书，杨素下笔成章，文辞华丽。宇文邕称赞道："善自勉之，勿忧不富贵。"意为好好努力，不愁以后没有富贵。换作其他臣子，面对皇上的赞扬和鞭策，一定会感激涕零，顺带还会表一下忠心。没想到，杨素没有任何表示，反而说道："臣只怕富贵来逼臣，臣却无心取富贵。"

杨素确实够牛气，不过他有牛的资本，因为杨素是个"全才"，不仅笔杆子厉害，打仗更是一把好手。杨素用兵和别人不一样，喜欢以敌之长击敌之长，更喜欢在敌人最擅长的场地击败对手。他指挥作战还有个与众不同的习惯："……先以数百人赴敌陷阵，不能而还却者悉斩之。复进以数百人，期必陷阵而止。是以士皆必死，前无坚敌。"总是派数百精兵冲击敌军阵营，若不能破阵，退还者全部斩首，如此反复，一直到最终破阵为止。因此，其麾下的将士人人奋勇争先，所向无敌。

由此看来，相貌英俊的杨素并非一个文弱书生，而是一个杀人不眨眼的狠角色。在他看来，打仗不是玩游戏，"狭路相逢勇者胜"，谁有杀气和必胜的决心，谁就能笑到最后，正是由于严格治军，杨素才屡立军功。

杨坚上台后，杨素看清大势，主动投到杨坚门下。三总管之乱中，他领命攻打占据虎牢的荥州刺史宇文胄，大获全胜，将宇文胄斩杀，因功进位柱国，封清河郡公。

杨坚发现的另一位悍将是宇文述，他是北周上柱国宇文盛的儿子，祖上原本是宇文家族的奴仆，由于宇文盛屡立军功，后来晋升为北周的上柱国。老子英雄儿好汉，宇文述也很能打，而且脑子很好使，史书上说他"恭谨沉密"，此次平叛，宇文述冲锋陷阵，俘敌甚众，被破格拜上柱国，晋爵褒国公。

叛乱平定，杨坚的地位更加稳固，朝廷内几乎没有人可以向他发出挑战，困在长安的几位王爷却越来越焦虑，不在沉默中爆发，就只能等死，于是，他们终于要出手了。

第七章　代周建隋

又一场鸿门宴

北周大象二年（580年），一场鸿门宴如期上演了，地点是在赵王府。

设宴的是赵王宇文招，被邀请的客人是杨坚，从内心来讲，杨坚当然不想去，但此时外部叛乱没有平定，还不好撕破脸皮，只好硬着头皮赴宴，他担心被人下毒，所以自带酒水到了赵王府。

赵王宇文招做了充分准备，在内室招待杨坚，自己"藏刃于帷席之间"，让两个儿子和小舅子左右佩刀侍立，还安排一些武士在后院，一切准备得当，只等杨坚落网。

既然是赴宴，杨坚不好带太多的人马，况且他是大臣拜谒王爷，按照当时规矩，也不能够带卫士。杨坚只带两个人，一个是堂弟杨弘，另一个是心腹元胄，表面是随从，实际上是保镖。

宇文招不让两人进入内室，只让他们在室外待着，独自在酒席上的杨坚心里颇感不安。酒过三巡，宇文招的两个儿子端了果盘进来，他亲自拿起佩刀切瓜，切好后用刀尖插着果盘里的西瓜往杨坚嘴里送，杨坚不好拒绝，吃完一块，另一块马上又到嘴边。实际上，宇文招想着找个机会，将尖刀插入杨坚的胸膛。守在门口的元胄看到情形不对，冲入室内对杨坚大喊："相府有事，杨公不可久留！"宇文招眼见要得逞，没想到半路杀出一个程咬金，非常恼怒，痛斥元胄说："我和丞相说话，你是什么东西？"元胄对此根本不理会，手握刀柄一动不动地站在杨坚身旁。

宇文招一看这位是个拼命三郎，不太好对付，只好换了一种态度。他请元胄饮酒，但元胄还是毫无表示。一计不成又生一计，宇文招假装醉酒想吐的样子，起身往后院走，想叫人来支援，但同样被元胄识破，他一把将宇文招按坐在椅子上，宇文招几次试图起来，都被元胄按了下去，搞得他根本没有机会去后院。宇文招接着说他口干，让元胄到厨房给自己拿水，想着将元胄支开，元胄自然不会上这样低级的当，他一直护卫在杨坚身旁，死死看着室内的这几个人。

就在事态陷入僵持时，外面传来一阵喧哗声，原来是五王之一的滕王宇文逌来拜会赵王宇文招。杨坚只得起身迎见，趁这个机会，元胄在杨坚耳边低语，表示这里的气氛很怪异，应该尽早离开。

杨坚何尝不想脱身，但滕王执意要拉他一起喝酒，虽然他大权在握，但人家毕竟是王爷，身份上高人一等，杨坚没办法，又回到座位上，和两位王爷推杯换盏，元胄只能继续护卫在杨坚身边，以防不测。

就在几人饮酒时，王府后院埋伏的卫士准备动手了，内室的后面传来刀剑相碰和盔甲摩擦的声音，元胄听后，顿觉大事不妙，他顾不得太多，径直冲到杨坚面前拉着他往外走，边走边喊道："相府有紧急公务，丞相必须马上离开！"

宇文招不肯让煮熟的鸭子飞了，赶紧往外追，但元胄早就占据了有利位置，他用身体把内室门挡住，元胄身材魁梧，宇文招一时无法闯过去，眼睁睁地看着杨坚跑出了府邸，随即元胄也跟着走了。"招恨不时发，弹指出血"，宇文招恨自己没有及时下手，直弹手指头，把指甲都弹出了血。

这个故事的精彩程度一点也不亚于"鸿门宴"，而元胄的表现简直就是"樊哙再世"，如果论惊险程度，杨坚远胜于刘邦。当年的鸿门宴上项羽对刘邦已无杀意，只是范增在旁边使坏，而在这场宴会中，赵王宇文招一心想将杨坚置于死地，并为此做了充分准备，但天算不如人算，最终还是让杨坚成功逃脱。

不过，或许因为这段故事过于紧张刺激，使人不得不心存怀疑，最大的疑点是杨坚在整个过程中的表现，无论元胄如何提醒，他都置之不理，稳坐钓鱼台，一副胸有成竹的样子，简直就是拿自己的性命开玩笑。还有宇文招，本来能够非常轻松地完成任务，非要给自己增加难度，起初元胄在室外时，他有数次动手良机，却没有动手，只是拿着佩刀插着西瓜比画。后来元胄虽然闯进来，但如果事先说好让埋伏的卫士一起动手，想必杨坚三人早已成为肉泥，但这样的事情一直没有发生，室内几人竟然被元胄看得动弹不得，这实在有些说不过去，毕竟是在宇文招的主场。

这些疑问让整个事件显得扑朔迷离，关键在史书上也找不到准确答案。《隋书》和《资治通鉴》对此的记载居然还不一样，前者说："时五王阴谋滋甚，高祖赍酒肴以造赵王第，欲观所为。"是杨坚主动深入虎穴，想要探个究竟。后者说："赵僭王招谋杀坚，邀坚过其第，坚赍酒肴就之。"又说是宇文招设好局后邀请杨坚到府上，两者差别很大，更使得这起未遂的谋杀案迷雾重重。

但无论过程的真相是什么，结果是一样的。杨坚平安回来后，立即下令说赵王宇文招和越王宇文盛谋反，将他们及其子嗣全部砍头。为什么只杀了两个王爷？这是因为三总管之乱并没有完全平定，为了朝局稳定，不宜搞扩大化。即便如此，明眼人都清楚，其他三位王爷脑袋落地也只是时间问题。

大隋王朝诞生了

杨坚外部平定了三总管叛乱，内部除掉了赵王宇文招，彻底控制了局势，如履薄冰的日子总算过去了，他也不用再藏着掖着，可以着手进行改朝换代了。

杨坚和其他权臣的篡位路数差不多，无外乎殊礼赏赐、群臣劝进，外加天降祥瑞。北周大象二年（580 年）九月，北周静帝宇文阐下诏"杨坚都督诸军事，上柱国，大冢宰，隋国公"，不久后又晋升杨坚为相国，加九锡之礼，很快隋国公又变成了隋王，并且享受剑履上殿、入朝不趋、赞拜不名的极高待遇。

按照传统套路，此时杨坚要表现得极为谦逊，果不其然，他被封为隋王后，宇文阐下诏以中原各州二十郡为封地，封国内大小事务都由杨坚说了算。但杨坚死活不肯答应，一再推让。因此掀起了一阵又一阵的请愿浪潮，希望杨坚能以社稷为重。杨坚见状只能"勉为其难"地接受，但只要了十个郡作为封地。

杨坚此时已经触到了人臣的天花板，再往前一步就是皇位了。对于他来讲，这个位置已经唾手可得，但为了增加合法性，使得众人心服口服，还需要营造一些氛围。于是，苍鸟、白雀等祥瑞在各地纷纷出现，由此说来不是杨坚想当皇帝，而是上天的意思。既然是天意，那便谁都不可违背。聪明人都看得出来，杨坚登基只是时间问题，于是纷纷站出来劝进："周历已尽，天人之望，实归明公，愿早应天顺民也。天与不取，反受其咎。"

到了这个时候，没有任何人可以阻挡杨坚前进的步伐了。事实上，李德林早已将禅位的诏书拟好，只需要宇文阐配合一下。这位北周末帝很识趣，一切都明摆着，不配合只有死路一条，配合得好或许还能保有一条性命，甚至还可能保住荣华富贵。于是，宇文阐下诏说天命从宇文家转到了杨家，所以决定将皇位禅让给杨坚。

杨坚等的就是这一天，但按照套路，还不能表现得太猴急，必须要礼让一下，接下来又是一波又一波的劝进，让杨坚赶紧接受诏命，千万不能辜负上天和苍生。

到这里，一切程序都走完了，杨坚可以名正言顺地接受禅让。大定元年（581年）二月甲子日这一天，他在众人的簇拥下入宫，在临光殿，早已等候多时的宇文阐将皇位禅让给杨坚。接下来的操作都是例行公事，"设坛于南郊，遣使柴燎告天。是日，告庙，大赦，改元"。杨坚终于实现了自己的夙愿，成为大隋王朝的开国皇帝，史称隋文帝。

接下来，杨坚要做两个重要的决定，即确立国名和年号。国名最终确定为"隋",之所以选择这个字,通常的说法是因为杨坚原本是隋国公,所以取此名。对此,一直以来都有比较大的争议。一种流传甚广的说法是,杨坚是随国公而不是隋国公,《周书》里说:"甲子,随王杨坚称尊号,帝逊于别宫。"看来,杨坚是以随王的身份来接受帝位的,因此最早确定的国名是"随"。至于国名为何由"随"改为"隋",是由于"随"是走之旁,杨坚觉得不吉利,害怕皇位不长久,于是改"随"为"隋"。

最早对此有记载的是唐末的李涪,他在《李涪刊误》卷下"洛随"条中写道:"随以魏、周、齐不遑宁处,文帝恶之,遂去走,单书隋字。"这种说法得到了很多人的认可,胡三省在为《资治通鉴》做注时,同样持这种说法:"杨忠从周太祖,以功封随国公;子坚袭爵,受周禅,遂以随为国号。又以周、齐不遑宁处,去辵作隋,以辵训走故也。"

不过,还有种说法似乎更有说服力,便是无须再争论这个问题。因为在当时两个字是通用的,在史书中随、隋也会混用,譬如《隋书》前面写的是"时高祖出为随州,路经襄阳",后面又说"是月,至尊以大兴公始作隋州刺史"。有些学者对当时文献考证后,认为在南北朝后期,"随郡""随州"时常写成"隋郡""隋州",既然可以混用,"随"有个"辶",显得不吉利,杨坚可能由此最终选择了"隋"。但他没想到的是,虽然为了避免晦气,选择了"隋"而非"随",结果隋朝还是成为中国古代历史上罕见的短命王朝。

至于年号,杨坚选用的是"开皇",这是一个佛教用语,他从小在寺院里长大,对佛教很有感情,一直没有忘记抚育自己长大的智仙的叮嘱,将复兴佛教作为一种使命。选用这个年号,便是告诉天下人,他成为皇帝后,佛法要随之兴盛起来,北周武帝宇文邕灭佛的事情不会再发生了。

更有意思的是,它同时还是一个道家名词,道家著作《灵宝经》里说,天地之间,每四十一亿万年就是一劫,新的一个劫开始的时候,就会有一个新年号,"开皇"就是历劫之后的年号,由此又开始四十一亿万年的新的劫数。由此看来，杨坚的野心比秦始皇还大，嬴政不过期盼着万世，而他却想着让大隋王朝持续四十一亿万年。

不过，抛开宗教意义不谈，杨坚选用"开皇"满含着政治寓意，"开"是开辟、开拓的意思，说到底是想在他手上，除旧布新，做出一番伟大的功业，翻开历史新的一页。

得来帝位并不易

回顾隋文帝通往帝位的道路，虽然有些波折，但好像难度系数并不高，至少比那些将脑袋别在裤腰带上，通过浴血奋战夺取天下的君王要轻松一些。于是清代史学家赵翼说："古来得天下之易，未有如隋文帝者，以妇翁之亲，值周宣帝早殂，结郑译等矫诏入辅政，遂安坐而攘帝位。"弄得好像隋文帝捡了个大便宜似的，犹如探囊取物一般容易。

但事实如此吗？有句话说得好"没有人能随随便便成功"，隋文帝亦如此。他能够成功登上帝位，不是只凭借运气，而是基础＋运气＋能力叠加在一起的结果。

首先说基础，隋文帝家世显赫，父亲杨忠功勋卓著，成为关陇集团的核心成员，为他打下了很好的基础。如果没有这样的身世，他的命运完全是另外一种情形，能否在兵荒马乱中活下来都是一个问题，更不可能走到皇帝这一步。从一定意义上说，隋文帝代周建隋，不是一场轰轰烈烈的革命，而只是关陇贵族集团内部的一次权力更迭。

《剑桥中国隋唐史》对此说得很清楚："隋作为北周的后继者而崛起。与北周的统治王室一样，开国者杨坚（未来的文帝）的家族也是西北的关陇贵族。这个家族的成员曾先后为北魏和西魏效劳，而它本身就是一小批创建北周的强有力的家族之一。这批家族还包括独孤氏（杨坚之妻的家族）和未来唐王朝的李氏，它们通过复杂的婚姻纽带而互相发生关系和与北周王室发生关系。根据以后发生的大事，隋朝虽然标志着中国历史延续性的一个大断裂,但帝国的继承和创建在当时不过是一次宫廷政变,是西北的一个贵族家庭接替另一个家族即位。"

除了这个基础条件,隋文帝还有另一个重要的身份,便是北周皇后杨丽华的父亲。这个身份相当重要,如果他不是国丈,想必这样的好事郑译、刘昉压根不会想到他。

再说运气,有一说一,不得不说隋文帝的运气实在太好了。一个巧合接着一个巧合,每一步都踩到了点上。他最初想离开京城这个是非之地,请求郑译帮说话,如愿以偿被派到扬州任职,但却突然得了脚病,无法前去赴任。如果真去了,恐怕也就失去了后来的机会。就在滞留京城的短暂时间内,恰恰赶上宇文赟突然得了暴病,而且一下子说不出话来,如果宇文赟临终前有表达能力,断然不可能让杨坚来辅政,相反,倒是有可能将这个心头之患除掉。

宇文赟暴亡时,几位有实力的宗亲王爷在此之前都被打发到地方去了,否则大权不可能落到刘昉、郑译手里,而郑译又因为与隋文帝是老同学,关系甚好,所以推举他出来辅政。细细想来,冥冥中似乎有一种无形的力量推动着他一直向前,直到走上了皇帝之位。

不过,运气固然重要,但"机会总是留给有准备的人",如果杨坚自身没有几把刷子,仅仅依靠运气,不可能屡屡化解危机,更不可能控制住局面,别说当皇帝,大概率早已身首异处。

概括而言,他身上有几个优点不容忽视。一是能隐忍。在宇文护专权的时候,曾经想将他拉入自己的阵营,但他听父亲杨忠的规劝,始终与宇文护保持距离,尽管一度被冷落,但一直不改初心。北周武帝宇文邕除掉宇文护后,因为隋文帝始终没有投靠宇文护,这才可能让儿子宇文赟娶了杨丽华做太子妃。武帝宇文邕亲政后,隋文帝知道有人进言要除掉自己,他事事小心,夹着尾巴做人。自己的女婿宇文赟登基后,他更加小心,面对威胁,不动声色,韬光养晦,成功躲过杀身之祸。可以说,隋文帝一直在刀尖上舞蹈,只要走错一步,后果不堪设想,但他却笑到了最后,此间的隐忍和智慧非常人能及。

二是好人缘。隋文帝很善于处理各方面关系，拥有广泛的社会关系网，特别是注重与宇文赟身边红人刘昉、郑译拉近关系，取得了他们的信任，否则在宇文赟暴亡后，他们也不可能第一时间想到隋文帝。

三是善谋略。隋文帝掌握权力后，外放的几位宗亲王爷对他构成了重大威胁，这个时候他选择对宇文赟的死讯秘不发丧，把他们骗到京城，然后找机会逐个消灭，剪除了后顾之忧。

四是会用人。关键时刻总有人站出来替他解忧，当初众臣不服气时，卢贲站出来一声大吼，让所有人被迫臣服。三总管起兵叛乱时，又涌现出高颎、李德林、杨素、宇文述等人，很快平定叛乱稳住了局势。在赵王府的鸿门宴上，又是元胄挺身而出，让他全身而退。

因此，隋文帝能取得天下，虽然有运气的成分在其中，但更多的是能力使然。特别是在掌权之后，引起了皇族及一些大臣的反对，出现了很多的风险挑战，在情况危急的时刻，隋文帝显示出一位开国之君应有的镇静自若，没有乱了方寸，最终一一化解了危机。因此，从这个意义上说，赵翼的评价有失公允。《隋书》里说："初，得政之始，群情不附，诸子幼弱，内有六王之谋，外致三方之乱。握强兵、居重镇者，皆周之旧臣。上推以赤心，各展其用，不逾期月，克定三边；未及十年，平一四海。"这样的评价应更为恰当。

断子绝孙宇文氏

隋文帝登基后，面临的第一个难题是如何处理女儿杨丽华的名分问题。他如今已经是皇上，女儿不可能继续做皇太后，否则就乱了朝纲辈分。据史书记载，杨丽华对父亲篡位称帝非常不满，"后知其父有异图，意颇不平，形于言色，及行禅代，愤惋逾甚。隋文帝既不能谴责，内甚愧之"。说杨丽华在父亲夺取北周天下后，很是生气，直接把不满写在了脸上，女儿的态度让隋文帝很窘迫，毕竟自己是篡位，不好说什么，心里多少感到一些愧疚。

不论隋文帝是真愧疚还是假装的，但这个问题确实不好处理，因为历史从来没有过先例。于是一直搁置了几年，直到开皇六年（586年），隋文帝才将杨丽华封为乐平公主，由皇太后一下子变成了公主，杨丽华恐怕是古代历史上唯一一位。

隋文帝看到女儿才二十多岁，未来的日子还很长，几次劝她改嫁，但都被杨丽华拒绝。她守了许多年的活寡，见证了人生沉浮，风云变幻，有些心灰意冷，对自己不抱什么希望，把所有的爱都给了她与宇文赟唯一的女儿宇文娥英。宇文娥英成年后，杨丽华亲自为女儿挑选夫婿，她让父亲隋文帝召一些年龄相当的王公贵族子弟前来应选，最终选中了长相俊美的幽州总管李崇的儿子李敏作为东床快婿。

杨丽华决心帮女儿帮到底，为他们求得富贵，她对李敏说："我把江山都给了当今皇帝，我会为你向父皇谋个柱国，若是皇帝赐你其他的官职，你千万不要答应。"柱国是正二品的高官，而李敏毫无功业，获得这样的位置，看上去难度颇大，但这对杨丽华不算什么。有一日，她带着李敏进宫觐见隋文帝，隋文帝很高兴，亲自弹琵琶，让李敏歌舞。杨丽华趁此机会为李敏讨要官职，李敏按照商量好的策略，对授予的官职均不应承，最终隋文帝授予李敏为柱国，两人演出的"双簧戏"获得圆满成功。

虽然杨丽华为女儿女婿挣得了高官富贵，但这一家最后的命运都很惨，当然这是后话了。

除了解决女儿的名分问题，还有一件很重要的事情，便是如何处置北周末代皇帝宇文阐以及宇文家族。在杀掉赵王宇文招和越王宇文盛后，隋文帝后来找了个由头除掉了陈王宇文纯、代王宇文达、滕王宇文逌。北周宗室虽然难以再构成威胁，但是留着退位的宇文阐，难免有人还会惦记利用他，这样一来，有可能还会出乱子。

隋文帝正式登基前，有位叫作虞庆则的大臣劝他要尽灭宇文氏，以绝后患。虞庆则最早以打猎为生，在北周时成为一名边关武将。此人"身高八尺，有胆气，善鲜卑语，身被重铠，带两鞬，左右驰射，本州豪侠皆敬惮之"。个子很高，长相威猛，精通鲜卑语，擅长骑射，能披重铠，挂两袋箭，在奔跑的马上左右开弓，当地的豪杰对他是又敬又畏。

当时稽胡叛乱，宇文邕派越王宇文盛和高颎去讨伐。平叛之后，两人商议此地应由一位文武兼备的能人镇守，高颎便想到了虞庆则，于是他被任命为石州总管，到任后，恩威并施，稽胡中仰望他的义气，前来归附的竟超过八千户。高颎觉得人才难得，又推荐给了隋文帝。隋文帝对虞庆则很器重，升任他为大将军，并被任命为内史监、吏部尚书、京兆尹，封彭城郡公，一身而兼三要职，所以，他的话还是很有分量的。

尽管虞庆则提出这样的建议，但对于是否要大开杀戒，隋文帝心里还是颇感犹豫，于是找来非常信任的高颎商议，高颎没有表示反对意见，隋文帝就此下定了决心。

就在隋文帝准备痛下杀手时，李德林站出来表示反对，"唯德林固争，以为不可"，在他看来，隋文帝禅代建隋，本来在合法性上就有瑕疵，如果再杀掉北周末帝，更加会让天下人指指点点，不如采取怀柔政策安抚人心。李德林的劝谏搞得好不容易下了决心的隋文帝很不高兴，气冲冲说了一句："君书生，不足以议此。"言外之意是别看平日瞧得起你，但你不过就是一介书生，所说的都是迂腐之论，这种大事就别掺和了。李德林为自己的直言付出了代价，本来深得隋文帝信任的他，从此逐渐被疏远。

后来，苏威建议设立"乡正"，掌管民间诉讼，得到隋文帝的支持。但李德林又提出反对意见，又被隋文帝骂了一通。不过，推行这个政策后产生了一系列弊端，虞庆则等人到关东各地巡查后上奏，贪腐、结党现象都很严重。隋文帝随即又下令废止。李德林觉得找到了申冤机会，表示担心这样朝令夕改会引来大麻烦，请求处罚那些劝陛下动不动就更改主张的人。隋文帝大怒说："你是否把我比作王莽！"找了个由头，将李德林贬为怀州刺史，身为开国功臣的他郁郁不得志，最终死在了任上。

李德林的反对无效，隋文帝开始了对宇文皇族的血洗，宇文泰活着的所有子孙，包括宇文泰兄弟们的后裔，所有的男性成员全部被处死，甚至包括尚在襁褓中的婴儿。

退位后成为介国公的宇文阐自然逃脱不了，开皇元年（581年）五月，只有九岁的宇文阐突然暴亡。关于他的死，《隋书》的本纪里记载得非常简单，只有几个字——"介国公死"，至于怎么死的，只字未提。《周书》《北史》对此也是缄默不语。《资治通鉴》则认为宇文阐是被隋文帝杀害的，"隋王潜害周静帝而为之举哀，葬于恭陵"。这种说法应该更接近历史真相，隋文帝既然决心铲除宇文家族，宇文阐便首当其冲。在此之前，他的两个兄弟都被杀掉，隋文帝没有任何理由放过他，只是处置手段更为隐秘而已。

经过这场屠杀，一代枭雄宇文泰的子孙几乎被杀光了，宇文泰有十三个儿子，五个被杨坚杀死，此外还包括这五人的儿子；闵帝宇文觉有一子早死，但有一个孙子也被杨坚杀死；明帝宇文毓有两个儿子，全被杀死，包括他们的后裔；武帝有七个儿子，六个被杨坚杀死；宣帝有三个儿子，全被杨坚害死，统计一下，宇文家族共有五十九名男丁被杀。

不得不说在这件事上，隋文帝太过残忍，甚至到了令人发指的地步，因此饱受后世的批评。唐代史学家令狐棻评价道："奸王侯烈于燎原，悠悠邃古，未闻斯酷。"清朝的赵翼说得更严厉："窃人之国，而戕其子孙至无遗类，此其残忍惨毒，岂复稍有人心？"杨坚不仅夺了宇文家的天下，还将其子孙全部杀掉，残忍到没有一点人性。但或许杨坚没听过，"积善之家必有余庆，积不善之家必有余殃"。或许是天意轮回，杨坚最终遭到了"报应"，为自己的血腥行为埋单，他的子孙也在几十年后被杀绝了。

只是当时的隋文帝几乎听不到任何指责之声，踏着宇文家的血泊，他准备用自己的方式来治理这个全新的王朝。

第八章　万象更新

三省六部制

隋文帝登基的当天，长安城出现了百年难见的天象——五色云，仿佛上天派使者赶来祝贺。地方上出现了一系列令人眼花缭乱的祥瑞，预示这个新的王朝会有一个光明的前途，当然其中大部分是人为制造的，但也说明普天之下的百姓对这个王朝充满着期待。

隋文帝憋着劲想干出一些大事，好证明自己上台的正确性。但如果想成事，光靠他一人肯定不行，首要的是组建好的领导团队。登基之初，隋文帝看重的有三人，分别是高颎、李德林和虞庆则。不难看出，这三位都是汉人，对先前北周的用人策略做了重大调整。北周毕竟是鲜卑人建立的政权，关键岗位大多不用汉人。不过，隋文帝决心改变这样的局面，在登基以前便开始着手恢复汉人和汉文化在国家中的主体地位。

早在大象二年（580年）十二月，他以小皇帝宇文阐的名义发布了一道诏令："诸改姓者，宜悉复旧。"过去被赐胡姓的汉人，都恢复了汉姓，由此，他也由普六茹坚又变成了杨坚。这样做有很深的用意，虽然北周是由鲜卑人统治，但汉人在人口中占据绝大多数，汉文化也更为先进，国家要想治理好，能够有长足的进步和发展，唯有此路，别无他途。隋文帝由此确立了"易周氏官仪，依汉、魏之旧"的国策，致力于恢复南北朝以前的汉族的制度文化，以求重新获得正统地位，构建以汉族为中心的强大帝国。

这样的做法无疑是正确的，很快，一个非常重要的汉人来到隋文帝身边,他名字叫作苏威。此人的父亲是大名鼎鼎的苏绰,苏绰深得宇文泰的信任,被任命为大行台左丞,宇文泰对苏绰言听计从,推出了"六条诏令",即"先治心""敦教化""尽地利""擢贤良""恤狱诉""均赋役",使得西魏的面貌焕然一新,在与东魏的对峙中逐渐取得了压倒性的优势。

苏绰积劳成疾,在四十九岁时就去世了,宇文泰对此非常悲痛,"哀动左右",亲自在灵车后以酒浇地,痛哭道:"苏尚书平生行事,他的妻子、孩子、兄弟所有不知道的,我都知道。正准备共同平定天下,不幸竟舍我而去,有什么办法?"

父亲苏绰死时,苏威才五岁,但却很早熟,"哀毁有若成人",说他和成年人一样,悲伤之余还能做足礼数。苏威长大后,一表人才,权臣宇文护很欣赏他,想把自己的女儿嫁给他。对于其他人而言,这是求之不得的大喜事,因为宇文护一手遮天,权势无人能及,如果成为这位权臣的乘龙快婿,前途不可限量。但苏威看得很长远,月满则亏,觉得宇文护长不了,但又无法直接拒绝这门亲事。于是,新婚以后带着新娘子躲到山寺里隐居读书,正因为如此,宇文护倒台后,苏威虽然是他的女婿,但因他界限划得很清楚,也没有得到任何好处,因此没有被株连。

此后,苏威依然谨小慎微,明哲保身,北周武帝宇文邕、宣帝宇文赟都曾想封他为官,但都被他以身体有病无法履职而拒绝。杨坚担任丞相后,高颎推荐了苏威,杨坚将此人引入相府内室,深入交流后发现苏威确实非同常人,"与语大悦",想着重用苏威。

但没想到,苏威又跑了,这次没有逃到山寺,而是跑回了老家,原因是他听说杨坚想要篡位,不愿意在中间掺和。高颎建议派人将他追回,杨坚没有同意,说:"他既然不想参与我的大事,姑且让他去吧。"杨坚知道苏威胆小怕事、注重名节,他只是不愿参与禅代之事,并没有跑去告密。而且苏威确实才干出众,等事成之后,可以给他提供用武之地。

杨坚登上帝位后，第一时间拜苏威为太常卿、太子太保，还追赠他的父亲苏绰为邳国公，食邑三千户，让苏威承袭。不久，又晋升苏威为纳言、吏部尚书。苏威上表辞谢，隋文帝下诏说："船大要多载物，正因为你有多种才能，才委以重任，就不要推辞了。"

其实，苏威只是客套一下，他内心里非常渴望建功立业，当初因为时局不稳，站错队容易卷入灾祸，所以才跑回老家。如今隋文帝已经牢牢控制了局势，而且他与这位新皇帝接触后，发现隋文帝志向远大，发挥自己才干的舞台已经搭好，如今可以上台尽情起舞了。

新王朝新气象，组织好人马，隋文帝开始了大刀阔斧的改革。首先改的是官制，当年宇文泰按照《周礼》制定六官制度，分别是天官（大冢宰）、地官（大司徒）、春官（大宗伯）、夏官（大司马）、秋官（大司寇）、冬官（大司空），六官分别掌管各类行政事务，由大冢宰统领，这套官制由西魏沿用到北周。

宇文泰担任位高权重的大冢宰，当初他设定了这套官制，就是为了将权力牢牢地掌控在自己手里。如今天下归于隋文帝，他当然不愿意再有权臣来挑战自己的位置，更何况这套官制起源于西周时的制度，距今已有一千多年的历史，早已过时，甚至显得不伦不类。

隋文帝即位之初就下诏废除了这套官制，命苏威等人综合汉魏以来历朝的官制，制定了新的制度。这套新的制度是在朝廷中设置尚书、门下、内史、秘书、内侍五省，御史、都水二台，太常等十一寺，左右卫等十二府。看上去比较复杂，其实真正的权力核心在尚书、门下、内史三省，其他两省中内侍省是宫廷的宦官机构，全部由宦官担任，管理宫里事务。秘书省掌管国家经籍图书和天文历法，没有什么实际权力。

尚书省置尚书令一人，但由于权力太大，容易对皇权形成威胁，所以长期处于空缺状态。为此设立副长官左右仆射各一人，作为尚书省的实际负责人，古代以左为尊，故左仆射又在右仆射之上，尚书省统领吏、度支、礼、兵、都官、工六曹。后来六曹改为六部，唐朝时度支改为户部，都官改为刑部，六部各设尚书一人，是本部门的负责人。门下省置纳言二人，内史省置内史令二人，三省长官共同参决军国大事，他们就是俗称的"宰相"，具有划时代意义的三省六部制从此得以确立。

三省六部制作为一套组织严密的中央官制，从隋朝确立后，为唐朝继承和完善，并为后世确立了中央政治体制的基本框架，一直延续到清朝，虽然后来朱元璋废除了宰相制，但其所建立的内阁制度依旧没有摆脱这个框架。这套制度具有如此旺盛的生命力，是因为有三个特点：一是分工明确。内史省负责起草诏命，门下省负责审核诏令，而尚书省负责执行，职责明确，互不扯皮，提高了办事效率。二是相互牵制。内史省颁布皇帝的诏令和政令，如果门下省发现不符合皇帝的意思或不可执行，可以行使驳回权，最大限度避免了决策失误。尚书省只负责执行，这样严格的设置使三省之间能够相互监督。三是分散相权。在隋朝之前，宰相的权力很大，可以说是"一人之下，万人之上"，容易出现宰相专权的现象，三省将原来宰相的权力一分为三，极大削弱了相权对皇权的威胁，防止了个人专权的现象发生。

打破金饭碗

隋文帝理顺中央官制后，接着改革地方管理制度。当时最突出的问题是地方行政区域划分太多，"百室之邑，便立州名；三户之民，空张郡目。""地无百里，数县并置；或户不满千，二郡分领"。隋朝初建时，平均一个州才管两个半郡。一个郡管两个多一点县，造成的后果是"民少官多，十羊九牧"，为什么会这样呢？因为北周、北齐分裂对峙时，为了笼络人才，便以官职为诱惑，没有那么多职位，只好增加州、郡数量，为的就是多安排人，北周后来虽然吞并了北齐，但建庙容易拆庙难，这个问题一直没有解决。

开皇三年（583年）十一月，河南道行台、兵部尚书杨尚希上奏建议改革地方制度，"存要去闲，并小为大，国家则不亏粟帛，选举则易得贤才"，隋文帝深以为然，但问题在于如何区分"要"与"闲"，又如何"并小为大"。杨尚希虽然没有提出具体建议，但促使隋文帝下决心改革地方行政制度。尽管他知道这项改革非常艰难，因为要动不少人的"蛋糕"，特别是一些地方豪强势力的"蛋糕"。但再难也要改，因为弊端太多，不仅影响行政效率，而且也增加了百姓负担。更重要的是，这样的体制下，地方政权容易被豪强实力所把控，因此必须要加以整治，达到消除内部隐患、促进统一的目的。

开皇三年（583年），隋文帝下诏"罢天下诸郡"，就是说废除郡级机构。这个力度相当之大，意味着延续几百年的州、郡、县三级制变成了州、县两级制，全国撤销了五百零八个郡。同时裁并州县，将一些面积小、人口少的州县并到大的州县中，地方官吏编制大为减少，由于"吃皇粮"的人少了，百姓的负担大幅减轻。

更为重要的是，隋文帝推出了一个非常重要的配套举措，便是各级地方官吏，统一由尚书省吏部负责选任，所谓"大小之官，悉由吏部"，这个改革力度一点不亚于撤郡和裁并州县。

过去中央朝廷只负责任命州刺史、郡太守、县令等地方主官，其他官吏都是由这些主官自己征辟，这样一来很容易让世家大族把持地方权力。这项改革举措的出台，使得地方官员的任命权完全被中央控制，九品以上的地方官一律由中央任免，并且每年由吏部考核优劣，作为去留晋级的依据。地方官吏由此不再从属于州官，而是直接效忠中央。后来又规定，"刺史、县令，三年一迁，佐官四年一迁"，州县的主官每三年一换，佐官每四年一换，而且不能连任，这样一来，将地方政权牢牢置于中央朝廷的控制之下，消除了地方割据分裂的隐患。

影响深远的《开皇律》

改革中央和地方官制，是隋文帝"内政"建设上做的第一件大事，第二件大事是修订律例，改革司法制度。北周时期的法律既混乱又残酷，"用法深重，诛杀无度"，搞得人人自危，众叛亲离。隋文帝未登基以前，就意识到这个问题。早在担任南兖州总管时，他就对心腹说："人主之所为也，感天地，动鬼神，而《象经》多纠法，将何以致治？"这里的"人主"说的是宇文邕，《象经》是宇文邕颁布实施的《刑书要制》，隋文帝的意思是宇文邕英明神武，做了许多感天动地的事情，但他所推行的《刑书要制》非常严苛，这又如何能让天下太平呢？在隋文帝看来，国家和社会治理必须要依靠法制，只有良法才能善治。

正因为有这样的认识，隋文帝创建隋朝后，立即着手建立崭新的国家制度和法律，让整个王朝在正确的轨道上有序运行。他下诏令高颎、郑译、杨素、裴政等人组成专门班子，负责修订刑律，裴政为具体负责人。《隋书·裴政传》记载："（裴）政采魏、晋刑典，下至齐、梁，沿革轻重，取其折衷。同撰著者十有余人，凡疑滞不通，皆取决于政。"新的律法被称为《开皇律》。

《开皇律》当年就编撰完成，在汲取先朝立法经验的基础上，有了非常大的进步。杨坚下诏在全国颁行，不过，在如此短时间内就编制完成一部庞大的律法，纰漏之处在所难免。虽然废除了车裂、枭首等残酷的死刑，但依旧保留了不少前代苛刻的规定，所以新律实行不久，就出现了不少问题。

开皇三年（583年），隋文帝批阅刑部的奏报，看到断狱数目在数万件之上，这一数字深深震撼了他。隋文帝认为"律尚严密，故人多陷罪"，罪犯太多不是因为犯罪增多所致，而是由于前代的苛刻律法尚未完全除尽所致，而新律又过于严密，让人不经意间就会触碰刑律。于是又下令苏威、牛弘修改新律，并明确了修订原则，即"权衡轻重，务求平允，废除酷刑，疏而不失"。

修订后的《开皇律》拥有较高的立法成就，对后世产生了深远的影响。主要的优点在于：一是简明。北周律法原本有罪名一千八百多条，非常繁杂，百姓根本搞不清楚，经常无意间就触犯了刑罚。新律一下子将罪名减少到五百余条，删去死罪八十一条，流罪一百五十四条，徒、杖罪一千余条，共计删除了三分之二的条文。

二是轻刑。废除了宫刑、鞭刑等酷刑。对流刑的距离、徒刑的年限等都做了减轻的规定，其中流刑自一千里至两千里分为三等，每五百里为一等。有期徒刑一年至三年分为五等，每等以半年为差。杖刑自六十下到一百下，答刑自十下到五十下，每十下为一等。刑罚确实减轻不少，是一种历史的进步。

三是完备。首次确定了轻重有序、规范完备的封建五刑体系，刑名分为五种，即死、流、徒、杖、答。共计死刑、流刑、徒刑、身体刑四大类，封建五刑制自此确立直至明清。

出于维护皇权的需要，好不容易从北周夺来的皇位，隋文帝不想再让别人惦记着。《开皇律》还创设了"十恶"制度，"十恶"脱胎于《北齐律》的重罪十条，包括谋反、谋大逆、谋叛、恶逆、不道、大不敬、不孝、不睦、不义、内乱十种最严重的犯罪行为，其中谋反、谋大逆、谋叛、大不敬、不义是危害国家和皇帝的行为，其他是违反封建礼教和家族伦理的行为，对于前者处罚很重，"唯大逆谋反叛者父子兄弟皆斩"。"十恶"是罪大恶极的行为，即使皇帝大赦天下时也绝不赦免，因此也称为"十恶不赦"，一个新的成语就此诞生了。

此外，《开皇律》为了维护上层贵族利益，给予官僚贵族相当的法律特权，也就是所谓议亲、议故、议贤、议能、议功、议贵、议勤和议宾的"八议"规定，对于贵族官僚必须按这样的特别审判程序认定，并依法减免处罚。据《隋书·刑法》记载："其在八议之科及官品第七以上犯罪，皆例减一等。其品第九以上犯者，听赎……贵砺带之书，不当徒罚，广轩冕之荫，旁及诸亲。"这表明对于有身份的贵族和受教育的士人，其法律适用不同于一般庶民。

《开皇律》的颁行是隋朝建立后刑法的一次大改革，隋文帝想借助这部律法治理好天下。只是令他没想到的是这部律法具有相当大的影响力，被历代王朝所承袭，唐、宋、明、清四个朝代的律法，都是在此基础上进行修订，没有突破整个法律框架，一直到清末制定《大清新刑律》时才予以废止，存续了一千三百年之久。《开皇律》能取得这样的成就，很重要的是它在制定过程中充分汲取了前朝历代的经验教训，换句话说，它不是凭空产生的，而是集大成者。

《开皇律》的影响不仅限于后世，还影响到了周边国家。日本、朝鲜等看到有如此完备的法律体系，采取"拿来主义"，派遣人员前来学习，稍作修改后抄了过去，变成自己国家的律法，于是整个东亚逐渐形成了以《开皇律》的律法精神和原则为主体的东方法律体系。

拿破仑曾经说："我的光荣不是打过四千次胜仗，因为滑铁卢一败便可使这一切完全被人忘记，但不会被忘记的，而且永垂不朽的是我的《民法典》。"从这个意义上说，隋文帝完全可以因这部《开皇律》而感到骄傲。

营建大兴城

隋文帝做的第三件大事是营建新都。北周的都城是长安，地处渭水南岸的龙首原上。自西汉时形成，已经八百多年。但在隋文帝看来，这座古都已经无法适应这个新的王朝，主要有几个原因。一是破败不堪。这座都城年头太长了，"此城从汉，凋残日久，屡为战场，旧经丧乱"，导致宫宇朽蠹，宫室形制狭小，已经无法沿用。二是格局不规整。长安城不是用一张蓝图所建，而是八百年来自然发展起来的，因此显得比较杂乱，特别是皇宫在城市的西南角，完全不符合面南朝北的要求，无法体现出皇权的威严，而且还存在宫城、官署和居民区混杂的现象。三是排水不畅。污水聚而不泄，臭气烘烘，使得生活用水遭受污染，成为咸卤，"水皆咸卤，不甚宜人"，导致饮水困难。四是易遭水患。长安在渭河南岸，而渭河的流向在南北朝至隋初逐渐向南偏移，如果遇到连日大雨，河水暴涨，都城随时有被淹没的危险。

这些都是长安城作为古都本身存在的问题。除此之外，隋文帝心中还有一个心结，那便是前赵、前秦、后秦、西魏等短命王朝都定都于此，有一种不祥之兆。隋文帝还表示"宫内多妖异"，意为长安城里经常闹鬼，或许是因为在这座都城里，他对宇文家族大开杀戒，害怕这些冤魂来报复自己，这个阴影一直缠绕在隋文帝心头，与其天天提心吊胆，不如建设一个新都。

早有人看出了隋文帝的心思，先是太史上奏认为应当迁都，接着苏威也提出应另造新都。但迁都毕竟是大事，隋文帝颇为踌躇，没有明确态度。大臣庾季才上表说："我仰观天象，俯案博览群书，深知一定要迁都，西汉兴筑长安城池，已八百年，水质变苦，难以饮用，希望陛下上应天意，下顺民心，早日拟定迁都计划。"隋文帝对此表示："是何神也！"这也太神奇了，刚刚有这样的打算，上天也赶来说这件事。

不过，提出建议的高颎、苏威、庾季才虽然是朝中重臣，但都属于新贵，资历比较浅，迁都这种大事，还是需要有德高望重的老臣出来说话。很快李穆上书请求营造新都。李穆是北周的元老重臣，在尉迟迥叛乱时站到隋文帝一边，起了关键作用。隋朝建立后，李穆被封为太师，全家都受到恩典，他的子孙，即使尚在襁褓中的，都被拜为仪同，家中做官的子弟有一百多人，"穆之贵盛，当时无比"，贵盛之状无人可比。

李穆上奏中说："（长安）自汉以来，为丧乱之地，爰从近代，累叶所都。未尝谋龟问筮，瞻星定鼎，何以副圣主之规，表大隋之德？"这样一个残破的都城，怎么能表现出大隋的气度？这话说到了隋文帝的心坎里，他大喜过望道："天道聪明，已有征应，太师民望，复抗此请，则可矣。"天道圣明，已有祥瑞，太师是民众愿望所归，他提出这一请求，应该是可行的。

于是，营造新都的事就这样决定了。决心难下，具体实施更不容易，面临着三大问题，在哪里建？由谁来建？建成什么样？

先说第一个问题，旧都所在的龙首原北部不够开阔，难以在原址上扩建，必须另寻新址。隋文帝看好龙首原的南部，这里地势开阔，远离渭河，可以避免水患，同时还可以从南山引水，是一个理想的地址。

至于第二个问题，对于以识人用人见长的隋文帝来讲，并不算难事。他选择的人选是宇文恺。宇文恺出身显赫，父亲宇文贵是西魏十二大将军之一，大哥宇文善是北周的上柱国，二哥宇文忻是当世名将，率部征讨过北齐、突厥、尉迟迥等，立下了赫赫战功。但他与父兄不同，他不喜欢打打杀杀，反而非常喜欢读书，"恺独好学，博览书记，解属文，多伎艺"，而且在建筑和工程管理方面表现出超人一等的才能，北周时被任命为匠师中大夫，"掌城郭、宫室之制及诸器物度量"。

隋文帝禅代称帝后，为了巩固自己的统治地位，大肆诛杀北周宗室宇文氏，以清除北周残余势力。由于宇文恺家族与北周宗室有别，二哥宇文忻又拥戴隋文帝有功，加上他本人的才华深得隋文帝的赏识，因而没有受到牵连。

开皇二年（582年）六月十八日，隋文帝下诏营建新都，高颎为大监，宇文恺为别监。高颎只是挂名，新都的设计以及施工都是由宇文恺来负责。

宇文恺不负众望，仅仅用了九个月的时间，一座崭新的都城就宣告落成了，建设速度令人叹为观止，显示出宇文恺出众的工程管理能力，不仅用时短，质量也非常高。

概括而言，这座新都城有以下几个特点：一是规模宏大。整个城市由外郭城、宫城和皇城三部分组成，东西宽九千多米，南北长八千多米，城周长三十五点五公里，总面积八十四平方公里，是汉长安城的二点四倍，明清时期北京城的一点四倍。如果放眼世界，规模比阿拉伯帝国首都巴格达、东罗马帝国首都拜占庭还大许多，根本不是一个数量级的，堪称当时世界第一大城市。

二是布局严整。新都均衡对称，形成方正格局，宫城、皇城、民居三部分界线分明,以对准宫城、皇城及外郭城正南门的朱雀大街为中轴线。在外城郭范围内,以二十五条纵横交错的大街将全城划分为一百零九坊,其中朱雀大街西边有五十五坊,东边由于城东南角被曲江池占去了一块地,所以少了一坊,共五十四坊。在朱雀大街的东西两侧,还各用两坊地修筑了东市和西市。坊的四面有围墙,通过固定的坊门出入,坊门有卫兵守卫,晚间会实行宵禁。商业活动被限制于东、西两市内进行。

三是皇权至上。宇文恺将皇城、宫城放到北边高坡上,控制城市的制高点,体现了皇权的至高无上。宫城在全城的最北面,象征着北极星。皇城的百官衙署在宫城的南边,象征着围绕北极星的太微垣。外城郭从三面拱卫着宫城和皇城,象征着群星,意味着天下的百姓以皇帝为中心,围绕在皇帝和朝廷周围,不仅体现了皇帝据北而立的传统,同时增加了君权神授的色彩。为了充分保障宫城的安全,把皇宫北面都划成了禁苑,闲人不得入内,并驻扎军队,对于宫城安全提供了可靠保障。

四是贯通水系。宇文恺在城中设计开挖了永安渠、清明渠、龙首渠等几条水渠,流经外城郭、皇城、宫城和禁苑,还将曲江池加以巧妙利用。曲江池本来是一处天然湖泊,宇文恺进行疏凿整治,使其占去整个城内地势最高的东南的一坊地,调剂城内供水的同时,还辟为风景区,在这里修建了离宫别馆,供帝王权贵们游赏。隋文帝忌讳曲江的"曲"字,根据曲江池中多芙蓉而改名芙蓉池,同时将曲江的园林馆舍命名为芙蓉园。

隋文帝对这座新都城非常满意,取名为大兴城,因为他在北周刚踏上仕途时,就被封为大兴郡公,与此同时,把宫城命名为大兴宫,宫城正殿名为大兴殿,而大兴殿的正门为大兴门。在隋文帝看来,这个名字寓意很好,能带来好运和祥和,他自己准备大干一场,使得整个王朝走上"大兴"之路。

第九章　突厥臣服

一碗水端平

如何实现大兴呢？隋文帝认为重点在内政上。虽然篡位成功，控制了朝局，但从长远看，要想实现长治久安，关键还在于人心向背。如何能得到民心，最简单的方法就是减轻百姓负担。

在这一点上，苏威和隋文帝想到了一起。苏威的父亲苏绰曾担任西魏的度支尚书，是打理国家财政的行家里手，宇文泰时期的经济政策和赋税制度都是苏绰操盘设计的。不过，苏绰对自己制定的政策并不满意，觉得百姓的负担还是很重，但这又是没有办法的事情，因为西魏底子薄，又要四处征战，特别是接连和东魏发生大战，如果没有较重的赋税作为保障，西魏根本无法支持，想必早就垮台了。苏绰对此心里很清楚，所以感叹道："今所为者，正如张弓，非平世法也。后之君子，谁能弛乎？"我所做的事，就如同拉满了弓弦，不是平常时代的法令制度，后世的君子，谁能让这张弓稍微放松点呢？

苏威深深记住了这句话，决心成为父亲所说的"后世君子"，于是他向隋文帝建议"奏减赋役，务从轻典"，具体做法是："初令民二十一成丁，减役者每岁十二番为二十日役，减调绢一匹为二丈。周末榷酒坊、盐池、盐井，至是皆罢之。"这里面包含四项惠民措施：一是将成丁的年龄提高了三岁。成丁就是成年，意味着可以分得田地，同时意味着开始要缴纳赋税，提供劳役。父亲苏绰制定的政策规定成丁的年龄是十五岁，后来北周上调了三岁，到了十八岁，这次又上调三岁，大幅减轻了百姓负担。二是向国家提供的无偿劳役从每年一个月减少到二十天，减少了三分之一，使百姓可以有更多的时间忙于自己的生计。三是向国家缴纳的纺织品数量由一匹变为了两丈，一下子减少了一半。四是免除酒税和盐税，这对于从事工商业者来说是个重大利好。

隋文帝对苏威的建议全部采纳，这些与民让利的政策自然得到了百姓的拥护，对于普通民众而言，其实并不关心皇帝是姓宇文还是姓杨，他们只想过上好日子。因此这一系列扶助民生的举措出台后，这个新生王朝很快便得到了百姓的拥护。

隋文帝就此更加重用苏威，让他和高颎一道掌控朝政。在新的岗位上，苏威发挥了更加积极的作用。他看到宫中的帷帐都是用白银制作的钩子，觉得实在太奢侈了，于是规劝隋文帝要讲究节俭，还讲了历史上不少正反两方面的例子，搞得隋文帝脸色都变了，下令将银钩都换成铁钩。

虽然苏威生性谨慎，但或许是因为受到恩宠，胆子变得大了起来。有一次，有位官员不知何事得罪了隋文帝，隋文帝大怒下令杀他。苏威觉得杀掉此人于法无据，于是进宫进谏，当时隋文帝正在气头上，根本听不进去，说什么都不同意放了他。苏威见状居然用身体挡在了隋文帝前面，隋文帝绕了过去，苏威又站在其前面，搞得隋文帝非常生气，拂袖回到宫里。过了一会儿，他冷静了下来，觉得苏威做得对，于是出来对苏威说："公能若是，吾无忧矣。"你能够这样做，我就没有什么可担忧的了。

隋文帝觉得对苏威没有看走眼，此人不仅有大局观，非常善于搞经济，还敢于直言，能够让自己不做错事。于是，更加重用他，不久任命苏威兼任大理卿、京兆尹、御史大夫，再加上原来的纳言和度支尚书，居然一人身兼五个要职。

木秀于林风必摧之，终于有人看不惯了！

御史梁毗上书弹劾苏威，理由是他身兼多职，贪念权力，丝毫没有举贤替代自己的意思。言外之意是苏威应该谦逊一些，主动将兼任的职务让与别人。梁毗的这个由头完全站不住脚，因为这些职务是隋文帝加封的，又不是苏威主动索要的。

隋文帝觉得必须站出来表明态度，他诘问梁毗道："苏威从早到晚兢兢业业，胸怀远大志向，虽然举荐贤能方面有欠缺，但怎能如此急迫地逼他呢？"转而对群臣说："苏威不值我，无以措其言；我不得苏威，何以行其道？杨素才辩无双，至若斟酌古今，助我宣化，非威之匹也。"苏威不遇上我，没法说出他想说的话；我得不到苏威，怎么能推行我的政策？杨素辩论口才天下无双，但如果要参照古今，帮我教化百姓，就不能与苏威相比了。又说："苏威若逢乱世，南山四皓，岂易屈哉！"这里的南山四皓是汉初的四位奇人，连汉高祖刘邦请他们出山，都不为所动。就是说苏威如果遇上乱世，一定会像南山四皓一样，哪里能轻易请得动他。

隋文帝对苏威评价太高了，史书上说"其见重如此"，为了打消群臣的疑虑，有些将苏威捧上天的嫌疑，朝中第一人高颎很聪明，见到如此情形，觉得应该主动让位，让苏威接替自己坐朝臣的第一把交椅。

隋文帝面对高颎的请求，处理得很巧妙，他先是同意解除高颎仆射一职，不过这样做并非真的让苏威代替，而是为了成就高颎让贤的美名。几天后，隋文帝说："苏威在前朝隐居山里，全靠高颎举荐。我听说举荐贤能的人应该得到最高的奖赏，朕怎能让他辞去官职呢？"因此下诏让高颎官复原职。

隋文帝在宠信苏威时，同时注意不冷落高颎。高颎时常在朝堂北边的一棵槐树下处理公务，由于槐树碍事，主事要砍伐，隋文帝下令不能砍，原因只有一个，那便是高颎喜欢在树下办公，必须为他留着。

如此一来，隋文帝做到一碗水端平，不仅没有引发两位重臣之间的倾轧，反而使得两人同心协力为他效命。隋文帝注重发挥他们的所长，朝中大事无不与他们商量后再实施，在君臣的共同努力下，隋朝呈现出一种崭新的气象。

突厥专家长孙晟

隋文帝在高颎和苏威的辅佐下，内政渐渐步入正轨，他开始将目光转向了外患。当时的形势很明朗，南边有梁朝隔江而望，北边则是突厥经常袭扰边境，相比较而言，突厥的威胁更大更直接，隋文帝决定采取"先北后南"的策略。

突厥是盘踞在今天我国内蒙古、蒙古国一带的游牧民族，兴起之前，突厥部落是柔然汗国的臣属，在中原的史册中首次见到突厥是在公元540年。后来突厥脱离柔然，发展壮大，并多次击败柔然，成为又一个北方草原霸主，建立了幅员广阔的突厥汗国。

突厥的不断壮大，有一个很重要的因素，就是当时北方正处在北周北齐对峙时期，两边为了消灭对方，争相讨好突厥，采取纳贡、和亲等政策，希望突厥能够站到自己这边，或者至少保持中立，不帮着另一方来收拾自己。突厥两边都交好，收取两份份子钱，变得越来越强大。他钵可汗为此得意地说："但使我在南两个儿孝顺，何忧无物邪？"南方的两个儿子争相孝顺我，还愁没有财物吗？

隋文帝登基后，一改此前北周、北齐对突厥的态度，表现得很冷淡，停止了进贡，这让长年习惯吃红利的突厥感到很不爽。再加上如今突厥的大可汗沙钵略的夫人是北周赵王宇文招的女儿千金公主，与隋文帝有不共戴天的杀父之仇，因此经常给沙钵略可汗吹枕边风，让他替自己报仇。沙钵略被说动了，对属下说："我周家亲也。今隋公自立而不能制，复何面目见可贺敦乎？"可贺敦指的就是千金公主，是突厥人对大可汗夫人的尊称，这句话的意思是：我是周室的亲戚，现在隋文帝代周自立，而我却不能制止，还有何面目再见我的可贺敦呢？

开皇二年（582年）五月，沙钵略可汗下令突厥全线出击，突破长城南下。隋文帝急令边防加强戒备，下令柱国冯昱驻守乙弗泊（今青海乐都西），兰州总管李长叉镇守临洮，上柱国李崇驻守幽州，进行全线防御。突厥骑兵来势汹汹，隋军不少据点被接连攻破，特别是在西线战场，屡战屡败，非常被动。隋文帝见状派内史监虞庆则前往弘化（今甘肃庆阳）担任西线总指挥。虞庆则到任后，下令让行军总管达奚长儒率部出击。没想到，达奚长儒刚离开弘化，就在周槃遭遇到了沙钵略率领的主力，由此发生了最为惨烈的一仗。

双方实力相差悬殊，突厥有十万之众，而隋军只有两千人。达溪长儒阵前发表慷慨激昂的演讲，让手下消除恐惧感，带着隋军且战且走，几次被突厥军队冲散，但很快又重新集结，拼死抵抗，居然坚持了三天，打到最后大部分武器毁损，只能以拳头作为兵器与突厥军厮杀，以至于手上的骨头都露出来了。突厥兵损失上万人，士气低落，解围撤退。达奚长儒身上受伤五处，被刺透的有两处，手下将士十之八九战死战伤。

战报传回京城，隋文帝深受感动和鼓舞，下诏表示说："达奚长儒受任于北边边塞，遏制胡人，他所率领的人马很少，差不多只是突厥人的百分之一。他日以继夜，四面抗敌，共打了十四仗，所向必克。胡人被杀的超过了一半。暂未被杀的，丢了魄魂似的逃走了。如非达奚长儒英勇奋发，对国家有很深的感情，士卒又服从命令，怎能以少破众？像这样英勇的将领，应该授他高官厚禄，可授他上柱国，另授他一子为官。其阵亡的将士，都追赠官阶三级，让他们的子孙承袭。"

隋文帝不甘心被动挨打，决心进行反击。自五胡十六国以来，中原政权和北方少数民族开战基本没有赢过，隋文帝有这个底气，一方面来源于达奚长儒，他带着两千人居然打退了十万人，让隋文帝觉得突厥骑兵也就那么回事，不是不可战胜的；另一方面是隋文帝手下有个叫作长孙晟的大臣，此人曾作为使者，护送千金公主到突厥，并在那里滞留了一年多，对突厥的情况知根知底，了然于胸，使他心里有了底数。

长孙晟是隋文帝发现的人才。此人是贵族子弟，生性通达聪慧，略涉书史，善于弹丸和射箭，矫捷过人。十八岁的长孙晟任司卫上士，默默无闻，没有人知道他的才干，当时只有随国公杨坚看出此人不凡，曾牵着他的手对别人说："长孙郎武艺超群，刚刚跟他说话，又发现他有令人称奇的谋略，假以时日，未来的名将难道不是他吗？"

长孙晟第一次出使突厥，是担任和亲副使，护送千金公主到突厥王庭。北周曾先后派数十名使者前往突厥，但沙钵略可汗大多轻视，不予礼遇，唯独对长孙晟特别喜爱，经常与他一起游猎。在此过程中，诞生了"一箭双雕"这个成语，有一次他随沙钵略可汗出猎，遇到两只雕飞着争肉吃，沙钵略可汗给长孙晟两支箭，说："请将它们射落。"长孙晟于是弯弓射去，正遇双雕相夺，他一发而射穿两雕。沙钵略可汗大喜，对长孙晟高超的箭术十分钦佩，让各位子弟贵人都与长孙晟亲近，学习其射箭的本领。

长孙晟是一个有心人，除了与沙钵略交往外，他还非常注重结交有权有势的突厥高层。沙钵略可汗之弟突利可汗处罗侯威望很高，遭到沙钵略可汗的忌恨。处罗侯便密派心腹，暗中与长孙晟结盟，这为以后分化突厥内部打下了基础。长孙晟还利用游猎之机，考察突厥山川形势、部众强弱。长孙晟回到北周后，把突厥的情况详细地告诉已出任北周丞相的杨坚，杨坚听后大喜，于是升任他为奉车都尉。

在隋文帝谋划反击突厥的时候，长孙晟上了一道奏疏，表示突厥最大的问题就是内部分裂，因为突厥有五个可汗，第一个是沙钵略可汗，名叫摄图；第二个是第二可汗，名叫庵罗；第三个是阿波可汗，名叫大逻便；第四个是达头可汗，名叫玷厥；第五个是沙钵略的弟弟突利可汗，名叫处罗侯。

突厥可汗之所以一分为五是因为开皇元年（581年），他钵可汗病逝了。他原本想让侄子大逻便为新的大汗，但内部发生纷争，大逻便败下阵来。另一个侄子摄图继承了汗位，便是沙钵略可汗。但是，摄图虽然成了新可汗，但地位并不稳固，不得已下令将大逻便封为阿波可汗，又将陀钵可汗的儿子庵罗封为第二可汗，再加上已经有的达头可汗和突利可汗，于是就有了五个可汗。

长孙晟说这五位"各统强兵，都号可汗，分居四面，内怀猜忌，外示和好，对他们难以力征，容易离间"。然后详细分析了突厥内部的情况，指出沙钵略可汗虽为大可汗，但兵力不如达头可汗，将来必有内战，而阿波可汗、突利可汗又都与沙钵略可汗貌合神离。基于这样的情势，长孙晟提出了"远交近攻、离强合弱"的策略，具体说来就是联络西边的达头可汗和阿波可汗以及东边的突利可汗，孤立沙钵略可汗，等到十多年后突厥内乱再来讨伐，就可以一举消灭突厥。

隋文帝看完上奏大喜，立即召见长孙晟，更让他惊喜的是，长孙晟口述形势，手画山川，对突厥的虚实、地形和兵力部署都了如指掌，隋文帝听后对他赞叹不已，采纳了他的全部计谋。

分化瓦解五可汗

隋文帝派遣太仆元晖西出伊吾（今新疆哈密），拜访达头可汗，特赐狼头纛，就是用狼头作标志的大旗。突厥以狼为图腾，隋文帝赐狼头纛给达头可汗，表达敬意的同时，暗示着愿意支持达头可汗成为突厥的大可汗。与此同时，又令长孙晟东出黄龙道，携带大量钱财，赐予奚、霫、契丹等部族，让他们当向导，到达突利可汗处罗侯的住处，说服他内附隋朝。为了使离间计成功，在达头可汗派使者回访时，隋文帝故意将其使者处在沙钵略可汗的使者之上，沙钵略可汗与达头可汗之间果然发生猜疑。如此一系列操作，使得突厥内部受到分化，"反间既行，果相猜贰"，沙钵略可汗变得孤立起来。

时机逐渐成熟，开皇三年（583年）四月，突厥再次大举入侵隋朝，隋文帝命卫王杨爽、河间王杨弘、上柱国豆卢勤、秦州总管窦荣定等八人为行军元帅，率军分八路反击突厥。他下诏阐明了出兵的理由，表达了几个意思：一是过去北周、北齐相互对立，为了避免两线作战，只能与突厥搞好关系。二是如今隋朝建立，不能再继续向其进贡，把节省下来的钱转赐将士和百姓。三是突厥不知好歹，倾巢而出，大肆攻击北部边疆，为了保家卫国，必须予以反击，这叫作不作死就不会死。四是此次出兵不单单是讨伐，更重要的是给突厥人一个大大的教训，要让突厥"不敢南望，永服威刑"，彻底把他们打服。五是此次作战原则是投降的一律收容，抵抗的一律处死，而且不要深入突厥腹地，力求速战速决。

第一场遭遇战发生在杨爽和沙钵略之间，双方在白道（今内蒙古呼和浩特西北）遭遇，杨爽听从手下将领建议，趁突厥军队立足未稳，发动了"闪电战"，突厥军大败，沙钵略可汗丢盔卸甲，士兵死伤大半。

第二场大胜来自于窦荣定，他率军在高越原（今甘肃民勤西北）和阿波可汗相遇，此战涌现出一个能征善战的将才——史万岁。

史万岁是个奇人，父亲史静任北周沧州刺史，他年轻时就擅长骑马射箭，勇猛凶悍，敏捷如飞，并且喜读兵书，还精通占卜。他十五岁那年，随父亲参加了北周、北齐间的邙山大战，他登高观察战场形势，料定北周军将败，并令左右换装离去。不久，北周军果然大败，父亲史静因此对他的战场感知力感到十分惊奇。后来，他跟随梁士彦参加了征讨尉迟迥的战斗，表现得非常英勇，平叛后晋升为大将军。

隋朝建立后，大将尔朱勋起兵造反，兵败被杀。史万岁因此受到牵连，军职被一撸到底，发配到敦煌，成为一个戍边的劳改犯。从将军到罪犯，可谓从天堂滑到了地狱。但史万岁并没有自暴自弃，当时敦煌戍边的头目非常勇猛，常常单独一人骑马深入突厥部落中，掠夺羊马，总有收获。突厥无论多少人，没有敢抵挡他的。因此戍主颇自负，看到史万岁不顺眼，经常辱骂他。

史万岁表示论骑射自己也不差，戍主令其驰射，看他果然很有功底，史万岁请求骑马带弓，深入突厥中掠夺羊马，很快抢获大批牲畜回营。从此，戍主对他刮目相看，两人经常同行，深入突厥境内数百里，名振边关。

窦荣定率军到达高越原，与阿波可汗的队伍交战几次，虽有胜绩，但很难彻底消灭对方。此地地处沙漠地带，饮水成了很大问题，士兵们只好刺马饮血当水，军中开始蔓延疾病，情况非常危急。就在此时，史万岁自投军门，请求立功赎罪。窦荣定早就听说他骁勇无比，于是想出一条计策，窦荣定派人向突厥提出："士兵有什么罪过，何必让他们互相残杀呢？只在两军中各选一位勇士决斗比个胜负吧！"

阿波可汗觉得自己手下的勇士更厉害、胜算更大，于是不假思索便答应了。他派出营中第一猛将，而窦荣定派出的便是史万岁，本来以为这是势均力敌的对决，双方将士等着看一场精彩大戏，但还没搞清楚怎么回事，突厥猛将的头颅已经被史万岁砍了下来。"突厥大惊，不敢复战，遂引军而去。"史万岁一战成名，将功补过，不仅被免除了原有的罪罚，而且连升数级，被授上仪同，兼车骑将军。

史万岁的神勇表现，不仅让突厥军队不敢再战，也给了在窦荣定军中担任偏将的长孙晟离间阿波可汗绝佳的机会，他派人对阿波可汗说："摄图（沙钵略可汗）每次来打仗，都获得很大的胜利。你才到内地，就被打败。这是突厥人的耻辱，难道你心里不惭愧吗？而且摄图与你的兵力本来差不多。如今摄图天天取胜，被众人推崇，你出师不利，为国家带来耻辱。摄图肯定会把罪过归结到你头上，完成他长久以来隐藏的阴谋，消灭你这一支。请你好好想一想，你能对付得了他吗？"

长孙晟说这些话很有针对性，因为他知道阿波可汗和沙钵略可汗素来不和，因为阿波可汗原本是他钵可汗最中意的继承人，但由于他母亲出身低贱，所以大可汗的位置被沙钵略抢了去。

阿波可汗觉得长孙晟说得有理，于是派使者来隋军大营接洽，长孙晟对使者说："现在，达头已与我大隋联合，但摄图却拿他没办法。你家可汗何不依附大隋天子，连结达头，互相联合，成为一个强大的集团？这是万全之计。何必损兵折将，自讨苦吃，屈服于摄图，受他的凌辱和杀戮呢？"长孙晟的一席话使得阿波可汗如醍醐灌顶，全盘接受长孙晟的建议，派使者到大兴城觐见隋文帝，表达臣服之意。

再说沙钵略可汗，他被杨爽击败后，只能向沙漠败退，途中听闻阿波可汗暗通隋朝，勃然大怒，率部袭击北方王庭，俘虏阿波可汗的部众，并杀死阿波可汗的母亲。搞得阿波可汗无家可归，只能向西投奔达头可汗。

达头可汗和沙钵略可汗一直有矛盾，于是借兵十余万给阿波可汗，痛击了沙钵略可汗，不仅收复了故地，而且屡战屡胜。沙钵略可汗在隋朝和阿波可汗的双重打击下，由强变弱，失去了还手之力，只能狼狈向东逃窜，突厥正式分为东、西两大集团，这对于隋朝抗击突厥具有划时代的意义。长孙晟所提出的内部分化突厥的想法终于变成了现实，几位可汗相互厮杀，都派出使者请求隋朝支持，隋文帝可以坐山观虎斗，收取渔翁之利。

曾经不可一世的沙钵略可汗不得不低头，派人向隋朝求和。当年力主出兵为自己报仇的千金公主，竟然主动请求改姓杨，做杨坚的女儿，这样的变化简直是天翻地覆。柏杨先生对此评价道："千金公主宇文女士跟杨坚之间有灭族仇恨，竟然委曲求全，认贼作父。杨坚改封她为大义公主，应指的是大义灭亲。大义竟然如此颠倒，也只有政治上才会出现。千金公主这个巨大改变，我们可以体会她锥心的痛苦，形势比人强，可悲！"

这还不算什么，沙钵略给隋文帝写的信更为肉麻："你是我妻子的父亲，也就是我的岳父。我是你女儿的丈夫，也等于是你的儿子。两国的风俗习惯虽然不同，但情义却是一样的。自今以后，子子孙孙，乃至千秋万代，亲上加亲，永不开战。"

既然沙钵略可汗如此低三下四，隋文帝顺水推舟，接受了他的请求。隋文帝并没有想彻底消灭沙钵略，因为留着他，突厥内部会保持平衡，还会陷入分裂局面，这对隋朝无疑是最为有利的。

隋文帝派遣尚书左仆射虞庆则出使突厥汗国，并让突厥外交专家长孙晟作为副使。他们到达突厥后，没想到沙钵略可汗又摆起了威风，不仅炫耀军威和财物，在接诏书时还以身体不适为由不行跪拜之礼，并且告诉虞庆则，从自己上辈开始，就不再下跪行礼。

虞庆则非常生气，斥责沙钵略可汗。千金公主此时站出来威胁说："可汗豺狼性，过与争，将啮人。"沙钵略可汗是豺狼的性格，如果胆敢冒犯，什么事都可能做得出来，双方针锋相对，局面陷入了僵持。

长孙晟看不下去，对沙钵略可汗说："可汗和大隋皇帝都是天子，您不起身，能说得过去。但您夫人是隋朝皇帝的女儿，可汗就是大隋的女婿，为什么如此无礼不尊敬岳父呢？"这席话搞得沙钵略可汗无言以对，只得说："岳父还是要拜的，我就拜吧。"

第二年，沙钵略可汗正式向隋朝请和称藩，称："天无二日，土无二王，大隋皇帝，真皇帝也。"就这样，通过软硬兼施，隋朝北部边患基本消除，为此后隋军南下灭陈，一统天下解除了后顾之忧。对于一个建立不到三年，且还没有实现完全统一的王朝而言，战胜不可一世的头号强敌突厥，可以说是一个不小的奇迹。

隋朝由守转攻，最终笑到最后，关键在于隋文帝采取了正确的策略，听从长孙晟的建议，利用突厥内部矛盾进行分化瓦解，然后集中优势兵力各个击破。如果突厥是铁板一块，想必隋朝很难撼动它。打败突厥展示了这个新王朝的崭新气象，也是隋文帝带领隋朝走向鼎盛的开始。

三个闲人搞谋反

就在隋文帝忙着收拾突厥时，内部却出现了一个小插曲，发生了一起谋反未遂事件，引发事件的三位主角名头都很大，分别是刘昉、梁士彦和宇文忻。刘昉是隋文帝上台专权的头号功臣，隋朝建立后，隋文帝给了他优厚的待遇，封其为舒国公，虽然地位很高，但没有任何实权，他心里感到愤懑不平。

梁士彦是在北周时期便已赫赫有名的大将，守卫晋州一战天下闻名，为灭掉北齐立下了头功，后来随韦孝宽平定三总管之乱，作为先锋，所向披靡，事后被隋文帝任命为相州刺史。但或许是因为他太能打了，使得隋文帝对他有所忌惮，不久将其召回京师，削去兵权后给了很好的待遇，让他闲居在京城。

宇文忻也是一员猛将，屡立战功，特别是在平定尉迟迥叛乱中，在韦孝宽败局将定时，正是宇文忻急中生智，攻击围观群众，一举扭转了战局。平叛之后，杨坚对他大为赞扬，说："尉迟迥倾山东之众，动百万之师，而你屡出奇策，战无不胜，诚可谓天下英杰！"加封他为英国公。不过，宇文忻总是担心杨坚会采取鸟尽弓藏的手段对付功臣，言语间多有流露，杨坚听到后非常不爽，找了个由头将其免职。

三个无所事事的闲人经常聚在一起喝酒聊天，彼此发发牢骚，吐槽对隋文帝的不满。如果仅此而已，充其量不过是大不敬，但后来事情的性质发生了变化。三人居然密谋计划推翻隋文帝，拥立梁士彦为新皇帝。已经年过七十的梁士彦确实有些老糊涂了，有算命先生曾经告诉过他，过了六十岁必能登上帝位，梁士彦真信了，本来能颐养天年，但膨胀的野心到头来将自己送上了断头台。

他们最初订立的计划是趁着隋文帝出京祭祀，让手下奴仆见机行刺。不过，如果细细想，这个想法简直就是儿戏，皇帝身边护卫如云，几个奴仆如何能下得了手？他们又想到了第二套方案，在蒲州起兵，然后以此为根据地，占黎阳仓，断河阳路，截取朝廷物资，招兵买马，以此和隋文帝抗衡。

三人经常在梁士彦府上喝酒密议，令梁士彦想不到的是，还没有起兵，刘昉利用到他家喝酒的机会和他老婆勾搭到了一起，给梁士彦戴了一顶结实的绿帽子。更让他想不到的是，隋文帝在他身边早已安插了耳目，此人是梁士彦的外甥裴通，他们的一举一动都在隋文帝的掌控中。

隋文帝不想让这场戏过早收场，一定要做到证据确凿，于是任命梁士彦回自己的大本营晋州担任刺史，同时接受梁士彦的推荐，同意他的心腹萨摩儿一同赴任。梁士彦等大喜，觉得一切都朝着有利于自己的方向发展。有了晋州做根据地，宇文忻、刘昉在京城做内应，大业可成，于是几人更加频繁地会面，商议具体的举事细节。

一直躲在幕后的隋文帝觉得是时候收网了。开皇六年（586年）八月，隋文帝召一些刺史回朝述职，梁士彦也在被召之列。在朝堂上，隋文帝突然下令拿下梁士彦、宇文忻和刘昉，责问他们为什么意图谋反。三人开始不承认，还想抵赖，隋文帝命萨摩儿上殿对证，萨摩儿"俱论始末"，将前后经过一一道来，还透露了一些细节，说："梁士彦的二儿子梁刚流泪苦劝父亲不要谋反，三儿子梁叔谐却说'做猛兽就要做兽中之王'。"这一下梁士彦无法狡辩了，脸色骤变的他对萨摩儿说："是你杀了我啊！"

隋文帝下令将三人诛杀。临刑前，宇文忻看到老战友高颎，磕头请他为自己求情，刘昉大为鄙夷，唾骂宇文忻说："事形如此，何叩头之有？"

隋文帝没有赶尽杀绝，毕竟这几位都是"开国元勋"，只杀了他们和正室所生的儿子。苦劝父亲不要谋反的梁刚被赦免。三人的兄弟叔族和妾所生的儿子都没有被杀头，而且被发配到荒蛮之地。为了充分发挥反面典型的警示教育作用，隋文帝身穿白色衣服亲临射殿，令百官用箭射梁士彦三家抄没的东西，搞这样颇有仪式感的举动，为的就是杀鸡给猴看。

三人中最后悔的恐怕应该是刘昉，想当初如果他不推举杨坚上台，想必也不会落到如此下场。相比较而言，当年另一个"关键"人物郑译的结局要好很多。和刘昉一样，郑译失宠后也曾经郁郁不平，心有不甘，暗地里请来道士拜表设祭，以祈求福分。结果被府中的奴婢告发，惹得隋文帝大怒，他对郑译说："我没有对不起你，你这样做，是什么意思？"于是将其贬出京城，不久又将郑译废为庶民。

但与刘昉不同的是，郑译并没有因此心生反意，而是选择夹着尾巴做人。隋文帝后来原谅了他，重新使其步入官场，担任开府、隆州刺史，并让他参与制定律法。几年后，郑译以体弱多病为由，向隋文帝提出请求回京调养，得到了批准。回京后，隋文帝召见他并赐宴，对他说：" 贬退你已经很久了，心里一直很挂念你，怜悯你。" 于是恢复了沛国公的爵位和上柱国的官职。隋文帝对近侍说："郑译与我同生共死，在我遇到曲折和危难的时候，他帮我说话，想到这些，我哪里能忘记他。"

郑译有一个特殊的才能，他精通音律，隋文帝便命他研究音乐，郑译编写了《乐府声调》进呈，得到隋文帝赞赏，此后经常召他谈音乐之事。隋文帝赞赏道："律令是你制定的，音乐又是你校正的。礼、乐、律、令，你定了三种，的确值得赞美呀！" 开皇十一年（591年），郑译在岐州刺史任上去世，隋文帝派使者前去吊唁，谥号确定为 "达"。

当年的 "夺权三人组"，一个做了皇帝，一个被砍头，一个成了音乐家，命运的诡谲，不得不让人叹服。

第十章　天下一统

隔江犹唱后庭花

隋文帝消除了北方边患，距离一统天下只有一步之遥，如今可以放手收拾盘踞在江南的陈朝了。

陈朝当时的皇帝是陈叔宝，在历史上他更为出名的是"陈后主"。陈叔宝的这个皇位来之不易，他父亲陈宣帝陈顼虽然只活了五十三岁，但却生了四十二个儿子。陈叔宝作为嫡长子，从小就被册立为太子，引发二弟陈叔陵的嫉妒，一心想除掉兄长，取而代之。在举行陈宣帝遗体入殓仪式时，陈叔陵突然发难，用切药的刀向陈叔宝砍去。陈叔宝顿时昏厥，陈叔陵准备再砍时，陈宣帝的皇后柳敬言趴在儿子身上，保护陈叔宝。陈叔宝的奶妈从后面抓住陈叔陵的胳膊，这才让恢复知觉的陈叔宝逃脱。

虽然陈叔陵事后被诛杀，但这次刺杀未遂事件极大刺激到了陈叔宝，让他觉得人生无常，厄运随时会降临，不如抓紧时间享受人间乐趣。陈叔宝本来就是一个文艺青年，喜欢舞文弄墨，做太子时便经常举办文学宴会，一群文人墨客聚集在他身边，形成了一个文学群体。陈叔宝成为皇帝后，便重用这些人，毕竟兴趣相投，知根知底。

江总被任命为宰相，他和陈叔宝的关系非同寻常，陈叔宝还是太子的时候，他就经常陪侍左右，两个人经常"为长夜之饮"，一喝就喝到深夜，是一对酒友。江总擅长五言诗、七言诗，诗风浮华靡艳。他喝酒赋诗可以，但根本不是治国理政的料，"虽为宰辅，不亲政务"，天天和陈暄、孔范等人侍奉陈叔宝赋诗饮酒，当时称这些人为"狎客"，导致的结果是"国政日颓，纲纪不立"。

陈叔宝有个庞大的后宫佳丽团，他最宠爱的是位叫作张丽华的女子。陈叔宝遇刺后，养伤期间所有嫔妃不得进入，只留张丽华一人在身边服侍。陈叔宝如此喜欢她是有道理的，史书中说她"发长七尺，鬓黑如漆，其光可鉴。特聪慧，有神彩，进止闲华，容色端丽。每瞻视眄睐，光彩溢目，照映左右。尝于阁上靓妆，临于轩槛，宫中遥望，飘若神仙"。长得就和仙女一样，彻底迷倒了陈叔宝，将其封为贵妃。

张丽华不仅长得漂亮，而且"才辩强记，善候人主颜色"。陈叔宝只顾享乐，百官的奏章都通过太监蔡临儿、李善度呈递请示，陈叔宝倚着靠枕，让张丽华坐在膝上共同商议决定。蔡临儿、李善度记不住的，张丽华都写成条款，无所遗漏。因为参与访察宫外的事务，社会上有一言一事，张丽华必定首先知道并且告诉给陈叔宝，更加受到宠幸，冠绝后宫。

张丽华由此开始干政，大臣有不听话的，她会在陈叔宝那里告黑状，后宫的家人做了犯法的事情，她就向陈叔宝求情予以宽恕。陈叔宝对她言听计从，这样一来，她和另外一个宠妃孔贵嫔"熏灼四方，内外宗族，多被引用。大臣执政，亦从风而靡"。朝廷法纪全被搞乱了，以至于"阉宦便佞之徒，内外交结，转相引进。贿赂公行，赏罚无常，纲纪瞀乱矣"。

张丽华干政的行为引起了朝臣的不满。秘书监傅绰上书直言陈叔宝贪恋酒色，恐致众叛亲离，最终惹恼了陈叔宝，被赐死狱中。而大市令章华也因为直言不讳指责陈叔宝沉迷酒色，也丢了性命。自此，对陈叔宝的荒诞行径，朝臣再没有人敢劝谏了。

陈叔宝根本不理会这些，只愿意待在温柔乡里，为了恣意玩乐，他为张丽华、孔贵嫔、龚贵嫔等宠妃修建了"三阁"，命名为临春、结绮、望仙，每阁都高几十丈，总共有几十个房间，门窗、柱子、栏杆都用檀香木制成，上面装饰金玉珠宝，极尽奢华。

陈叔宝住在临春阁，张丽华住在结绮阁，孔贵嫔、龚贵嫔合住在望仙阁，三阁中有通道相连。陈叔宝经常在这里举办宴会，邀请其他嫔妃和文武大臣参加，他从宫女中挑选通晓文字的担任女学士，每次宴饮时，陈叔宝让妃嫔、女学士和狎客共同写作诗词，相互赠答，挑出特别艳丽的，作为曲调，配上乐曲，让宫女们演唱。其中最出名的是陈叔宝创作的《玉树后庭花》——"丽宇芳林对高阁，新妆艳质本倾城。映户凝娇乍不进，出帷含态笑相迎。妖姬脸似花含露，玉树流光照后庭。"这首作品显示出陈叔宝很高的文化修养，但也把他的骄奢淫逸展现得淋漓尽致，所以被后世视为"亡国之音"。唐代诗人杜牧为此写了一首非常著名的《泊秦淮》：烟笼寒水月笼沙，夜泊秦淮近酒家。商女不知亡国恨，隔江犹唱后庭花。

损招最管用

就在陈叔宝夜夜笙歌时，隋文帝已经将灭陈提上了议事日程。事实上，早在登基之初，他便有这样的盘算，但又觉得时机未成熟。更何况还有突厥这个心头大患，搞不好会陷入双线作战的被动局面。于是，隋文帝暂时忍了，一心一意对付突厥，对南陈采取睦邻友好政策，双方经常有使节相互来往。

陈叔宝听说隋文帝相貌不凡，便让使臣袁彦将他的相貌画像带回来瞧瞧。陈叔宝展开画像后，竟然"大骇"，吓得掩面说："我不欲见此人。"马上让人将画像拿走。

尽管如此，陈叔宝对隋朝并没有引起足够的警惕，除了他荒于酒色，及时行乐外，隋文帝采取的麻痹战术也起了作用。他给陈叔宝写信，特意署名为"杨坚顿首"，显得非常谦恭，这让陈叔宝感觉相当良好，态度更加狂妄，在回信中说："想彼统内如宜，此宇宙清泰。"你的国家过得还好吧，我的宇宙十分太平清净。陈叔宝将自己治下的陈国称为"宇宙"，可见其傲慢无礼、目中无人。面对这样赤裸裸的蔑视，隋文帝自然很生气，但还是忍了，这一忍就是六年。

忍归忍，隋文帝主要精力虽然用于对付突厥，但并没有放弃伐陈的准备，为此特意征询高颎的意见。高颎出了一个损招说："江北气候寒冷，水田收割较晚；江南水温较高，水田收割较早。估计陈国收获季节时，我们征集一点人马，声称要袭击陈国，他们定会屯兵防御，这样庄稼就无法及时收割，只能烂在田里。等他们集结好队伍，我们就解甲。如此再三，他们就会习以为常，以后我们再集结兵力，他们必然不再相信，在他们没有防备的时候，我们就趁机过江，登陆而战，士气会倍增。另外，江南天气潮湿，房屋多为茅草竹子所建，所有的东西都无法贮藏在地窖里，所以可以偷偷派些人，乘人不备放火烧掉，等他们修好了，再去放火，用不了几年，陈国的财力就会殆尽。"

总之，要时不时搞些破坏，先打消耗战。高颎出的主意听上去比较馊，但却很管用，几年下来，陈朝军民被隋朝的一系列小动作搞得疲惫不堪、财竭民困。

隋文帝还让高颎推荐经略江淮的人选，他推荐了两个人，一个叫韩擒虎，另一个叫贺若弼。

韩擒虎的父亲韩雄，以勇猛有气节而闻名，在北周做官，官拜大将军，洛阳、虞州等八州刺史。韩擒虎毫不逊色于父亲，人如其名，体貌魁梧伟岸，有一副英雄豪杰的仪表，而且性格粗犷豪迈。除了武力高强外，韩擒虎也非常喜欢读书，常常手不释卷，年纪轻轻就遍览各类书籍。宇文泰看见他后，认为他很独特，就让他与自己的诸子们一起游玩。韩擒虎在北周时屡立战功，当时陈朝军队时常侵犯江北，进入北周边界，韩擒虎多次挫败他们的锐气，使南陈士气大丧。所以，高颎很看好他，将其推荐给隋文帝，隋文帝派他去庐州（今安徽合肥）当了总管。

贺若弼同样出身于武将世家，史书上说"弼少慷慨有大志，骁勇便弓马，解属文，博涉书记，有重名于当世"。他从小就树立了很大志向，而且非常骁勇，善于骑射，博闻强记，在当时就有很大的名声。高颎对他的推荐语是"朝臣之内，文武才干，无若贺若弼者"，评价相当之高，隋文帝便任命他为吴州（今江苏扬州一带）总管。对于这个新岗位，贺若弼相当满意也非常激动，深感责任重大，使命光荣，他给好友寿州总管源雄赋诗一首，写道："交河骠骑幕，合浦伏波营。勿使麒麟上，无我二人名。"希望自己和源雄像汉朝名将霍去病和马援一样，建功立业，青史留名。

两人到任后，很快就发挥了作用。在此之前，陈朝利用北方发生三总管叛乱之机，趁火打劫，渡过长江对隋军发动攻势，占了不少地盘。隋文帝后来下令反击，贺若弼和韩擒虎参加了对陈的反击战。这次反击取得了预期效果，江北失地基本收复，正赶上陈宣帝驾崩，隋文帝以"礼不伐丧"为由收兵，因为此时的主要敌人是北边的突厥，以隋朝当时的实力，还不具备支撑南北两线作战的能力。

众人献策平陈

后来随着北方边患的解除，灭陈的条件已经成熟。此时双方的实力发生了逆转，经过隋文帝几年来的励精图治，隋朝国力和军力显著增强，而陈叔宝荒淫无道，国力大不如前。

尽管如此，隋文帝还是很难下定决心，虽然实力占优，但平灭陈朝，主力应是水军，这正是隋军的短板，也是陈朝的长项。当年一代枭雄曹操率领大军南下，论实力完全碾压孙刘联军，但正是因为不善水战，在赤壁被火烧连营，导致险些送了性命。还有统一北方的前秦皇帝苻坚带着八十万大军，在淝水之战中一败涂地，这些前车之鉴，教训极为深刻，不可不小心。

面对隋文帝的忧虑，不少大臣献计献策，其中有一位叫作皇甫绩，他获任晋州刺史，上任前来向隋文帝辞行，他对隋文帝说："我实在平庸，见识浅陋，没有为国家做多大贡献，因此常想冒着危难来报答国家的大恩。南方陈国还在，按我的揣度，有三个条件，可以灭他。"

隋文帝很感兴趣，让他详细道来。皇甫绩说："大国吞并小国，这是一个理由；正义的国家讨伐不正义的国家，这是第二个理由；接纳叛臣萧岩，对我们来说，就有了攻打它的理由，这是第三个理由。陛下若命勇武的将士前往征讨，我请求加入军队，出点头发丝那么大的小力。"

皇甫绩的第三个理由中所提到的萧岩，是后梁末代皇帝萧琮的叔父。后梁是一个依附隋朝的傀儡政权，当年侯景之乱后，梁朝宗室发生内乱，归附西魏的萧詧请求宇文泰出兵攻打江陵，南梁皇帝梁元帝萧绎将都城定到这里，宇文泰令常山公于谨、大将军宇文护、杨忠等率领五万兵马进攻江陵，梁元帝战败，率部投降后被杀。西魏扶持萧詧做了新的皇帝，只管辖江陵一州之地，史称西梁或后梁。

萧詧驾崩后，北周武帝宇文邕让萧詧第三子萧岿继位为帝。隋文帝登基后，把萧岿的女儿纳为了晋王杨广的妃子，就是后来的萧皇后。开皇五年（585年），萧岿去世，其子萧琮即位。隋文帝一直把后梁当作与南陈的缓冲地带，如今他已下定决心灭陈，后梁也就没有存在的必要了。

开皇七年（587年）八月，隋文帝征后梁皇帝萧琮入朝，萧琮不敢怠慢，率领群臣百官二百多人由江陵出发，他前脚刚走，隋文帝派遣大将武乡县公崔弘度率军前去接管江陵。萧琮到达大兴城后，被宣布剥夺皇帝之位，改封莒国公，后梁就此灭亡，只存活了三十三年。

奉诏接管江陵的崔弘度是出了名的暴脾气。有一个故事很说明问题，有一次，他吃鳖，侍奉他的有八九个人。崔弘度一一问他们说："鳖的味道鲜美吗？"手下都怕他，说："鳖的味道很鲜美。"崔弘度大骂说："奴才怎敢骗我！你们并未吃鳖，怎知它味道鲜美？"下令将每人都打八十杖。从此下属见了他，没有不吓得流汗的。当时有个叫屈突盖的，任武侯骠骑，也很苛酷，人们编了个民谣说："宁饮三升醋，不见崔弘度。宁吃三升艾，不逢屈突盖。"

得知如此严苛之人进驻江陵，后梁的王公大臣和百姓非常恐惧，于是萧琮的叔父萧岩带着众多江陵百姓投奔了陈朝，陈叔宝加封萧岩为扬州刺史。在此之前，隋朝为了表示对陈朝的友好，隋文帝下令从陈朝叛逃到隋朝的，一律不接纳。陈叔宝这样做，违反了彼此的默契，破坏梁陈之间的睦邻关系，无疑给隋文帝出兵提供了很好的借口。

看到隋文帝有灭陈之意，除了皇甫绩外，还有不少大臣将军纷纷献上计策，虢州刺史崔仲方提出："在武昌（今湖北鄂州）以东沿江各要地部署精兵，秘密准备渡江，在益（今四川成都）、信（今重庆奉节东）、襄（今湖北襄樊）、荆（今湖北江陵）等地速造战船，准备水战；陈如以精兵赴援上游，下游诸将即可乘虚渡江，如陈拥兵自卫，上游诸军则可顺江东下，直取建康（今江苏南京）。"杨素、贺若弼等也争献平陈之策，隋文帝均予以采纳，令介州刺史李衍在襄州道、杨素于巴东郡（今重庆奉节东）建造"五牙""黄龙"等战船。

这次算是杨素戴罪立功，他原本因为才干突出深得隋文帝重用，但却因为自己的老婆栽了一个大跟头。杨素的老婆郑氏非常凶悍，他虽然贵为宰相，但却非常惧内，对老婆怕得要命。有次，杨素动了纳妾的念头，将这个想法告诉了老婆，郑氏出于愤怒，对杨素又打又骂，最后把杨素惹急了，说了一句："我若作为天子，卿定不堪为皇后！"

杨素说的是一句气话，再说夫妻间吵架很正常，床头吵床尾和，气头过去也就算了。但没想到郑氏跑到宫里，向隋文帝举报自己的丈夫想篡位当皇帝，这事就搞大了，杨素算是大逆不道，按律当斩。隋文帝知道杨素是无意所说，所以没有深入追究，但是将其官职全部免掉。

杨素在家没闲着，天天琢磨如何灭掉南陈，频频向隋文帝献上灭敌之策。隋文帝觉得人才难得，让他赋闲在家是一种浪费。开皇五年（585年）十月，重新起用杨素，任命他为信州总管，经略长江上游。

杨素到了新岗位后，干得更起劲儿了。他所负责监造的战舰中最大的叫作"五牙"，船面上起五层楼，高百余丈，前后左右有六个用来投石的拍杆，每艘船能容纳八百个士兵，战力相当出众。按照隋文帝的指示，杨素下令将造船的废料故意投入江中，顺流而下，让中下游的陈军看到，增加对敌军的威慑力。

就在隋朝紧锣密鼓准备伐陈时，陈叔宝正忙着废立太子。最早册立的太子是陈胤，他是陈叔宝的庶长子，因生母孙姬早亡，被皇后沈婺华收养。后来陈叔宝极为宠幸张丽华，张丽华天天吹枕边风，希望陈叔宝废掉陈胤，改立自己的儿子陈深做皇太子。陈叔宝讨厌皇后沈婺华的淡泊寡静，又架不住张丽华天天唠叨，再加上孔贵嫔和孔范在旁边帮腔，于是下诏废掉陈胤的太子之位，立陈深做新的皇太子。

打过长江去　活捉陈叔宝

隋文帝觉得时机已经成熟，开皇八年（588年）三月九日，他下诏列举陈叔宝的二十大罪状，然后散写诏书三十万份，暗中送往江南各地四处分发，开战以前先大搞舆论战，以瓦解对方的军心。

诏书上说："陈叔宝据手掌之地，恣溪壑之欲。……驱逼内外，劳役弗已。穷奢极侈，俾昼作夜。斩直言之客，灭无罪之家；欺天造恶，祭鬼求恩。盛粉黛而执干戈，曳罗绮而呼警跸。自古昏乱，罕或能比。"先是说陈叔宝占据着手掌一样大的地方，凭借长江天险，疯狂掠夺江南百姓，使得百姓家产被抢夺一空，还驱使江南百姓参加陈国朝廷征发的无休止的劳役。陈叔宝还遍选江南女子充实后宫，擅自建造宫殿，每一年都在扩建，没有停止的意思。陈叔宝后宫的妃嫔宫女，数量超过一万人，过着锦衣玉食、穷奢极欲的生活。给出的结论是"自古昏乱，罕或能比"，自古以来的昏庸暴虐之君，没有能比得上陈叔宝的。

隋文帝表示要替天行道，"天之所覆，无非朕臣。每关听览，有怀伤恻。可出师授律，应机诛殄；在斯一举，永清吴越"。接受上天的诏命，响应上天提供的时机，收复江南没有臣服大隋王朝的地方。

隋文帝下令在寿春（今安徽寿县）设置淮南行台省，任命晋王杨广为行台尚书令，总管灭陈之事。以晋王杨广、秦王杨俊、清河公杨素并为行军元帅，负责长江上、中、下游的作战指挥。左仆射高颎为晋王元帅长史，军中之事皆由他决断。在作战部署上，隋文帝采用全面进攻、重点突破的策略，兵分八路，杨广出六合（今江苏六合），杨俊出襄阳（今湖北襄阳），杨素出永安（今重庆奉节），荆州刺史刘仁恩出江陵（今湖北江陵），蕲州刺史王世积出蕲春（今湖北蕲州），庐州总管韩擒虎出庐江（今安徽合肥），吴州总管贺若弼出广陵（今江苏扬州），青州总管弘农燕荣出东海（今江苏连云港）。"东接沧海，西拒巴蜀，旌旗舟楫，横亘数千里。"

一切准备就绪后，这一年十月二十八日，隋文帝率领百官，在太庙前举行盛大的告庙仪式，同时正式宣布出征伐陈。

平陈战役的第一仗由杨素打响，他的作战任务是指挥水军主力，顺流东下，负责消灭长江及沿岸陈朝的水军和陆军。按照隋灭陈作战部署，杨素首先率舟师自巴东郡东下三峡，在长江上游发起攻势。开始进展比较顺利，但到了流头滩（又名虎头滩，今湖北宜昌西北）遇到了麻烦。陈将戚昕率青龙战船百余艘、战士数千人坚守前方狼尾滩（今湖北宜昌西北长江中），由于狼尾滩地势险峭，水流湍急，易守难攻，隋军将领们都忧心忡忡。

沧海横流方显英雄本色，杨素觉得在这种情况下，既不能退缩，也不能强攻，而应水陆协调，分进合击。他自己率黄龙战船数千艘，利用夜色，实施正面突破。令开府仪同三司王长袭率步兵由长江南岸攻击戚昕别栅；令大将军刘仁恩率骑兵自江陵（今湖北江陵）西进，沿长江北岸进击陈军白沙（今湖北宜昌东）要点，截断陈军的退路。这个战术非常成功，次日拂晓，一举击败戚昕所部。戚昕逃走，部属全部被俘。杨素对俘虏不杀不辱，慰劳后全部释放。杨素不仅首战告捷，而且实行优待俘虏政策，争取了更多的陈军将士放下武器。

杨素率领水军继续东下，大小战船铺满了整个江面，旌旗盔甲在阳光下鲜艳耀眼。杨素端坐在大船之上，容貌体魄雄健魁伟，陈朝人望而生畏，都说："清河公即江神也！"清河公就是杨素，言外之意是他根本不是一个人，而是一尊江神。

杨素首战告捷的意义重大，打破了陈朝水军不可战胜的神话，消除了隋军对水战的畏惧心理，极大地鼓舞了士气。同时，钳制了长江上游的陈军，使其不能回援都城建康，为后来贺若弼和韩擒虎顺利攻入建康创造了条件。

面对隋朝的进攻，陈叔宝做了什么准备呢？答案是根本没有准备。这还不算，在此之前他还搞了"文武解体"，源头是因为大将任忠上书说："官场上公然行贿受贿，小人内外勾结，扰乱朝纲，违背法纪，倘若边境有战事，江山社稷将毁于一旦。"这使得陈叔宝手下第一红人孔范感到极为不爽，觉得任忠是冲着自己来的，于是他对陈叔宝说："外间诸将，起自行伍，匹夫敌耳。深见远虑，岂其所知！"意思是说，带兵的武将都是底层出身，没什么文化，只有匹夫之勇。根本没有战略眼光，深谋远虑的事情，他们一概不懂，让他们来领导军队对朝廷来讲简直就是噩梦。陈叔宝又问施文庆等人的意见，他们不敢得罪孔范，都表示赞同。于是，"自是将帅微有过失，即夺其兵，分配文吏；夺任忠部曲以配范及蔡征"，不仅剥夺了任忠的兵权，自此以后，陈军武将稍有过失，便会被革去职务，由文官取而代之。大敌当前，这样做完全是自废武功，"由是文武解体，以致覆灭"。

隋文帝发兵南下后，陈朝沿江要塞的告急文书不断飞来，当时朝廷由施文庆和沈客卿负责处理日常政务，他们将这些战报压着不报，实在瞒不住时，才向陈叔宝转呈，并说："边境告急是常有的事，不用太焦虑，守军完全能抵挡得住。"

陈叔宝果然不以为然，依旧花天酒地，他对侍从说："王气在此，自有天佑。齐兵三来，周师两至，无不摧败，隋军此行，又能何为！"我们江南有王者之气。当年北齐三次进犯，北周也两次兴兵，都没能把我们怎么样，难道隋朝就能比他们强？既然天命在此，加强防守干什么，那岂不是对隋朝示弱？

陈叔宝不知道哪里来的自信,孔范借机拍马屁说:"长江天堑,古来限隔,虏军岂能飞度?边将欲作功劳,妄言事急。臣自恨位卑,虏若能来,定作太尉公矣。"说隋军插着翅膀也飞不过长江,边将们都想立功,才把军情说得如此严重,自己正嫌官职小,如果他们真打过来,就让自己替陛下将他们击退,到时候,陛下可别忘了封自己做太尉啊。

此时有人妄称隋军的马在路上死去很多,孔范更是肆无忌惮地吹牛说:"此是我马,何为而死?"这些即将都是我们的马,为何要死掉呢?陈叔宝被逗得哈哈大笑,觉得没有什么大事,继续饮酒作乐。

有这样的君臣,陈朝不灭亡,天理不容!

彻底放松下来的陈叔宝办了一件更为荒唐的事情:在战局如此紧张的情况下,他下令将沿江重镇的将帅召回建康,参加元旦朝会。又命令附近舰队开到建康附近,准备搞一个新年"阅兵",这样一来使得江防实力大为减弱。

隋军抓住战机顺利渡过长江,打头阵的正是高颎当年向隋文帝推荐的贺若弼和韩擒虎。

贺若弼为渡江做了充分准备,他采用了兵不厌诈的策略,先是大量购置船只,然后又将船只藏匿起来,找了五六十艘破船故意停在港汊内。陈军的探子看到这样的情况后,误以为隋军没有像样的战船。贺若弼又下令部队换防时,要大张旗鼓,还让士卒往江对岸射箭,很有仪式感,正当陈军准备集结迎敌时,隋军便匆匆离去,这样的换防表演搞了许多次,陈军开始还比较紧张,到后来见怪不怪,习以为常了。

开皇九年(589年)正月初一,贺若弼带着八千人从广陵渡江,几乎没有遇到任何抵抗,顺利抵达对岸。同夜,韩擒虎率领五百士卒在横江(今安徽和县东南)渡江,袭击采石(今安徽马鞍山西南),守城的陈军因为欢度除夕都喝醉了,韩擒虎不费吹灰之力便一举拿下。

直到正月初四,陈叔宝才感到有些不对劲,根据军情判断,隋军已经成功渡江,于是紧急下诏说:"犬羊陵纵,侵窃郊畿,蜂虿有毒,宜时扫定。朕当亲御六师，廓清八表，内外并可戒严。"在建康实施戒严，并声称自己要御驾亲征。又以骠骑将军萧摩诃、护军将军樊毅、中领军鲁广达并为都督，司空司马消难、湘州刺史施文庆并为大监军，分兵扼守要害；又命大将樊猛率师出白下（今江苏南京北钟门外幕府山南麓，北临长江），皋文奏镇守南豫州（今安徽宣城），同时大肆扩兵，连僧尼道士也悉数征召入伍。

只是，一切都晚了！

金陵王气黯然收

贺若弼、韩擒虎渡江后势如破竹，正月初六，贺若弼率部攻占京口（今江苏镇江），俘获南徐州刺史黄恪。进军路上，贺若弼军军令严明，秋毫无犯，"有军士拿民间一物者，立斩不赦"。而且还优待俘虏，京口之战生俘六千多陈军，全部释放，还发给他们粮食，完全称得上是一支文明之师、威武之师。更为重要的是，贺若弼让这些被释放的俘虏带上隋文帝痛斥陈叔宝罪名的诏书，到各地散发，由此陈朝不仅军队垮了，民心也散了。

韩擒虎部虽然人少，但过程一样顺利，进攻姑孰（今安徽当涂），半天时间就攻了下来，紧接着又夺取了新林。"江南父老素闻其威信，来谒军门，昼夜不绝"，江南的老百姓常听到他的威名，都来军门拜见他，昼夜不断。陈将非常害怕，樊巡、鲁世真、田瑞等陆续投降了韩擒虎。

就这样，贺若弼和韩擒虎从两个方向对建康形成了夹击之势。贺若弼分兵曲阿（今江苏丹阳），阻止三吴地区的陈军增援建康，他亲率主力进攻建康。韩擒虎也率部沿着长江逼近建康。

陈叔宝此时才意识到问题的极端严重性，虽然建康城里有守军十多万人，而过江的隋军不过万余人，但天天醉生梦死的陈叔宝哪里见过这样的阵势，只会天天躲在宫里哭鼻子，将京城防务交给施文庆负责。

施文庆只会拍马屁,根本就不懂军事,众将平日对他都很痛恨。他知道局势到了如此地步,担心这些将领立了军功后,反过来收拾自己。于是,他对陈叔宝说:"这些将领一直牢骚不断,平日里就对陛下不满,在这个关键时刻,不能完全听他们的。"陈叔宝觉得有理,对将领们提出的很多意见都不采纳。

不过,打仗毕竟还要依靠武将,建康周边出现隋军前锋后,陈叔宝慌作一团,赶忙召集萧摩诃、任忠等大将商议退敌之计。两位大将对作战计划发生分歧,萧摩诃主张应主动出击,理由是隋兵孤军深入,立足未稳,如果偷袭,定可奏捷。而任忠建议坚守宫城,他给出的理由是"兵法有云,客军贵速战速决,主军贵老成持重,如今国家足兵足食,应当固守。北兵若来,不与交战,分兵截断江路,使他们彼此音信不通,然后给我精兵一万,金翅船三百艘,直趋六合,敌人必以为渡江之兵已被我俘获,自然夺气。淮南百姓,与我有旧,知我前往,必然欢迎。我声言去徐州断彼归路,则敌军必不击自去。待来春水涨,上流我兵必沿流赴援,这样,陈朝江山就可保了。"

任忠的这个建议包含几个意思,一是陈军兵足粮丰,应该固守台城,不要轻易出战;二是可以分兵截断长江水路,使得隋军音信无法相通;三是他可以率精兵一万,战舰三百艘,突袭六合镇晋王杨广所在地,他们看到陈军,肯定认为过江的隋军均被消灭,士气会大为低落;四是努力坚守到春天雨水上涨时,上游的水军将领周罗睺就可以顺流而下,一举荡平。

任忠虽然讲得头头是道,但有几分把握,大家心里都没有底,别说渡江攻击杨广,就连宫城能否守得住都没有胜算,大概率是画饼充饥,所以陈叔宝并没有采纳。但是他也没胆子主动出击,就这样琢磨了整整一夜,第二天表态说:"兵久不决,令人腹烦,可呼萧郎一出击之。"两军对峙这么久,使人感到心烦,不如请萧摩诃干一场,批准了主动出击计划。

任忠依然坚持自己的意见，但孔范却支持萧摩诃，并说了一通恭维话，表示"请作一决，当为官勒石燕然"，请求陈叔宝下令主动出击，他要像当年窦宪大破匈奴一样建功立业。这无疑于痴人说梦，但对陈叔宝而言却很受用。

在建康的十万陈军在萧摩诃的指挥下开始反击，双方力量对比悬殊，贺若弼手下只有不到一万人。因此，隋军大本营发来命令要求贺若弼固守待援，等后续大军赶到再发动进攻。贺若弼原本也这样想，但他仔细观察后发现陈军摆的是一字长蛇阵，从南到北，依次是鲁广达、任忠、樊毅、孔范、萧摩诃，长达二十多里，首尾不能相顾，这意味着只要集中兵力击溃其中的一部，便很容易使其集体溃败。

贺若弼觉得战机难得，立功心切，决定不等大军到来，率先展开攻击。他率部杀入敌阵，首先与鲁广达的人马开战，没想到鲁广达的战力不弱，一会儿工夫，隋军已经阵亡两三百人。贺若弼只好率部边打边退，但是没想到，陈军并没有乘势狂攻，而是纷纷争抢隋军死去士兵的人头，跑回去请求赏赐，这给了贺若弼喘息之机。他转而率部攻击孔范的队伍，孔范压根就没打过仗，与隋军一交手便败下阵来。

令人奇怪的是，本来战力最强的萧摩诃却一直按兵不动，原来在此之前，他得到一个消息，自己最心爱的妻子竟然和陈叔宝有奸情，被戴了绿帽子的萧摩诃不愿再为这样的主子卖命了。陈军四散而逃，萧摩诃被生擒，贺若弼下令将其拖出去斩首，但见其面不改色，欣赏他的忠勇，于是松绑，以礼相待。

萧摩诃被俘后，任忠跑回宫城，向陈叔宝报告战况，表示陛下好好保重，自己已经无能为力。陈叔宝看到任忠要撂挑子，赶紧拿出两大箱金子给他，让他出城去招募勇士。任忠让陈叔宝抓紧收拾细软，坐船去投奔中上游的陈军，他将拼死护卫。

陈叔宝信以为真，让任忠出城安排，下令让宫中妃嫔整理行装，等待任忠回来。没想到，任忠出了宫城，便向朝这里进发的韩擒虎投降，并且引导隋军杀回了宫城。到了朱雀门，有一些陈军试图抵抗，任忠大喊道："我这个老汉都投降了，你们还想做什么？"陈军一听，一哄而散。

在宫中一直等不到任忠的陈叔宝觉得大事不妙，环望身边，那些天天陪着自己吃喝玩乐的狎客和宠臣早已不见踪影，只有经常劝谏的尚书仆射袁宪还留在身边，陈叔宝对他感怀道："我平时对你并不好，没想到最后留下的是你，实在让人惭愧，到了今天这个地步，不是我无德，江东的这些衣冠人士，一个个都没有道义和担当。"

陈叔宝死到临头，把全部责任居然推给了"江东衣冠"身上。对此，柏杨先生评价道："亡国之君往往以无比的勇气，奔向悬崖绝壁，凡阻止他或想要拉住他的人，都会被他诛杀。可是当他一头撞向谷底时，却痛恨那些未被他诛杀的朋友，当初为什么不肯劝他一句或拉他一把，尤其痛恨他们竟然不肯同自己一起摔死。于是，陈叔宝诟骂江东知识分子丧尽道义，朱由检诟骂群臣都是亡国之臣，希特勒诟骂德国人堕落，竟拒绝为他一个人而全体送命。"

陈叔宝很快就听到了喊杀声，他第一反应是找地方躲藏。袁宪劝阻说："隋军已来，陛下能躲到哪里？"他建议陈叔宝像当年梁武帝萧衍一样，面对侯景之乱的叛军，整理衣冠，端坐正殿，保持皇帝的威严。但对于胆小如鼠的陈叔宝而言，完全是对牛弹琴，陈叔宝说："刀剑之下，不可乱试运气，我自有妙计。"他带着张丽华、孔贵嫔，跑到了景阳殿旁的一口枯井边，想躲在深井中避难。

袁宪苦苦相劝，另一位老臣夏侯公韵甚至用身体挡住井口，不让陈叔宝下去。别看陈叔宝平时文弱，强烈的求生欲望使他突然充满了力量，生生把夏侯公韵推开，带着两个妃嫔径直爬入井中。

隋军进入宫城后找不到陈叔宝，有人告知其躲在枯井中，隋军对着井口喊话，一直无人应答。隋军威胁要往井中投石，陈叔宝这才说话。隋军放下绳子想将他拉出来，没想到，几位军士一起竟然无法拉动绳子。原本以为是陈叔宝过于肥胖，加了人手，好不容易拉上来后，才发现绳子的那头不是一个人，而是三个人。据说粉面黛目的两个嫔妃脸上的胭脂擦着井口，井口上面留下了红色的痕迹，后人把这口井叫作"胭脂井"，为了记取陈叔宝亡国的教训，也被称为"辱井"。宋代王安石写了一首《辱井》："结绮临春草一丘，尚残宫井戒千秋。奢淫自是前王耻，不到龙沉亦可羞。"

就在韩擒虎俘获陈叔宝时，贺若弼率部仍在苦战，鲁广达领军拼死抵抗，挡住了通向宫城的道路，一直战斗到黄昏，陈军大部分战死。鲁广达面向宫城，跪拜痛哭，对部下说："我身不能救国，负罪深矣。"士卒们也都感动得涕泪俱下。鲁广达随后被隋军所俘，这是整个建康保卫战中最感动人的一幕。

贺若弼终于从北掖门进入皇宫，听说陈叔宝已经被生擒，便令人将其押解到面前问话。陈叔宝早已没有当皇帝时的神气劲儿，惊慌恐惧，汗流浃背，抖成一团。一见贺若弼就要下跪磕头，贺若弼说："小国之君，地位和大国重臣相当，向我磕头，不算过分。进入大隋后，还能封个归命侯，无须太恐惧。"当年东吴末代皇帝孙皓被俘，就被西晋皇帝司马炎封为"归命侯"，陈叔宝听后心里多少有些宽慰。

贺若弼、韩擒虎能顺利攻克建康，杨素统率的隋军在中上游的牵制起到了重要作用。相比于贺、韩两人的势如破竹，杨素的仗打得非常惨烈。陈朝荆州刺史陈慧纪派南康内史吕忠肃率军屯守歧亭（今长江西陵峡口），在长江两岸岩石上凿孔，连接三条铁索横截江面，阻遏隋军战船。杨素分兵一部猛攻陈军岸上栅障营垒，吕忠肃率军据险抵抗，激战四十余次，隋军伤亡惨重，战死五千余人。陈军争相割下隋军战死士兵的鼻子以邀功求赏。

但与此形成鲜明对照，对于俘获的陈军将士，杨素非但没有下令报复，反而全部释放。这使得吕忠肃所部军心逐步瓦解，在隋军的猛烈攻击下，无力抵挡。吕忠肃被迫放弃营栅，连夜逃走。杨素令士卒毁掉拦江铁索，继续沿江而下。吕忠肃退据荆门之延洲（今湖北枝江附近长江中），依恃荆门山险要地形，再次阻遏隋军。杨素派善于驾舟的巴延士卒一千人，乘"五牙"战舰四艘，用舰上拍竿击碎陈战船十余艘,俘获二千余人,再次大破吕忠肃军,吕忠肃只身逃走。

屯守公安(今湖北公安西北)的陈慧纪见形势不利,烧掉物资,率军三万、战船千余艘,顺流东撤,企图入援建康(今江苏南京),被秦王杨俊军阻于汉口(今湖北汉水入长江之处)以西,不能前进。

建康陷落后,杨广令陈叔宝写信给陈军在长江中游的将领,命令他们放下武器。周罗睺、陈慧纪等接到陈叔宝的旨意,哭泣了三天,解散部队,让士卒返回故乡,然后向隋军投降。自此,长江中上游完全平定,杨素沿江东下,与杨俊在汉口会师,派手下大将刘仁恩南下湘州(今湖南长沙),擒获南陈岳阳王陈叔慎,为进军岭南准备了前进基地。

是谁杀死张丽华

建康城内,贺若弼和韩擒虎两大功臣正为争功闹得不可开交。虽然贺若弼消灭了隋军主力,但最早冲进宫城擒获陈叔宝的却是韩擒虎,在外人看来,头功无疑属于韩擒虎。这让贺若弼相当不忿,觉得韩擒虎是下山摘桃子,而韩擒虎则认为自己指挥得当,孤军深入方才取得首功。

两人互不相让,不停争吵,贺若弼甚至拔出了刀剑,幸亏其他隋军将领赶来将两人拉开,这才没有发生火并。就在此时,负责灭陈军事指挥的元帅长史高颎进入建康,进城后做的第一件事情便是杀掉陈叔宝最喜欢的女人张丽华。

关于张丽华之死,历来有两种说法,第一种说法是杨广早就听说张丽华貌美如花,想纳她为妃,于是叮嘱高颎进城后一定要将张丽华保护好。但是高颎没有听他的,觉得张丽华红颜祸水,始终是个祸患,于是将她杀掉。《隋书》里记载:"晋王欲纳陈主宠姬张丽华。颎曰:'武王灭殷,戮妲己。今平陈国,不宜取丽华。'乃命斩之,王甚不悦。"高颎这样做,搞得杨广非常生气,也为他最后悲惨的结局埋下了伏笔。

《资治通鉴》沿袭了《隋书》的记载，并对此事的经过描述得更为详尽："高颎先入建康，颎子德弘为晋王广记室，广使德弘驰诣颎所，令留张丽华，颎曰：'昔太公蒙面以斩妲己，今岂可留丽华！'乃斩之于青溪。德弘还报，广变色曰：'昔人云，"无德不报"，我必有以报高公矣！'由是恨颎。"

还有一种说法是杀掉张丽华的不是高颎，恰恰是杨广。《陈书》里说："及隋军陷台城，妃与后主俱入于井，隋军出之，晋王广命斩贵妃，榜于青溪中桥。"《南史》同样记载："晋王广命斩之(贵妃)于清溪中桥。"

比较而言，似乎后者更接近于历史真相。这是因为，一来虽然当时高颎负责指挥作战，但杨广是行军元帅，决策之权掌握在杨广的手里。高颎作为一个聪明人，不会擅作主张杀掉张丽华，高颎在开皇九年（589年）正月甲申入建康，只隔了一天，杨广便也入了建康。杨广入城之后，下令斩杀了陈国的五大佞臣施文庆、沈客卿、阳慧朗、徐析、史暨慧。连施文庆、沈客卿这些人，高颎都不敢擅自处理，留给杨广定夺，又怎么会抢先对更重要的人物张丽华下手呢？

二来当时杨广对太子之位已经有想法，行为举止非常谨慎，所谓"矫情饰行，以钓虚名"，他很清楚母亲独孤皇后"性忌妄媵"，一生最看不惯男人拥有三妻四妾。父皇又最听母亲的，隋文帝都不敢广纳嫔妾，致使六宫虚设。杨广为了"取媚于后"，除了正室夫人萧妃外，远离其他女人，怎么会为一个早为人母的张丽华，去招惹母亲不高兴而断送政治前途呢？还有一个细节不容忽视，当时杨广才十九岁，而张丽华已经三十一岁了，二者年纪相差太大，杨广也不大可能收张丽华为妾。

为何《隋书》这样抹黑杨广呢？主要原因或许是这本史书是唐太宗令魏徵等人编写的，只有把前朝亡国之君刻画得跟桀、纣一样荒淫无耻，才能彰显唐代隋是正义行为，是以有道伐无道。魏徵圆满完成了任务，将杨广记述成了与桀、纣相提并论的奢欲皇帝。另外，唐太宗特别推崇高颎，曾说过"隋之安危，系其存没"之类的话。魏徵安排高颎私斩张丽华情节，正好起到黑一个、捧一个的目的，可谓一举两得。

事实上，杨广进城后做了不少得人心的事情，一方面命令陈叔宝发令招降各地陈军将领，减少了不必要的伤亡；另一方面让高颎与元帅府记室裴矩"收图籍，封府库，资财一无所取"，只整理图书，封存仓库，陈朝宫里的各种珍宝，他一件也没有拿。同时严令军队"秋毫无所犯，称为清白"，杨广进城后的所作所为可圈可点，迎来一片赞誉，"天下皆称广，以为贤"。

陈朝各地抵抗渐渐平息，只剩下了岭南地区，这里的首领是位传奇女子，名为"冼夫人"。她是土生土长的岭南人，两广地区的俚族女首领。在乱世之中，她组织当地民众，维持境内治安，抵御外来侵袭，拥有非常高的声望，被当地人称为"圣母"。陈朝册封冼夫人为中郎将、石龙太夫人，和刺史一个级别。

杨广让陈叔宝写信给冼夫人，告诉她陈朝已灭，希望她能够归附隋朝。冼夫人审时度势，统领岭南和平归顺隋王朝，这也让她名留青史。

冼夫人历经梁、陈、隋三朝十帝，始终秉持"唯用一好心"，顺应历史潮流和百姓意愿，坚决不独立、不称王，矢志不渝地维护国家统一、民族团结，维护了珠江流域很长一段时期的稳定和发展，促进了岭南的民族融合和社会、文明进步。民间尊奉她为"岭南圣母""南天圣母""南海保护神"等，目前海内外有冼夫人庙宇和纪念馆逾两千座。

隋文帝终于实现再造统一的伟业，这足以使他在史册中千古留名。自西晋永嘉之乱后，几百年来，华夏大地陷入了空前的分裂、混乱和黑暗中，重新实现天下统一成为不少旷世枭雄的梦想。无论是前秦的苻坚，北魏的孝文帝，还是宇文泰、宇文邕，都为之付出了巨大的努力，但最终都功亏一篑，留下遗憾，隋文帝却成功完成了伟大的历史使命。

"大一统"不仅实现了隋文帝的夙愿，对于天下苍生而言更是盼望已久。乱世之中，兵荒马乱，相互屠戮，人如草芥，百姓对民族和睦和国家统一充满了渴望，希望过上和平安宁的生活。更重要的是，隋朝的统一开创了中国历史上继秦汉以后第三次华夏统一的局面，再次将黄河流域、长江流域和珠江流域联系在一起，使得中华文明得以传承和光大！

没心没肺陈叔宝

　　隋文帝迎来了属于自己的高光时刻。开皇九年（589年）四月二十二日，伐陈大军凯旋，他在大兴城举行了隆重的献俘仪式。排在头名的自然是陈叔宝，其次是陈朝的几位亲王，然后是各位重臣和将领。

　　过了一日，隋文帝登上广阳门，举行赦免仪式。礼仪官员将陈叔宝及其太子等带到门前，隋文帝命人宣读诏书，斥责陈朝君臣不能团结，所以才最终灭国。这样说实在有些得了便宜卖乖的意思，不过，陈叔宝如今是个亡国之君，只能静静听着，大气都不敢出。

　　虽然把国家搞灭亡了，但陈叔宝算是个幸运儿。隋文帝不仅没有杀了他，反而给予相当的优待，准许他以三品官员身份上朝，还经常邀请他参加宴会，更为体贴的是，因为害怕陈叔宝伤心，特意要求宴饮中不准演奏江南音乐。

　　但陈叔宝并没有把亡国当回事，有一次，负责监视他的宦官向隋文帝报告，说陈叔宝觉得没有官职入朝不便，想让皇帝赐他一个官位。隋文帝听后叹道："陈叔宝完全没心没肺！"陈叔宝几乎天天喝高，很少有清醒的时候，隋文帝开始还劝他少饮酒，但根本没有用，后来也就不劝了，说："由着他的性子喝吧，不这样，他怎么打发日子？"过了一阵子，隋文帝见到陈叔宝问他有何嗜好，陈叔宝答道"好食驴肉"，又问他每日饮酒多少，陈叔宝说："每日与子弟饮酒一石。"如此酒量着实把隋文帝惊了一下。

　　仁寿四年（604年），隋文帝东巡邙山，陈叔宝奉诏前往，他在宴会上赋诗道："日月光天德，山河壮帝居。太平无以报，愿上东封书。"这是一首典型的拍马屁之作，恭维隋文帝的文治武功，还顺便奏请封禅泰山。

隋文帝后来邀请陈叔宝宴饮，结束以后，他目送陈叔宝的背影对左右道："他的败亡难道不是因为酒吗？与其在作诗上下功夫，不如用来考虑安定时事政局。当初贺若弼渡过长江拿下京口时，就有人向陈朝密信告急，可陈叔宝还在饮酒，根本不看。一直到高颎抵达建康，才发现密信就扔在床底下，压根儿没打开过。这件事可笑至极，说明是上天要陈朝灭亡。"

隋文帝将陈朝亡国的原因归结于陈叔宝饮酒作诗，有些简单化了。事实上，从陈叔宝上一任陈宣帝陈顼发动的北伐失败后，就注定了这样的结局。陈朝国力日渐衰微，再加上丧失江淮地区，没有了战略纵深，长江防线成为唯一救命稻草，陈叔宝的荒唐作为，只是将最后的救命机会也丢掉了。

陈叔宝虽然亡了国，但却保全了自己的性命。在灭国十六年后，他在洛阳病死，活了五十二岁。他能顺利活到自然死亡，和他被俘后所表现出的没心没肺有很大关系。有些令人想不到的是，不仅他寿终正寝，陈叔宝的后代都过得不错，他的十一个儿子后来都在隋唐为官，三个女儿中两个嫁给了隋炀帝杨广，另一个嫁给秦王杨俊。历朝历代的亡国之君，他的境遇应该算是最好的吧？

成功平灭陈朝后，隋文帝论功行赏，晋王杨广作为前线统帅指挥有方，被任命为太尉，杨素进爵为越国公，他的儿子杨玄感受封仪同三司，另一个儿子杨玄挺为清河郡公，赏赐绸缎一万匹，粟米一万石。

隋文帝在封赏时也遇到了一个难题，便是如何平衡贺若弼和韩擒虎。两人在建康争功，如今又在隋文帝面前吵了起来，贺若弼说："我在蒋山苦战，击破陈国精锐，生擒陈军将领。而韩擒虎没有打几个硬仗，生擒陈叔宝完全是捡便宜。"韩擒虎力争道："我得到明确指令，和贺若弼同时发动攻击。但贺若弼违背军令，先行出击，结果遇到陈军

第十章 天下一统

主力,死伤惨重。我只带着五百人成功攻入宫城,降服任忠,活捉陈叔宝,直到晚上,贺若弼才逼近北掖门,是我打开城门接他入城,他连赎罪都来不及,怎么和我相提并论?"

隋文帝看到两人互不相让,争得脸红脖子粗,宽慰道:"你们两人都是一等功臣。"于是,升任韩擒虎为上柱国,赏赐绸缎八千匹。赐贺若弼御座,进位上柱国,封爵宋国公,还把陈叔宝的妹妹赐给他做妾。

相对于韩、贺二人,在前线负责整体统筹指挥的高颎显得很谦逊,他说:"贺若弼呈上灭陈十条,后又在蒋山苦战,击破陈军,我是一个文职人员,怎么敢和大将军相比?"隋文帝听后很欣赏高颎的低调,授他上柱国,并封齐国公。

在对各位功臣进行赏赐的同时,隋文帝还抓住机会,通过对陈朝臣子的赏罚,对文武百官进行了一次成功的"保持臣节"的主题教育活动。对袁宪、萧摩诃、任忠等不仅没有处罚,反而授予官职。特别是对敢于直谏、忠心耿耿的袁宪,隋文帝称赞他的节操是江东第一人,不仅授予开府仪同三司,还任命他为昌州刺史。而对孔范、王仪等祸国殃民的佞臣则全部流放边地。

这样,天下一统,边患消除,终于可以刀枪入库、马放南山了。隋文帝下诏除了守卫宫城的禁军和镇守四方的边防军外,其余部队一律解散,武器全部收回,将领的子弟都要读书学习儒家经典,民间所藏的铠甲武器统统销毁。

江南又乱了

只是,令隋文帝万万没想到的是,就在这条诏令下达没多久,江南发生了史无前例的大叛乱。

在隋文帝灭陈之前,南北分裂长达三百余年,虽然依靠武力实现了统一,但让江南民众心悦诚服地接受隋朝的统治,并不是件容易的事情。隋文帝觉得要实现这个目的，最重要的是要强化思想认同。于是他让苏威选出《尚书》中父义、母慈、兄友、弟恭、子孝的五教内容，加上自己的解读，编成《五教》，要求江南百姓，无论男女老少、身份贵贱，都要将《五教》背得滚瓜烂熟。这有些太难为老百姓了，《五教》是教人封建伦理道德的，本来就够复杂，苏威还在里面加了很多华丽的文章，大部分人根本背不下来。苏威采取高压措施，下令对背不下书的老百姓轻则暴揍一顿，重则关进监狱受罚。搞得"士民嗟怨"，江南百姓怨声载道。

隋文帝还听从苏威的建议，将江南地区州县级的官吏全部换成北方人，因为北人熟悉隋朝律法，在推行政策的时候更加方便。同时，还在南方开始大力推行"大索貌阅"，清查户口与隐匿不报逃避赋税的田地。这样一来，不仅使得江南豪强无官可做，还要乖乖交出户口，他们对隋朝产生了强烈的排斥和怨恨之心。隋文帝摆出一副"征服者"的姿态，一系列操之过急的举措，最终把江南的豪强士族和普通百姓全部得罪，一场轰轰烈烈的反抗运动已在所难免。

很快在当地开始盛传一则谣言，说隋朝不仅要把陈朝的官员、文人迁往北方，而且要把普通百姓也赶往北方。南方的大族豪强利用百姓担心被移民北方的惊恐心理，趁机煽动叛乱。

开皇十年（590年）十一月，婺州（今浙江金华）人汪文进、越州（今浙江绍兴）人高智慧及苏州人沈玄憎等均举兵反隋，自称天子，署置百官。蒋山（今南京钟山）人李忮、乐安（今浙江仙居西）人蔡道人、温州（今浙江温州）人沈孝彻、泉州（今福建泉州）人王国庆等，都自称大都督，起兵攻陷州县。原来南陈地盘的所有州县几乎全部叛变，规模大的有数万人，小的有数千人。当时江南户籍人口才二百万，其中三十多万都参加了造反，他们攻陷城池后，逮捕隋朝任用的官员，进行残忍的报复，有的官员肠子都被抽出来，有的官员则被剁成了肉酱。

隋文帝只好暂时放下太平思想，赶紧组织平叛，他选中的领军统帅是杨素。这是因为杨素治军严格，屡立战功，在平陈之战中发挥出色，打出了威风，而且对江南的情况也比较熟悉，是当仁不让的最佳人选。不过，平叛并不比灭陈轻松，因为叛军人数众多，比较分散，每座山岭、每个山涧都有可能藏有叛军，搞不好会陷入进退失据的窘境。

杨素率军由扬子津（今江苏扬州南）渡江，首先于京口（今江苏镇江）击破自称南徐州刺史的叛军朱莫问；继而击败晋陵（今江苏常州）的顾世兴，顾世兴率其都督鲍迁等再战，杨素再次取胜，俘鲍迁以下三千余人；接着消灭了无锡的叶略。当时沈玄憎、沈杰等正围攻苏州，隋朝刺史皇甫绩打了败仗，杨素军赶到将其击败，沈玄憎逃至南沙人陆孟孙处，杨素进击陆孟孙于松江，取得大胜，生擒陆孟孙、沈玄憎。

杨素开局非常不错，连战连捷，下一目标便是高智慧。高智慧率部据守浙江（今钱塘江）东岸营垒，屯据要害，周围百余里，船舰千艘，遮盖江面，气势很盛。总管来护儿向杨素建议说："吴人轻快敏捷，非常善于用舟楫作战。他们抱着必死的决心，难与争锋。您暂且严阵以待，切勿与其交锋，请借我奇兵数千，悄悄渡过江，攻破他们的巢穴。让他们退无所归，进不得战，这是韩信破赵的计策。"杨素采纳了来护儿的建议，命其率轻型战船数百艘，偷渡浙江，焚烧高智慧后方营垒。遇到奇兵突袭，高智慧大为惊恐，杨素则乘机率军从正面突击，大败高智慧军。

紧接着杨素派行军总管史万岁率军两千人进攻婺州。史万岁带着兵马一路翻山越岭，转战一千多里，历经七百多次战斗，击败叛军无数，因为他们一直在山里转悠，和外界完全失去了联系，因此所有人都以为史万岁所部全部覆灭了。结果有人在水中看到了从上游漂下来的一个竹筒，筒里有史万岁书写的一封信。这是他想出的主意，置书信于竹筒之中，浮于水上，顺流而下，让外界知道他们的情况。史万岁的运气很好，这封信最终被交于杨素手中，杨素知道这支队伍无恙，大喜过望，上奏隋文帝。隋文帝接报后赞叹不已，赐史万岁家钱十万，官拜左领军将军。

杨素率主力由海道追击逃入海中的高智慧，直趋温州。高智慧来战，杨素将其击败，俘数千人。而后又平定蔡道人、汪文进。杨素继续由陆路转向天台、临海继续追击叛军散兵，前后战斗达一百多次，迫使高智慧退守闽、越一带，投奔另一个叛军首领王国庆。

经过一连串的战斗，杨素基本控制住了局势。此时隋文帝考虑到杨素长时间在外征战，为了表示体恤之情，诏令杨素入朝休整。而杨素则认为："贼寇的余部尚未全部被消灭，恐怕会成为后患。"便上书请求暂缓返京，继续剿匪。

隋文帝对杨素此举非常赞赏，便下诏说："朕忧劳百姓，日旰忘食，一物失所，情深纳隍。江外狂狡，妄构妖逆，虽经殄除，民未安堵。犹有贼首凶魁，逃亡山洞，恐其聚结，重扰苍生。内史令、上柱国、越国公素，识达古今，经谋长远，比曾推毂，旧著威名，宜任以大兵，总为元帅，宣布朝风，振扬威武，擒剪叛亡，慰劳黎庶。军民事务，一以委之"，对杨素的忠诚担当大大赞扬一番。

杨素继续率军由会稽（今浙江绍兴）走海道向泉州追击。在泉州称帝的王国庆认为海路险阻，而隋军多为北方人，不习海战，一时半会儿不会到来，因此没有设防。突然得知杨素从海上而来，顿时慌了，弃城跑路，他的党羽都逃到各个海岛和溪洞。于是杨素分遣诸将进行追捕，并派人劝说王国庆："你的罪状，累计起来处以死刑还不够。只有斩送高智慧，才可以将功赎罪。"走投无路的王国庆只好将高智慧送交隋军，杨素将其斩首，余众全部投降，至此，江南全部平定。

隋文帝听到叛乱平定的消息，相当兴奋激动，派左领军将军独孤陀在半途迎接慰劳胜利班师的杨素。杨素回京后，隋文帝亲自到府上问候，给予他十分丰厚的赏赐。

苏威的朋党之灾

开皇十二年（592年）十二月，立下赫赫战功的杨素取代苏威为尚书右仆射，与尚书左仆射高颎同掌朝政，达到了仕途的新高峰。

苏威的罢相，引发了隋朝朝廷内部的一次地震。苏威深受隋文帝器重，身兼数职，隋文帝对他几乎言听计从，权倾朝野。但有个人却不买账，此人是国子学博士何妥。

何妥生性耿直，口才也不错，经常和苏威对着干。苏威曾对隋文帝说："我的先父常常告诫我说，只要通读《孝经》一卷，就足以立身治国，何必多学！"何妥对苏威所说不以为然，他向隋文帝进言道："苏威所学，不止《孝经》一卷。他父亲倘若确实说过这话，那么，苏威就没有听从父训，这说明他不孝顺；假如他父亲根本没有说过这番话，那么，他就是公然在皇上面前说谎话，这说明他不忠诚。既不忠，又不孝，这种人怎么能侍奉皇上？"

开皇十二年，苏威定考文学，两人又叫上了板，苏威勃然大怒说："无何妥，不必担心无国子学博士！"何妥应声说："无苏威，也不必担心无人管理国家大事！"反正是谁也不服谁。

何妥精通音律，隋文帝下令让他和苏威的儿子苏夔共同负责修乐。但两人因意见不一致产生纷争，隋文帝让朝臣们表态赞同哪一种意见，因为苏威的权势，大部分人都站到了苏夔这一边。这可把何妥激怒了，以往和苏威争来争去，二人旗鼓相当，何妥也就认了。但是这次，竟然败在晚辈手里，何妥勃然大怒道："我当国子学博士四十年，现在反倒比不过一个乳臭未干的毛头小子？"

于是，何妥到处收集苏威的黑材料，然后上奏弹劾，理由是苏威结党营私、把持朝政。苏威小集团的成员主要包括礼部尚书卢恺、吏部侍郎薛道衡、尚书右丞王弘、考功侍郎李同和等。当时，朝臣们在官衙中称呼王弘为世子，称李同和为小叔，意思是他们就如同苏威的儿子和兄弟。此外，何妥还指控苏威滥用职权，让堂兄弟苏彻、苏肃作假为官。

由修乐的不同意见变成了朋党之争,性质完全发生了变化,历来君主最担心的就是臣子之间私下结党,都把朋党当作严防和严查的对象,即使是皇帝的心腹大臣也不例外。

因此,隋文帝一听"朋党"这个词,大为震惊,立即命蜀王杨秀、上柱国虞庆则等人全面调查,结果发现何妥举报的事情件件属实。于是,隋文帝召来苏威,让他读《宋书·谢晦传》中朋党事件的部分,苏威惶恐畏惧,摘下帽子叩首,隋文帝说:"已经晚了。"下令免去苏威所有的官职,一百多人受到牵连而获罪。

杨素就这样取而代之。不过,杨素的高升让贺若弼感到很不爽,平陈以后,贺若弼自我感觉非常良好,常常以宰相自诩,但如今杨素走上了相位,而自己还是原地踏步,因此心里有些失衡,经常发一些牢骚。隋文帝对其不满,免去了贺若弼的官职,但他依然毫不收敛。于是,隋文帝下令将其逮捕入狱,责问他说:"我任命高颎、杨素为宰相,你却经常在大庭广众之下说他们是酒囊饭袋,这是什么意思?"贺若弼答道:"高颎是我的老朋友,杨素是我的小舅子,我对他们知根知底,所以才敢说这样的话。"

朝臣们认为贺若弼不思悔改,纷纷上书要求对其处以极刑。隋文帝让贺若弼拿出可以活命的理由,他又说起了灭陈的功劳:"我依仗陛下的神威,率八千人率先渡江,生擒陈叔宝,希望这个理由可以使我活命。"隋文帝表示对此已经有过赏赐,不能老拿这个说事,贺若弼说:"我过去受过额外重赏,现在盼望额外活命。"隋文帝犹豫几天,觉得贺若弼确实立下了大功,于是免他一死,除名为民。八年后,重新恢复了他的官职,但不再给他实权,只是每次宴请赏赐时,对贺若弼还是比较优厚。

二将争功的另一位韩擒虎,灭陈后有人举报韩擒虎在南陈放纵部下强奸和抢劫。因为这个罪状隋文帝不对他加封爵邑。有一次突厥派使者来觐见,隋文帝问他们说:"你们听说江南有陈国天子吗?"他们回答说:"听说过。"隋文帝让侍从领突厥使臣到韩擒虎面前,说:"这就是捉获陈国天子的人。"韩擒虎很入戏,怒目圆睁,狠狠地看了使臣们一眼,他们非常恐惧,不敢抬头看他。隋文帝很高兴,授他凉州总管之职,防备突厥的侵袭。

不久,韩擒虎因为身体原因返京,隋文帝在内殿为他设宴,"上宴之内殿,恩礼殊厚",给予了极高的礼遇。就在贺若弼被关进大牢的那一年,韩擒虎因病去世,活了五十五岁。而贺若弼没有像韩擒虎这样幸运,能够安然逝去。大业三年(607年),杨广在北巡时,设立了容纳数千人的大帐,贺若弼认为这太奢侈了,"与高颎、宇文弼等私议得失"。这件事被人告发,杨广大怒,将贺若弼处死。

曾经因为争功闹得不可开交的两位功臣,各自以不同的方式落幕了。

第十一章 开皇之治

治标又治本

隋文帝北降突厥,南平江南,在南征北战中,他没有忘记抓国家建设,取得了显著的成效。除了创建三省六部制,编制《开皇律》、改革地方权力机构等,隋文帝还在政治、经济、文化等方面采取了一系列举措,终于迎来一个属于他的盛世,历史上称作"开皇之治"。

历史上称得上"之治"的时代并不多,比较有名的是"文景之治""贞观之治"。相对于这些盛世,"开皇之治"更为难得,因为"文景之治"先后经历了汉高祖、吕后、汉文帝、汉景帝七十多年的时间才取得这样的成就,而"开皇之治"仅仅用了二十年,如果从统一天下算起,只用了十一年。虽然"贞观之治"用时也不算长,但其经济成就无法和"开皇之治"相媲美。

之所以能够在短时间内形成"开皇之治"的奇迹,是因为隋文帝打出了一套"组合拳",首先在经济上推出了极有针对性的"大索貌阅"和"输籍定样"两项举措。

自魏晋南北朝以来,国家的征税系统一直存在严重的漏洞,主要表现在两个方面。一个是诈老诈小,"是时山东尚承齐俗,机巧奸伪,避役惰游者十六七。四方疲人,或诈老诈小,规免租赋"。即明明是二十多岁的青年,却谎称自己是十三四岁的少年;明明是五十岁的中壮年,却谎称自己是七八十岁的老年,以此来逃避征收。另一个是隐匿户口。当时贵族豪强的势力非常大,不仅占有大量土地,还有不少人口依附他们。这些依附人口不到官府处登记户口,也就不向官府缴税,而是在贵族豪强底下私自登记户口，只向贵族缴纳一定的财税。由此国家能直接掌握的劳动力大为减少，地方豪强占有的人口却增多。有的豪强大族，一户之内有数十家，人数多达数万，搞得国家穷困，但大族豪强却富得流油，严重削弱了中央政府的力量。

针对这个突出问题，"高祖令州县大索貌阅，户口不实者，正长远配，而又开相纠之科。大功已下，兼令析籍，各为户头，以防容隐"。"大索貌阅"应运而生，所谓"大索"，即清点户口，并登记姓名、出生年月和相貌，目的在于搜括隐匿人口；所谓"貌阅"，则是将百姓与户籍上描述的外貌一一核对，目的在于责令官员亲自当面检查年貌形状，以惩治那些企图通过诈老诈小来逃避税收的人。若有胆敢在此中间营私舞弊者，则一律处以流放的重刑。

为了更顺利地推行这项制度，隋文帝下令规定凡出现户口不实的情况，地方官吏里正、保长、党长要被处以流刑。官方还鼓励百姓互相检举，并强令亲属关系远于堂兄弟者，一律析籍分户。这样让隐匿人口变得非常困难。

不过，这项举措虽然效果不错，但治标不治本。高颎认为出现大量人口依附豪强贵族，而不愿意在官府登记，是有深层原因的，说到底是利益在作怪。"人间课输，虽有定分，年常征纳，除注恒多，长吏肆情，文帐出没，复无定簿，难以推校。"中央朝廷对农民征收税赋是有标准的，但到了下面执行时变了味，地方官吏乘机"搭便车"，使得农民缴纳的赋税远远超过账面应交的，因此许多百姓转而投向豪强地主的怀抱。

针对这个问题，高颎推出了"输籍定样"，将百姓的户籍依照既定的样本分成上户、中户、下户，明确规定各级别的户籍应该缴纳多少税收。每户需要承担的租税明明白白，地方官吏不得横征暴敛，向百姓额外增加负担。同时规定上户多缴税，下户少缴税，对于家庭贫苦的人家征收的很少，远低于向地方豪强所缴纳的，农民一算账，觉得还是向国家缴纳更为合算，于是脱离豪强地主，转为朝廷的编户民。

政策虽好,但如何才能落地执行呢?"每年正月五日,县令巡人,各随便近,五党三党,共为一团,依样定户上下。"规定每年正月五日,由县令集合里正、乡长、党长输籍定样,决定每户的征课。自此以后,赋役根据人口状况由官府统一决定,地方官吏要在这上面做文章就很困难了。效果如何呢?"自是奸无所容矣"。

通过推行"大索貌阅"和"输籍定样",把大量人口从豪族手里解放出来,极大扩充了国家掌控的人口,增加了国家赋税的收入,打击了豪强地主,加强了中央集权,而且减轻了民众的赋税负担,可谓一举三得。

开皇初年(581年),隋朝户口仅三百八十万户,到大业五年(609年)增加到八百九十万户。在不到三十年的时间里,户口激增了一倍有余。再加上实行均田制,"自诸王以下,至于都督,皆给永业田,各有差。多者至一百顷,少者至四十亩。其丁男、中男永业露田,皆遵后齐之制。并课树以桑榆及枣。其园宅,率三口给一亩,奴婢则五口给一亩……京官又给职分田。一品者给田五顷,每品以五十亩为差……至九品为一顷。外官亦各有职分田。又给公廨田,以供公用"。几项政策结合在一起,产生了聚合效应,使得虽然实行轻徭薄赋,但国家税收却越来越多。

软实力也要硬

作为一个盛世,硬实力固然重要,但软实力同样不容忽视。在开皇初年,大臣牛弘上表说:"昔陆贾奏汉祖云,天下不可马上治之。故知经邦立政,在于典谟矣,为国之本,莫此攸先。"当年陆贾对汉高祖说马上得天下,但不能马上治之,要想把国家治理好,必须要充分吸取前朝的经验教训,而那些正反例子都在书里。

隋文帝觉得很有道理,但由于几百年的战乱,大量的文化典籍都在战火中被焚毁,出现了"书荒"。没有书怎么办呢?牛弘出主意说:

"不可王府所无，私家乃有。然士民殷杂，求访难知，纵有知者，多怀吝惜，必须勒之以天威，引之以微利。"虽然官方藏书被烧了不少，但民间私人手里的藏书还有不少，可以进行征集，但不能强取豪夺，国家需要给些好处，钱花到位了，藏书人觉得划得来，自然就会献出来。

提出这个建议的牛弘，本身就是关陇贵族中难得的读书人，尤其喜爱研究古籍、礼仪。虽然公务繁杂，但却手不释卷，有点"书呆子"的意思，为此还闹出一些笑话。有一次，隋文帝曾让他宣布口谕，牛弘走到台阶下面对大臣们时，突然忘了皇上说了什么，又退回拜见隋文帝说："陛下刚才说的，我都忘了。"隋文帝哭笑不得说："传语小辩，故非宰臣任也。"传几句话，这只是点小事，你都不行，看来你不是当宰相的料子。话虽这样说，但是很赞赏他的质朴正直，对牛弘的宠信日益增加。

隋文帝全盘采纳了牛弘的建议，下诏求书说"献书一卷，赍缣一匹"，献书一卷赏绢一匹，这是一个什么概念呢？隋朝实行的是租庸调制，"租"是指田租，"庸"是指劳役，"调"是百姓向官府缴纳的丝织品。当时的农民，一年的调是一匹缣，也就是说，给国家献一卷图书，一年的调就免了，这样的激励措施相当有吸引力。

更何况献书给朝廷只是暂时的，官府不会据为己有，而是会组织人力物力去抄书，抄完后原书完璧归赵。这对于民间的藏书人，简直就像天上掉下了一个大馅饼，"民间异书，往往间出"，献书的热情被极大地调动起来。"一二年间，篇籍稍备"，仅仅用了不到三年的时间，藏书的规模比原来整整扩充了一倍，原本闹"书荒"的隋朝的藏书量到后来居然成为中国历代藏书最多的王朝，藏书最多时有三十七万卷，七万七千多类。

隋文帝高度重视文化教育，"建国重道，莫先于学，尊主庇民，莫先于礼"，由上到下建立一整套教育体系。在中央层面，特设国子寺，作为教育体系中的最高学府。据记载，当时国子寺的学生多达上千人，呈现出欣欣向荣的景象。在地方上，设置了州县学校。

《隋书》中说:"于是四海九州强学待问之士,靡不毕集焉。天子乃整万乘,率百僚,遵问道之仪,观释奠之礼。博士罄悬河之辩,侍中竭重席之奥,考正亡逸,研核异同,积滞群疑,涣然冰释。于是超擢奇秀,厚赏诸儒,京邑达乎四方,皆启黉校。齐、鲁、赵、魏,学者尤多,负笈追师,不远千里,讲诵之声,道路不绝。中州儒雅之盛,自汉、魏以来,一时而已。"天下的知识分子都汇聚到京师,人们为了追求学问不远万里四处求学,隋朝的每一条道路上都能听到琅琅的读书声,这是汉魏以来从未有过的盛景。

除了大力修建学校,隋文帝还广泛宣传教化,他认为"治国之本,非礼不可",要求各地官员号召百姓学习礼数,"去华夷之乱,求风化之宜",目的是让天下人都"知礼节、识廉耻,父慈子孝,兄恭弟顺",从而构建一个祥和安顺的社会。

隋文帝在尊崇儒学的同时,没有忘记当年抚育自己的智仙的嘱托,推出了包括度僧、建寺、造像、写经等一系列大规模复兴佛教的措施。他这样做,有个人信仰的原因,也有赢得民心的考虑。北周武帝宇文邕曾经发动灭佛运动,招致了广大信徒的不满,同时引发信教者更为强烈的宗教感情。隋文帝复兴佛教,得到广大佛教徒的衷心拥护,对于巩固统治无疑是非常有利的。

巡视执法

"治国先治吏",一个王朝能够走向辉煌,很重要的是要有一支忠诚担当、干事干净的干部队伍,如果吏治腐败,王朝中兴只会是黄粱美梦,搞不好政权会迅速垮塌,历史上这样的教训很多。

隋文帝对此非常清醒,在吏治方面,除了知人善任外,他最大的贡献是在选拔人才上做了制度性的创新,对后世影响深远的科举制的原创版权就属于隋文帝。

开皇七年(587年),隋文帝正式设立分科考试制度,具体的做法是规定各州每年向中央选送三人，参加秀才与明经科的考试，考试成绩优秀者，经过吏部的铨选就可以走上仕途。开皇十八年（598年）七月，又令京官五品以上、总管、刺史，以"志行修谨""清平干济"二科举人，自此选官不完全问门第，逐渐取代魏晋以来的九品中正制，从一定程度上打破了"上品无寒门，下品无士族"的局面。

尽管在初创期的科举制度还很不完善，最初考试人员须由各州推荐，而不是考生们自由报考，多少还能看出以前察举制的影子。但有一个最重大的改变在于将读书和入仕变成了紧密的耦合关系，使得个人可以依靠学识而非完全靠门第来改变自身命运成为可能，这一改变极大激发了读书人的热情，产生了广泛而深远的影响。科举制从隋朝开始初创，直至清光绪卅一年（1905年）举行最后一科进士考试为止，前后经历一千三百余年，成为世界上延续时间最长的选拔人才的办法。

隋文帝在开创选人新机制的同时，还加强了对各级官员的监督和考核。他明白国家的政策能够得到有效执行，关键在于各级官员，因此在吏治方面，隋文帝下了很大心血，"初有天下，励精思政，妙简良能，出为宰牧"，确立的整体原则是"奖罚分明"。他曾说："为政之要在得人，得人之要在公平，赏善罚恶，赏罚严明。"

隋文帝经常派中央官员到地方进行巡查，巡查官员既有身负监察职责的御史，也包括苏威、虞庆则等重臣。他们到了地方以后，要听取当地官员的汇报，还要察访民情，了解实际情况。这些巡查官员得到隋文帝的强力支持，大多表现得一身正气，能够做到秉公执法。例如，仁寿元年（601年），辛公义奉命巡查扬州，当时担任扬州总管的是隋文帝的孙子豫章王杨暕。他担心辛公义查出问题而受到处罚，因此在辛公义还未进入扬州地界时，就赶来迎接，表现得非常热情，希望辛公义不要太较真，但被辛公义断然拒绝，到扬州后该怎么查就怎么查。

隋文帝还建立了"隐察"制度，即派亲信秘密探查京城内外官员的执政情况，严惩贪官污吏，使他们不敢贪赃渎职，不敢过分侵扰老百姓。这一招很厉害，因为隐察官员经常使用一些特别的方法，用种种借口向州、县地方官行贿，谁一旦接受贿赂，立刻处斩，决不宽贷。有时贪官在办案中明明接受的是老百姓的财物，但转眼之间，这些财物竟有皇家记号，原来是上了隋文帝派出的暗探的圈套，掉脑袋时已悔之晚矣。

隋文帝采取的力度相当之大，曾一次罢免河北五十二州贪官污吏两百人，用这种手段去铁腕反腐，确实极大震慑了贪腐官员，"吏治之整肃，不仅上裕国库，下纾民困，隋高祖在位时之隆盛，此亦为要因"。吏治得到很大改善，使得政治比较清明。

赏罚分明树榜样

隋文帝在严惩贪官的同时，非常重视奖励那些体恤百姓、忠于职守的官吏，以此发挥正面导向作用。当时不畏权贵的辛公义被任命为岷州刺史，一到任上，发现当地有一个非常奇怪的风俗，这里的人特别怕鬼怕病，一人害病，全家不管病人全部跑掉了，病人得不到治疗和护理，大多死亡。辛公义就用自己的车子把无人照料的病人接到州府，请医生来治疗，自己日夜守护。病人一批批好了，辛公义也安然无恙。辛公义用自己的实际行动改变了岷州人的陋俗，病人的家属亲戚都十分感谢。隋文帝听了，当即赐与重赏，升他为并州刺史。

典型示范人物中最为隋文帝推崇的是新丰县（今西安临潼西北）县令房恭懿。他在隋朝首次官员政绩考核中名列京畿一带第一名，因此隋文帝对他大加赏赐，先后赏给他绢四百段、米三百石，房恭懿一点没留，全部分给了穷人百姓。这种亲民爱民的行为更增加了隋文帝的好感，特意在寝宫亲切接见房恭懿，向他请教治理之道，并且很快提拔他为泽州（今山西晋城）司马。不久，房恭懿又转任德州（今山东德州）司马。一年多后，房恭懿在德州的政绩考评又获全国第一。

房恭懿实在太给力了，这让隋文帝很有面子，在朝堂上当着全国各地进京述职官员们的面,大加表扬道:"房恭懿志存体国,爱养百姓,是当今天下模范,你们要好好向他学习啊!"接着又说:"房恭懿所在之处,百姓视之如父母,朕如果置之而不赏,上天宗庙一定会责怪我的啊!"随后提拔房恭懿为使持节、海州(今江苏连云港)诸军事、海州刺史。

令狐熙也是一个奉公守法、精明强干的良吏。隋文帝拜授他为沧州(今河北沧州)刺史。他在任几年,民风大好,在吏部考核时被称为好刺史。开皇四年(584年),隋文帝幸巡洛阳,令狐熙来朝见,百姓担心他被调走,于是在路边痛哭挽留。到令狐熙又回沧州时,百姓出境迎接,在路上欢呼叫喊。开皇八年(588年),他转任河北道行台度支尚书,沧州吏民追思他,立碑歌颂他的功德。

受到褒奖的还包括齐州的一个小官王伽,他带着一批民夫押送囚犯李参等七十多人去长安,走到荥阳时,王伽对囚犯说:"你们违反国法,理应受罚,但看着押送你们的民夫也跟着受罪,你们心安吗?"王伽决定遣散民夫,释放李参等人,约定好时间让他们在京城集合,并说:"到时你们有谁不来,那么我只好替你们受死罪了。"等到约定的那一天,七十多人全部到齐。隋文帝得知此事后十分惊喜,并立即召见王伽,对他大加赞赏。又召李参等人入宫,赐宴招待后全部免罪释放,并下了一道诏书,要求各级官吏向王伽学习,要施以宽政,以慈爱之心待民。

杨坚官严民宽的做法,收到了非常好的效果。官员们都知道了选人用人的导向,更知道了考核制度并非摆设,干得好的会被提拔重用,贪赃枉法或者不作为的会受到严惩。正是因为有这样的举措,隋文帝时期的官吏素质整体比较高。司马光在《资治通鉴》中评价道:"由是州县吏多称职,百姓富庶。"历史学家胡三省的话说得更直接:"开皇之治,以赏良吏而成。"

抠门皇帝创奇迹

隋文帝自身更是为百官做了表率。他小时候生长于寺庙之中，素衣素食，生活节俭，这使他养成了崇尚节俭的品性。《隋书·高祖纪》说："高祖大崇惠政，法令清简，躬履节俭，天下悦之。"如果搞个历代帝王节俭大排名，隋文帝应该可以名列前三甲。

隋文帝能够如此节俭，除了小时候的经历外，也与他长期生活在上层社会有关，他看到了上层社会奢侈糜烂的生活，不仅会消磨人的意志，同时还会激起民众的反对，最终导致国家灭亡。所以自从当上了皇帝，他就厉行勤俭节约，即位之初，就宣布"犬马服玩，不得献上"，这不是说说而已，而是真正要落实到位的。

关于隋文帝的节俭，史书上说："其自奉养，务为俭素，乘舆御物，故弊者随宜补用；自非享宴，所食不过一肉；后宫皆服浣濯之衣。"隋文帝自己居住的地方布置得非常简单，不像别的皇帝那样，弄得富丽堂皇。所乘坐的车子都已陈旧，即使坏了，也不换新的，而是让工匠们修理修理，反复使用。他平时所吃的饭菜也较为简单，不过是几样菜肴。同时明确规定，每餐的荤菜只能有一样，多了就要撤掉，还要惩办违反规定的厨师。宫廷中的嫔妃也都穿着普通的布衣，不允许穿戴华丽娇艳的服饰，和寻常百姓家的女子并无异处。

因为隋文帝躬身厉行节俭，所以他底下的人都不敢造次。有一次，相州（今河南安阳）刺史觐见隋文帝的时候，为了讨好隋文帝进呈上好的绫罗锦缎。隋文帝看到这些锦缎十分生气，不仅呵斥了刺史，还下令将那些锦缎烧成了灰烬。上行下效，在隋文帝的带动下，整个社会都形成了节俭的风尚，一般士人，大多穿着布帛制作的服装，配饰也不过铜铁骨角之类，很少有人穿绫罗绸缎，更没有人佩金戴玉。

除了厉行节俭外，隋文帝的勤政也是出了名的，堪称皇帝中的"劳模"。"勤劳思政，每一坐朝，或至日昃"，一天大部分的时间都扑在工作上，从早到晚，不知疲倦。隋文帝还经常深入一线，路上遇到上书奏事之人,便驻马"亲自临问",还经常派人到各地收集民情,"人间疾苦,无不留意"。

《资治通鉴》里讲了两个故事。开皇十四年(594年)夏,京师长安发生地震,关内各州大旱,百姓闹饥荒。隋文帝派遣左右侍臣察看老百姓的疾苦,看看百姓们每天吃啥?侍臣拿回百姓充饥的豆屑杂粮给他,隋文帝"流涕以示群臣,深自咎责"。他在朝堂上让文武百官逐一查看这些食物,觉得自己没有治理好国家,流泪痛责对不起百姓,宣布"膳不御酒肉",坚持拒食酒肉近一年,以示与民同甘苦、共患难。

还有一次,隋文帝祭拜东岳泰山,发现关中地区到洛阳去寻讨食物的百姓,一路络绎不绝,到处都是。他命令军吏不准斥逐驱赶百姓,以致百姓参差错乱地走在他的仪仗卫队之间。遇到扶老携幼的百姓,"引马避之,慰勉而去",立即牵着马避开,并慰劳一番才离去。走到艰险的地方,看到负重的百姓,立即叫身边的官吏去扶持帮助。

隋文帝这样做并非是做样子,而是发自内心的,对于九五之尊的皇帝而言难能可贵,所以史书评价道:"虽未能臻于至治,亦足称一代之良主。"隋文帝虽然没有达到作为皇帝的最好境界,也足以称得上是贤良君主。

在隋文帝的不懈努力下,外患渐平,政治稳定,生产发展,经济繁荣的"开皇之治"应运而生。

繁荣到什么程度呢?《隋书·食货志》记载:开皇十二年(592年),有司上言,库藏皆满。帝曰:"朕既薄赋于人,又大经赐用,何得尔也?"对曰:"用处常出,纳处常入。略计每年赐用至数百万段,曾无减损。"于是乃更辟左藏之院,构屋以受之。下诏曰:"既富而教,方知廉耻,宁积于人,无藏府库。河北、河东今年田租,三分减一,兵减半,功调全免。"

这段话翻译过来是说:开皇十二年(592年),有主管官员上奏隋文帝,说国库已经装满了,请求另外再扩建个国库,以容纳新征收上来的赋税。隋文帝觉得很不可思议，说："我这些年一直在对老百姓减税，而且各方面开销支出又这么大，我还在担心国库空虚呢，怎么可能钱财多得堆不下？"官员回答道："国库既有日常的开销，也有日常的收入，该花的钱一点都没少花，但国库收入的钱财更多，所以就是这么充盈。"隋文帝只好下令另外修建左藏院，以容纳新征收上来的税收，然后又颁发诏书说："老百姓既然富裕了，就要推行教化，这样才能懂得礼义廉耻。宁可让钱财堆积在百姓家里，也不要收藏在国家的府库。河北、河东今年的田租减少三分之一，兵役减半，功调全免。"

这个盛世在开皇十七年（597年）达到了新的高度，史书上说："户口滋盛，中外仓库，无不盈积。所有赉给，不逾经费，京司帑屋既充，积于廊庑之下，高祖遂停此年正赋，以赐黎元。"这一年因国库充盈，新上缴来的钱财布匹都已经装不下了，只能堆积在走廊上，隋文帝下令停止征收这一年的正赋，以赏赐百姓。到隋文帝末年时，"计天下储积，得供五六十年"。

虽然《汉书·食货志》记载汉武帝初年也出现了这样的繁荣景象，所谓"国家亡事，非遇水旱，则民人给家足，都鄙廪庾尽满，而府库余财。京师之钱累百巨万，贯朽而不可校。太仓之粟陈陈相因，充溢露积于外，腐败不可食"。但汉朝用了七十年才达到了这样的繁荣程度，隋朝仅仅用了二十年就完成了，堪称一个"经济奇迹"。

大义公主不大义

隋文帝在内政取得斐然成绩时，外交上却遇到了新的挑战。原因是开皇七年（587年）已经臣服的沙钵略可汗病逝了，由弟弟处罗侯接班，但只过了一年，处罗侯在西征西突厥时，不幸中箭身亡。由沙钵略可汗的儿子阿史那氏即位，称为都蓝可汗。依照突厥习俗续娶曾嫁给其父的原北周千金公主（后改名大义公主）为妻。大义公主虽然自称为隋文帝的干女儿，但在内心没有忘记杀父之仇，一直记恨着隋朝。

隋朝灭陈后，隋文帝把陈朝皇帝陈叔宝的屏风赐给大义公主，大义公主在屏风上写了一首诗，叙述陈朝的灭亡，寄托自己的情思。诗中写道："盛衰等朝露，世道若浮萍。荣华实难守，池台终自平。富贵今何在？空事写丹青。杯酒恒无乐，弦歌讵有声。余本皇家子，漂流入虏廷。一朝睹成败，怀抱忽纵横。古来共如此，非我独申名。惟有明君曲，偏伤远嫁情。"

隋文帝读到大义公主所作的这首诗后，觉得她的国恨家仇还是如此强烈，由此很厌恶大义公主，赏赐越来越少。大义公主暗中与西突厥泥利可汗联合，隋文帝担心她挑动都蓝可汗与隋朝宣战，准备除掉大义公主。

开皇十三年（593年），有一个流浪到突厥的汉人杨钦声言自己是大义公主的姑母西河公主派来的心腹，西河公主与丈夫打算与突厥联合发兵，灭隋复国。报仇心切的大义公主信以为真，说服都蓝可汗同意发兵。都蓝可汗有些动心，当年他父亲被迫臣服，经过多年的休整，如今兵强马壮，可以和隋朝扳扳手腕，于是不再向隋朝进贡。

隋文帝为探听突厥动向，派长孙晟出使突厥。大义公主见到长孙晟后，言辞不逊，并派心腹安遂迦与杨钦计议，加快了煽动都蓝可汗反隋的节奏。长孙晟回京后据实汇报。隋文帝再次派长孙晟出使突厥，向都蓝可汗索要杨钦。都蓝可汗不愿交出杨钦，便谎称没找到这个人。长孙晟遂买通其帐下的达官，探知杨钦之所在，趁夜将其抓获，并带到都蓝可汗面前质问。适逢大义公主和安遂迦私通败露，这让都蓝可汗很没有面子，只好将安遂迦和杨钦等人拘捕，交给长孙晟带回隋朝，但他并没有因此废掉大义公主。

与此同时，统治突厥北方的突利可汗派遣使者来隋朝求婚。隋文帝命裴矩对突利可汗说："只有杀掉大义公主，才答应求婚。"突利可汗不断向都蓝可汗诋毁大义公主，终于激怒都蓝可汗，在帐中把大义公主杀死。

"圣人可汗"开先河

都蓝可汗杀掉大义公主后,又向隋朝上表请婚,想再娶一个公主。这一请求按说合情合理,隋文帝准备答应,但长孙晟站出来表示反对,他的理由是都蓝可汗是反复无常之人,之所以请求联姻,是想着借隋朝的威名,收拾突利可汗和达头可汗,一旦强大后必然反叛,所以不能答应他的请求,倒不如与突利可汗和亲,用突利可汗来抗衡都蓝可汗。

隋文帝觉得长孙晟说得很有道理,全盘采纳他的建议,选了一个宗室之女封为安义公主,嫁给了突利可汗。为了离间两个可汗的关系,故意把这场婚礼搞得很隆重,不仅给了突利可汗厚重的赏赐,还派牛弘、苏威等重臣作为使者,这让突利可汗受宠若惊,也让求婚失败的都蓝可汗心怀愤恨,大怒道:"我是大可汗,反而不如染干(突利可汗)。"于是,宣布与隋朝断绝关系,并联合达头可汗经常骚扰隋边境。

都蓝可汗这样做恰恰给了隋文帝出兵的理由,开皇十九年(599年)二月,隋文帝任命汉王杨谅为元帅,左仆射高颎出兵朔州道(治所善阳,今山西朔县),右仆射杨素出兵灵州道(治所回乐,今宁夏灵武西南),上柱国燕荣从幽州(治所蓟县,今北京城西南)出兵,分三路进攻都蓝可汗。

杨谅名为主帅,但实际并未到前线,真正的指挥是杨素。都蓝可汗得知隋军来攻,与达头可汗结盟。四月,杨素军在灵州以北地区与达头可汗部遭遇。在此之前,隋将在与突厥交战时,因担心突厥彪悍的骑兵来往冲杀,都采用战车、骑兵和步兵相互交叉配合的阵法,阵外四周遍设鹿角、蒺藜等物,骑兵留在最里面,以防守为主。

杨素觉得这种战法太过保守,在他看来,进攻是最好的防守,于是决定改变战术,下令各军摆开骑兵阵势。达头可汗闻之大喜道:"这是天助我!"觉得隋军不自量力,完全是找死,率十余万精骑直扑隋军。但没想到隋军以一当十,完全杀红了眼,大败突厥,达头可汗重伤逃跑，部众死伤不可胜数。

杨素打仗确实是一把好手，审时度势，灵活机动，常常不按套路出牌，一仗打得比一仗精彩。

不过，都蓝可汗并不甘心，转过年的春天，他又联合达头可汗，集结十多万兵马，卷土重来。这次他们没有直接攻击隋军，而将矛头对准了突利可汗。突利可汗大败。都蓝可汗尽杀突利可汗的兄弟子侄，突利可汗与出使到这里的长孙晟只带着五个骑兵趁夜南逃，天明后集结散兵，发现只剩几百人。突利可汗很清楚如今的处境，觉得如果他这时投降隋朝，不过是一个降人罢了，很难得到大隋以礼相待，况且安义公主已经去世，隋朝更没有由头对他好了。而他和达头可汗，虽然开战，但两人并无深仇，如果前去投靠，他一定会收留自己。

于是，突利可汗对长孙晟说："如今兵败入朝，我只是一介降人罢了，大隋天子难道会礼遇我吗？玷厥（达头可汗）虽然也来打我，但我和他无冤无仇，如果去投奔他，他必然会保全接济我。"长孙晟一听这话就觉得不对，知道突利可汗已经生了二心。长孙晟派自己人到附近的伏远镇放烽火，而且同放四处，然后告诉突利可汗，按照惯例，这是有大军来袭，一定得赶紧躲起来。突利可汗没办法，只好听从长孙晟的建议，赶紧跑到伏远镇。到了隋朝的地盘，突利可汗只能听长孙晟的了。长孙晟留下其他人，自己带着突利可汗返回大兴城。

到了京城后，与突利可汗想的不一样，他并没有被慢待，隋文帝对他好吃好喝好招待。长孙晟通过投降的突厥人得知，都蓝可汗牙帐内屡有灾变，人心不稳，便奏请继续出击突厥。六月，高颎命上柱国赵仲卿率兵三千为前锋，大破突厥，都蓝可汗败逃。杨素军在灵州以北地区与达头可汗部遭遇，也大败突厥，达头可汗再次重伤逃跑。为了稳住突厥形势，隋文帝册封突利可汗为启民可汗，并且又选了一个宗室之女册封为义成公主嫁给启民可汗。

都蓝可汗兵败数月后就死于内乱，达头可汗自立为步迦可汗。开皇二十年（600年）四月，他率兵进犯隋朝边境，隋文帝不再客气，命晋王杨广、尚书右仆射杨素出灵州（治所回乐，今宁夏灵武西南），汉王杨谅、柱国史万岁出朔州（治所善阳，今山西朔县），合击步迦可汗。长孙晟则受任为秦川行军总管，随晋王杨广出征。

长孙晟利用自己的专长很快便立了大功，他非常清楚对突厥骑兵来说最重要的是水源，于是献计派人潜入到突厥营地上游的水中投毒，突厥人畜饮水后，很多被毒死，人心惶惶，惊道："天雨恶水，其亡我乎！"他们不知道是隋军在捣鬼，还以为是受到了上天的惩罚，于是连夜遁逃。隋军抓住战机，全面出击，斩杀突厥军千余人，俘百余口，六畜数千头。

史万岁率部在大斤山（今内蒙古大青山）与步迦可汗军遭遇。步迦可汗派人问："隋军主帅是谁？"侦察骑兵报告说："是史万岁。"步迦可汗确认隋军将领正是当年威震敦煌的史万岁后，顿时吓破了胆，慌忙引军回撤。史万岁率兵追击百余里，大破突厥军，斩杀数千。又继续跟踪追入沙漠数百里，凯旋而归。

此次出征，隋军大获全胜，虽然击溃了步迦可汗，但没有彻底消灭。转过年来，长孙晟上表说："臣夜登城楼，望见碛北有赤气，长百余里，皆如雨足，下垂被地。谨验兵书，此名洒血，其下之国必且破亡。欲灭匈奴，宜在今日。"这话大意是：我夜登城楼，观察天象，望见蒙古高原大沙漠以北地区有赤气，长百余里，就像密集的雨点一样，下垂到地上，兵书上说这叫作洒血，出现这样迹象的国家必将破亡。想要灭掉突厥，现在是最好的时机。

长孙晟说得很邪乎，但在隋文帝看来，在对付突厥人方面，长孙晟是第一流的专家，也是最值得信任的人。于是诏令杨素为行军元帅，长孙晟为受降使者，援助启民可汗北击步迦可汗。正如长孙晟所预言，这次出击给予了步迦可汗致命的打击，在隋军的猛烈攻击下，步迦可汗部溃不成军，西奔吐谷浑，两年后不知所踪。从此启民可汗成为东突厥大可汗，达头可汗的部众都来归附，东方的奚、霫、室韦等部一一归顺。

饮水思源，启民可汗对隋文帝感恩戴德，他上表说："大隋圣人可汗怜养百姓，如天无不覆，地无不载，染干如枯木更叶，枯骨更肉，千世万世，常为大隋典羊马也。"大隋圣人可汗，爱怜天下百姓，就像天没有一处覆盖不到，就像地没有一处承载不到。我像枯树长出了新叶一样，活了过来，我愿意千秋万代为你典养羊马。

隋文帝由此获得了"圣人可汗"的尊号，意味着他不仅是隋朝的皇帝，也成了突厥人认可的可汗了，这算是开了先河，在此之前，没有一位帝王能做到既是中原的皇帝，同时也被奉为游牧民族名义上的首领。

"自天以下，地以上，日月所照，唯有圣人可汗。今是大日，愿圣人可汗千岁万岁常如今日也。"隋文帝的威望由此达到了最高峰。

第十二章 夺嫡之争

任性的太子

隋文帝在文治武功中取得了丰功伟绩,不过,长期以来有一件非常重要的事情让他颇感烦恼,便是太子的问题。

按说这本来不是什么问题,因为早在开皇元年(581年)二月二十七日,隋文帝登基后第三天,便册立长子杨勇为皇太子。杨勇是隋文帝和独孤皇后的第一个儿子,后来独孤皇后又生了四个儿子,次子杨广,封为晋王;老三杨俊,封为秦王;老四杨秀,封为蜀王;最小的儿子杨谅,封为汉王。作为一个皇帝,五个儿子都是皇后一人所生,在古代历史上极为罕见,这和当年两人成亲时立下的誓言有关,《隋书》里说:"高祖与后相得,誓无异生之子。"

隋文帝对此颇为得意,在他看来,五子都是同胞兄弟能够预防数子夺嫡、兄弟反目的危险,他曾经说过:"前世天子,溺于嬖幸,嫡庶分争,遂有废立,或至亡国;朕旁无姬侍,五子同母,可谓真兄弟也,岂有此忧邪!"前朝的皇帝对所宠幸的姬妾极为溺爱,出现了嫡子、庶子之争,也就有了废立之举,有的因此而亡国。我没有别的姬妾,五个儿子是同一个母亲,可以说是真正的兄弟,难道我还会有这样的忧虑吗?不过,历史的发展进程着实打了这位超级自信的帝王的脸,不仅没有避免夺嫡之争,而且五个儿子没有一个能够寿终正寝。

杨勇最初是个文艺青年,《隋书》中说:"勇颇好学,解属词赋,性宽仁和厚,率意任情,无矫饰之行。"他身边聚拢的多是一些读书人。隋文帝对这位接班人非常重视,注重在实践中培养他治国理政的能力,

"军国政事及尚书奏死罪已下,皆令勇参决之"。杨勇起初的表现还算不错,当时关中的百姓,要么是种地的农民,要么是打仗的军人,几乎没有商人。但山东各地手工业和商业发达,百姓从事各行各业的都有,隋文帝对此看不惯,想着将这些人迁到北方,务农或当兵。

杨勇上书谏说:"窃以导俗当渐,非可顿革,恋土怀旧,民之本情,波迸流离,盖不获已。有齐之末,主暗时昏,周平东夏,继以威虐,民不堪命,致有逃亡,非厌家乡,愿为羁旅。加以去年三方逆乱,赖陛下仁圣,区宇肃清,锋刃虽屏,疮痍未复。若假以数岁,沐浴皇风,逃窜之徒,自然归本。虽北夷猖獗,尝犯边烽,今城镇峻峙,所在严固,何待迁配,以致劳扰。臣以庸虚,谬当储贰,寸诚管见,辄以尘闻。"这段话的核心意思是移风易俗不能操之过急,王朝初立,内忧外患,如此大规模地强制人口迁徙,很容易闹出乱子。隋文帝对于这份进谏的态度是"上览而嘉之,遂寝其事",觉得杨勇说得很有道理,完全采纳了他的建议。

如果按照这样的情形发展下去,隋文帝将来驾崩了,太子杨勇定会顺利接班,成为大隋王朝的第二位帝王。但事与愿违,杨勇渐渐失宠,距离皇帝之位越来越远,最终丢掉了太子之位。

隋文帝最早对杨勇产生不满是因为一件蜀铠,就是从蜀地运来的一件铠甲,杨勇令人用金银装饰,这让素来以节俭著称的隋文帝很不高兴,担心杨勇将来会奢靡腐化。为此把他召来,好好教训了一番,话说得很重:"我闻天道无亲,唯德是与,历观前代帝王,未有奢华而得长久者。汝当储后,若不上称天心,下合人意,何以承宗庙之重,居兆民之上?"我听说上天不偏护、亲近任何人,只恩赐有德行的人。纵观历代帝王,没有追求奢侈豪华而能长久享有天下的。你作为接班人,如果不上顺天意,下合民心,怎么担当祖宗重托,作为百姓的君王?

隋文帝为了让杨勇深刻认识到自己的错误,他现身说法道:"吾昔衣服,各留一物,时复看以自警戒。又拟分赐汝兄弟。恐汝以今日皇太子之心,忘昔时之事,故令高颎赐汝我旧所带刀子一枚,并菹酱一合，汝昔作上士时所常食如此，若存忆前事，应知我心。"我从前的衣服，每种各保存一件，你要常常观看，用来自我告诫。有打算分别赏赐你的兄弟们，又担心你现在作为皇太子，忘记了从前的事情。所以让高颎赐给你我从前所佩带的刀子一把，以及一盒菹酱（一种食物）。你当年担任上士，经常吃的就是它。如果你还记得从前的事情，就应该明白我的心。

按说杨勇应该吃一堑长一智，谨小慎微。遗憾的是，过了一段时间，他就将父皇的话抛在了脑后，捅出了更大的娄子。这一年冬至，百官朝见完隋文帝，接着又去朝见杨勇，按照惯例，杨勇应该谦辞百官朝贺，但杨勇却很高兴地接受了他们的朝见，排场搞得很大，让乐队演奏乐曲，自己穿着礼服接受百官跪拜。

隋文帝得知此事后大怒，质问朝臣说："近闻至节，内外百官相率朝东宫，是何礼也？"太常少卿辛亶站出来答道："于东宫是贺，不得言朝。"东宫应该只能说贺喜，而不能说朝拜。他的话给隋文帝提供了炮弹，隋文帝义正词严地说："改节称贺，正可三数十人，逐情各去。何因有司征召，一朝普集，太子法服设乐以待之？东宫如此，殊乖礼制。"既然是贺，三三两两去即可，为何搞成了有组织的行动，太子穿着礼服奏着乐，完全违背了礼制。

隋文帝于是下诏："礼有等差，君臣不杂。爰自近代，圣教渐亏，俯仰逐情，因循成俗。皇太子虽居上嗣，义兼臣子，而诸方岳牧，正冬朝贺，任土作贡，别上东宫，事非典则，宜悉停断。"意思是说太子虽然是储君，但说到底还是一个臣子，而大臣却像对皇帝一样去朝见他，居心叵测，这样不合礼数的事情，以后不能再办了。

看得出，隋文帝对此火气很大，这不奇怪，历朝历代皇帝和太子的关系就很微妙，皇帝需要着力培养储君，以便将来能够顺利接班，但同时又怕太子太强了，形成自己的势力集团，使得皇权旁落。因此对于太子来讲，必须要拿捏好分寸，既不能太强也不能太弱，什么话能说，什么话不能说，什么事能做，什么事不能做，什么人能来往，什么人不能来往，心里都要有数。但在这方面，作为太子的杨勇显然是不合格的，他的心思不缜密，做事比较任性，一点都不顾及父母的感受，出现后来的结局也就不足为奇了。

太子杨勇被父皇骂了，才意识到自己犯冲了。各种道歉，各种认错，各种表忠心，表示要痛改前非。只可惜，隋文帝疑心已起。任凭杨勇怎么认错表忠心，都只能是"恩宠始衰，渐生疑阻"。

对于杨勇，更要命的是在渐渐失去父皇信任的同时，把母亲独孤皇后也得罪了，原因在于男女关系上。独孤皇后是一夫一妻制的坚定捍卫者，最讨厌男人朝三暮四，沾花惹草。隋文帝被看得死死的，不置嫔妾，六宫虚设。独孤皇后不仅把皇帝老公管得很严，只要听说哪位大臣纳妾，她都会冷嘲热讽，听说哪位大臣的小妾生了孩子，她就撺掇隋文帝处罚这位大臣。

杨勇却喜欢美色，府上有不少美女，还不到三十岁，光儿子就生了十个，且出自五六个女人，但和太子妃却没生下一男半女。看到儿子如此不专一，独孤皇后心中难免有些失望。太子府上美女多就算了，杨勇还不知道好好管理，导致府上的女人互相争斗，竟然让太子妃早早死去了。

"勇多内宠，昭训云氏，尤称嬖幸，礼匹于嫡。勇妃元氏无宠，尝遇心疾，二日而薨。"要知道，太子妃元氏是隋文帝亲自为杨勇挑选的，她的父亲是名将元孝矩，但杨勇并不喜欢，他宠爱一个叫作云昭训的女子。云昭训出身低微但姿色姣美，为杨勇生下三个儿子，受到的待遇甚至与正室不相上下，这让独孤皇后相当不满。元妃不得宠爱，气出了心病，很快就死了，杨勇随即让云昭训主持太子宫。两人的这一番操作，让独孤皇后认定元妃之死，是杨勇与云昭训合谋害的。

人见人爱的晋王

远在扬州担任总管的晋王杨广，在暗处静静地看着这一切，本来对太子之位已经没有想法的他，觉得属于自己的机会来到了。

杨广和大哥杨勇相比，完全是另一种存在，做事情小心谨慎，非常注重父母的喜好。父皇杨坚崇尚节俭，他便把王府里所有屏风、帐幕都换成了朴素的。他清楚母亲最恨男人花心，于是"弥自矫饰，唯与萧妃居处，后庭有子皆不育"，侍妾只是凑够数量，却只和萧妃起居在一起，从没有和其他女子生过孩子。每次父母来杨广的府上，见到府中的侍女不是很老就是很丑，不像其他王府都是光鲜亮丽的年轻姑娘。杨广还故意将府中所有乐器的弦弄断，上面落满灰尘也不擦，看到这些隋文帝和独孤皇后都感到很开心，认为这个儿子完全继承了他们身上的美德。

除了讨好父母亲，杨广也赢得了不少大臣的赞誉，"晋王来朝，车马侍从，皆为俭素，敬接朝臣，礼极卑屈，声名籍甚，冠于诸王"。杨广每次来朝，车马侍从都俭约朴素，对朝臣们都很恭敬，礼节极其谦卑，因此名声在隋文帝的儿子诸王里是最好的。杨广对父母派来的每一个使者更是奉为上宾，美酒佳肴伺候，临走还会送一些贵重礼物，这些人回京后都给杨广说好话，"无不称其仁孝"，这样的称赞声自然都传到了隋文帝和独孤皇后耳中。

杨广还有一件事被传为美谈。一次野外打猎，突然天降大雨，负责照料杨广起居的侍卫赶紧取来事先准备好的油布雨衣，给他披上，但杨广拒绝了，而且还说："士卒皆沾湿，我独衣此乎！"意思就是说：士兵们都在淋雨，我能独自一人披雨衣避雨吗？于是他就和士卒一起淋雨。

除了私生活没有瑕疵，在治国理政方面，杨广同样显示出过人的一面。平陈后，江南发生叛乱，杨素虽然最终镇压了众多叛军，但江南的人心并没有归顺，表面趋于安定，但依然暗潮涌动。二十二岁的杨广临危受命，来江南收拢民心。

杨广入乡随俗，放低姿态，效法东晋著名宰相王导主动学习江南方言，很快便学会了一口流利的吴越方言。他还积极结交江南名士，一时间，百余名在江南很有影响力的才俊聚集于杨广的晋王府。

杨广和他们交流毫无障碍，因为他本身就有出众的文采。杨广在后来当上皇帝后曾夸口说，就是与士大夫比才学，自己也应该当皇帝。这话虽然有吹牛的成分，但不得不说，杨广的文学功底非常深厚，特别是诗写得很不错，《全隋诗》录存其诗四十多首，最著名的是《春江花月夜》："暮江平不动，春花满正开。流波将月去，潮水带星来。夜露含花气，春潭漾月晖。汉水逢游女，湘川值两妃。"后来唐朝张若虚写了同题诗，但如果把两人的诗作相对比，可以清楚地看出张若虚描写春江花月夜景是受到了杨广的启示。

杨广可以驾驭各种题材的诗歌，另外一首《野望》展现了另一种完全不同的情绪，"寒鸦飞数点，流水绕孤村。斜阳欲落处，一望黯消魂"。全诗通过对寒鸦数点、流水绕村、斜阳欲落等典型意象的精准刻画，营造出一种孤寂而唯美的意境，堪称秋思诗中的极品佳作。宋朝词人秦观写过一首非常著名的《满庭芳》："山抹微云，天连衰草，画角声断谯门。暂停征棹，聊共引离尊。多少蓬莱旧事，空回首、烟霭纷纷。斜阳外，寒鸦万点，流水绕孤村。　销魂。当此际，香囊暗解，罗带轻分。谩赢得、青楼薄幸名存。此去何时见也？襟袖上、空惹啼痕。伤情处，高城望断，灯火已黄昏。"其中的"斜阳外，寒鸦万点，流水绕孤村"三句，同样有着隋炀帝的《野望》的影子。

杨广的诗文在文学和诗歌史上占有独特的地位。唐太宗李世民不得不发出这样的感慨："文辞奥博，亦知是尧、舜，而非桀、纣。"现代文学家郑振铎也说："杨广虽不是一个很高明的政治家，却是一位绝好的诗人。"

在赢得读书人人心的同时，杨广改变了教化策略，他看到了宣扬《五教》在江南根本行不通，而佛、道二教自东晋以来在江南已经兴盛了几百年，上至王公贵族，下至贩夫走卒，对社会各个阶层都有很大的影响力。于是，杨广转而从宗教方面做文章，以此聚拢人心。

杨广派使者到庐山请江南佛教界的头面人物智颛大师前往扬州传

戒。不过,智𫖮大师起初并没有答应,但架不住杨广一次次派人去请,态度极为诚恳,终于勉强答应前往,但提出几个条件,包括不传授禅法、来去自由等,杨广二话不说,全部允诺。

开皇十一年(591年)十一月二十三日,智𫖮大师在扬州为杨广授菩萨戒,并为他取法名为"总持菩萨"。杨广遂以佛家弟子的身份迎合江南民众,这一招效果非常好,《剑桥中国隋唐史》对此记述:"晋王逐渐成为南方僧人和佛寺的虔诚和体贴的施主。他命令他的军队收集因侵陈和以后的内战而散落在各地的佛经;在扬州王府的建筑群中设立一个专门收藏精选的经籍的馆堂;其余的经卷经过手抄,增至九十万三千五百八十卷,然后被分发给扬州及其他各地有功德的佛寺。他在扬州建立四个道场,召集学识渊博的佛道两教教士充当一段时期王府的僧侣。智𫖮死后,他继续成为天台宗主要佛寺的正式施主。随着僧侣的南来北往,对南方僧人表示的特殊恩宠以及官方对信仰的赞助,反隋的情绪逐渐缓和,最后几乎化为乌有。"

杨广的怀柔政策取得了惊人的成功,十七城不战而降,三百多叛乱的中坚分子归顺大隋。江南的民怨逐步平复,步入了和谐稳定的新阶段。当代历史学家胡戟说:"得力于坐镇扬州的晋王思想文化领域中的工作,南方的形势终于稳定了下来。"这话没错,国家的统一不仅是版图上的,更重要的是人心的归顺和文化上的认同。杨广充分认识到了这一点。他尊重江南文化,不仅不遗余力地招揽江南的名士和各个领域的精英,还尽其所能地资助、参与各种文化事业,他的所为赢得了江南人士的交口赞誉,促使江南各大士族和上层人物很快就与隋朝取得文化意义上的认同。可以说,杨广在扬州总管任上十多年,对江南经济文化的发展以及南北方的融合做出了不少贡献。

杨广的才干在隋文帝诸子中确实无人能及,即使充斥着对杨广负面评价的《隋书》中,对此也不得不赞赏道:"炀帝爱在弱龄,早有令闻。南平吴会,北却匈奴,昆弟之中,独著声绩。"

太子的儿女亲家

杨广经略江南取得了很好的政绩,为他赢得了声誉,但是长期待在南方,却也是他夺嫡路上的一个短板。虽然他赢得了父母的欢心,仅仅靠这一点还不足以将杨勇拉下太子之位,他需要京城权力核心圈的重要人物能站出来为自己说话。当时朝中"四贵"中的苏威、虞庆则、杨雄都已失宠,受到重用的是高颎和杨素。

高颎是隋文帝身边第一红人,"朝臣莫与为比"。隋文帝对他一直都非常信任,平灭陈朝后,有人密报说高颎想造反,隋文帝根本不相信,等高颎回京后,隋文帝对他说:"你讨伐南陈后,有人说你谋反,朕已经杀了他。君臣之间亲密的关系,不是苍蝇之类的小人所能离间得了的。"虽然隋文帝这样说,但高颎听后感到很惶恐,回家后立即上表请求逊位,隋文帝对高颎识时务的表现很满意,对他更加信任。

后来,隋文帝很亲近的庞晃和卢贲也说高颎的坏话,"是后右卫将军庞晃及将军卢贲等,前后短颎于上。上怒之,皆被疏黜",隋文帝不仅没有听从他们,反而大发雷霆,疏远并罢黜了他们。

高颎深知"木秀于林风必摧之"的道理,几次提出辞官让位,隋文帝都没有准许,他对高颎说:"你见识远大,谋略很深,出京参谋军事,帮助平定淮海一带;回京掌管禁军,我把你当作心腹。自我受禅登基以来,你常常参与机要,尽忠竭力,心迹俱尽。这是天降良臣于我,让你帮我,望你不要再费口舌辞职了。"

即便隋文帝对高颎如此看重,但还有些不知趣的朝臣上书弹劾高颎。开皇十年(590年)四月,尚书都事姜晔、楚州行参军李君才都上奏说:"水旱不调,罪由高颎。"请求废黜他。隋文帝照例没客气,将两人的官职一撸到底。隋文帝对高颎说:"你独孤公就像一面镜子,常被摩擦,越摩越亮。"叫他"独孤公"是因为高颎的父亲高宾当年投奔独孤信,深得独孤信的赏识,被赐姓独孤,隋文帝为了表示亲切,每次见到高颎都称呼他为"独孤公"。

所有针对高颎的弹劾都以失败告终，隋文帝对他"亲礼逾密"，杨坚巡幸并州，留高颎守京师。等杨坚还京，赏他缣帛五千匹，又赏他一座行宫，让他作庄舍。高颎的夫人贺拔氏卧病，隋文帝派人问候，同时前去探病的人也络绎不绝。杨坚还亲自到他府第去，赏钱币百万，布帛万匹，又赐他千里马。

话说回来，高颎对得住这份恩宠，自从隋文帝即位以后，不少急难险重的任务皆由高颎担纲完成。这样一个重量级的人物是否会帮忙呢？杨广分析觉得可能性极小，相反，不仅不会助力，反而有可能成为夺嫡路上的拦路虎。

杨广得出这样的判断是因为高颎为人方正，历来讲究按规矩办事，隋文帝曾经向他透露过有改立太子的意思，高颎的反应是长跪不起，劝说道："长幼有序，怎么能废掉太子呢？"还有一个重要原因是高颎的儿子娶了太子杨勇的女儿，两人是儿女亲家，如果要帮，高颎注定只可能帮着杨勇。

拉杨素下水

杨广只好把目光转向另一个重要人物杨素身上。杨素此时已经取代了苏威，成为尚书左仆射，和高颎同掌朝政。虽然和高颎平起平坐，但在为人和理政方面，两人还是有不小的差距。"素性疏而辩，高下在心，朝臣之内，颇推高颎，敬牛弘，厚接薛道衡，视苏威蔑如也。自余朝贵，多被陵轹。其才艺风调，优于高颎，至于推诚体国，处物平当，有宰相识度，不如颎远矣。"

杨素这个人很清高，朝中能看得上的只有高颎、牛弘、薛道衡，连苏威也不放在眼里，至于其他大臣，只要和他有过节的，杨素都会百般刁难。因此，论才艺风调，杨素优于高颎，至于治理国家，则远不及高颎。

杨广觉得杨素有可能帮助自己，一方面杨素虽然地位很高，但还是在高颎之下，想要成为朝臣中的第一人，必须要扳倒高颎。另一方面杨素虽然看得上高颎，但两人因为一件事情而心生芥蒂。

开皇十三年（593年）正月，隋文帝巡游岐州，非常喜欢这里的风景，便决定在这里建造一座行宫，以供他和独孤皇后颐养天年，这个任务落到了杨素头上。

杨素对此高度重视，请来了主持大兴城建设的宇文恺作为总设计师，记室封德彝为土木监。为了讨好隋文帝，"夷山堙谷以立宫殿，崇台累榭，宛转相属"，规模搞得很大，档次也很高。这样一来，施工难度大幅增加。杨素又想让隋文帝早日见到宫殿落成，于是投入大量人力物力，"役使严急，丁夫多死，疲屯颠仆，推填坑坎，覆以土石，因而筑为平地。死者以万数"。由于不分昼夜赶工，民工大量死亡。因疲劳过度而晕倒的也都被推进坑里，用土石覆盖后填为平地。尽管死了许多人，但杨素并不在意，无论在战场还是在工地，他从来不把普通人的性命放在心上。

在杨素的严酷监督下，规模庞大的仁寿宫仅仅用了一年时间便竣工落成。在此之前，隋文帝派高颎为自己打前站，查看实情，高颎回来如实禀报说："颇伤绮丽，大损人丁。"这搞得素来以节俭著称的隋文帝心里颇感不悦。

带着不满情绪的隋文帝亲自启程前往仁寿宫，当时正值酷暑，"役夫死者相次于道"，很多死去工匠的尸体来不及处理，杨素竟然下令全部烧掉，不留任何痕迹，这样的做法实在令人发指。隋文帝看到宫殿修得非常奢华，心里更感不快，大怒道："杨素殚民力为离宫，为吾结怨天下。"为了修建仁寿宫，杨素呕心沥血，殚精竭虑，本来想着隋文帝会大加赞赏，压根儿没想到会得到这样的评价，顿时感到一肚子委屈。

看到隋文帝火气很大，杨素委屈之余，更感到惶恐不已，害怕追加处罚。如今他不再奢求论功行赏，只求不丢官就是了。如何才能平息隋文帝心中的怒火，杨素一时没有良策，只好求教于封德彝。

封德彝以智识过人著称，最初为杨素的幕僚。一次，杨素召见封德彝。封德彝失足落水，被救起后，换了件衣服便去见杨素，绝口不提落水之事。杨素知道后问他原因，封德彝道："这是私事，没有什么可说的。"杨素对此非常惊异，后来将自己的堂妹嫁给封德彝。

封德彝头脑活，点子多，杨素经常和他商议事情，面对如此困局，封德彝为杨素出主意说："公勿忧，俟皇后至，必有恩诏。"意思是杨素不要焦虑，等到独孤皇后来到后，便没事了。独孤皇后到了仁寿宫后，杨素第一时间前去拜见说："帝王理当有一些行宫、别墅，现在天下太平，我们仅仅修造了这么一座宫殿，哪里就谈得上浪费了呢？"独孤皇后觉得也是，国家蒸蒸日上，修一座宫殿算不得什么。第二天，隋文帝召见杨素又说起此事，独孤皇后在旁边为杨素辩解："杨公知道我们夫妇年老，没有地方娱乐，盛饰此宫，难道不是忠孝吗？"

隋文帝最听夫人的话，几乎言听计从，听独孤皇后这么一说，先前的怒气全消，不仅没有处罚杨素，反而赐钱百万，锦绢三千缎。从此，杨素更得隋文帝的信任。

度过危机的杨素，最感激的人毫无疑问便是封德彝，正是他的锦囊妙计，使自己巧妙脱身，因祸得福。在他看来，封德彝真是料事如神，对此封德彝解释说："皇上素来节俭，因此见到宫殿必然发怒，但是他最听皇后的话，而皇后又是妇道人家，喜欢华丽的东西，皇后感到高兴，那么皇帝自然就不会为难。"杨素听罢心里为封德彝点赞，表示自愧不如。从此将封德彝视为心腹和头号智囊，经常与他谈论政务，还抚摸着自己的床说："封郎必当据吾此座。"意为封德彝将来一定能坐到自己这样的高位。为此杨素极力向隋文帝推荐，封德彝被提升为内史舍人。

杨广思来想去，觉得杨素能够成为可依靠的力量，问题是如何才能与杨素接上头，让他来支持自己呢？杨广将这个烦恼告诉了心腹寿州刺史宇文述。宇文述为其出谋划策道："皇太子失爱已久，令德不闻于天下。大王仁孝著称，才能盖世，数经将领，深有大功。主上之与内宫，咸所钟爱，四海之望，实归于大王。然废立者，国家之大事，处人父子骨肉之间，诚非易谋也。然能移主上者，唯杨素耳。素之谋者，唯其弟约。述雅知约，请朝京师，与约相见，共图废立。"这段话除了拍马屁的成分外，透露了两个重要的信息。一是杨素确实是一个关键人物，是少数几个能说动皇上的人，要想夺嫡成功，必须争取杨素的支持。二是杨素最听弟弟杨约的话，只有杨约能劝说杨素，而自己认识杨约，可以去京城，拉杨约下水，请他助一臂之力。

杨广闻之大喜，全权委托宇文述去办这件事。如何才能将杨约拉下水呢？当然要利用他的弱点，杨约最大的毛病就一个字——贪。只要有短板，自然有搞定他的办法。宇文述到京后，约杨约吃饭喝酒，席间拿出一些世上罕见的珍奇宝玩，杨约见后眼睛都放光了，宇文述提出玩赌博游戏，乘机将这些珍玩输给了杨约。这搞得杨约很不好意思，于是回请宇文述吃饭，宇文述觉得时机已经成熟，坦诚地告诉杨约说："这些珍宝都是晋王杨广所赐，为的是让您开心。"

杨约大吃一惊，这才意识到事情没那么简单，问道："何为者？"晋王为何如此大方？言外之意肯定有什么事，而且不是小事情。宇文述觉得是时候和盘托出了，他说："夫守正履道，固人臣之常致，反经合义，亦达者之令图。自古贤人君子，莫不与时消息，以避祸患。公之兄弟，功名盖世，当途用事，有年岁矣。朝臣为足下家所屈辱者，可胜数哉！又储宫以所欲不行，每切齿于执政。公虽自结于人主，而欲危公者固亦多矣。主上一旦弃群臣，公亦何以取庇？今皇太子失爱于皇后，主上素有废黜之心，此公所知也。今若请立晋王，在贤兄之口耳。诚能因此时建大功，王必镌铭于骨髓，斯则去累卵之危，成太山之安也。"

这段话的大意是，人臣之道，固然在于恪守本分，但也要与时俱进。打破常规以符合新的道义，不能不说不是明智之举。你们兄弟二人身居高位多年，肯定得罪了一些人，朝中不少大臣对你们有意见。太子因为一些事情也对您兄长杨素感到不满，虽然皇上很宠信你们，但暗地想搞倒你们的大有人在。如果哪一天皇上驾崩了，你们的好日子恐怕就要到头了。有没有办法自救呢？当然有，如今太子不讨皇后喜欢，皇上也有废立之心，这都是公开的秘密了。如今晋王是否能够成为新太子，就在于您兄长杨素是否能劝得动皇上。如果大事能成，晋王自然不会忘记你们兄弟二人的扶立之功，这样做不仅能消除隐患，还可以找到新的靠山。

宇文述来之前想必做了充分的准备，这番话逻辑性极强，层层深入，严丝合缝，滴水不漏，更重要的是他完全站在杨家兄弟的角度，为他们设身处地着想。杨约被深深打动，转过头就去找哥哥杨素，将宇文述的意思透露给兄长。杨素听后也觉得有理，抛除平时和杨勇关系一般这个因素，从另一个角度来看，如果杨勇即位，作为儿女亲家的高颎会继续得到重用，而自己将来如何便不好说了，如果能改立杨广，作为扶其上位的头号功臣，想必能踢开高颎，成为朝臣中的第一人。

杨素于是对杨约说："吾之智思，殊不及也，赖汝起予。"这句话是夸奖弟弟的，说自己的心思尚未考虑到这些，幸好有杨约提醒。杨约见兄长愿意参与此事，进一步建言道："今皇后之言，上无不用，宜因机会，早自结托，则匪唯长保荣禄，传祚子孙，又晋王倾身礼士，声名日盛，躬履节俭，有主上之风，以约料之，必能安天下。兄若迟疑，一旦有变，令太子用事，恐祸至无日矣。"这席话有三层意思，一是如今皇上最听皇后的话，想要成功，必须把独孤皇后拉进来，让她去说服皇上。二是杨广的日常表现证明，他完全可以成为一个不错的皇帝，所以他登上帝位后，天下不会大乱。三是这种事情要做就早做，如果拖得太久，情况发生变化，等到太子杨勇掌了权，灾祸很可能降临。

杨素觉得杨约说得都对，特别是第一点最为重要，他在朝中深知独孤皇后的巨大影响力，她说什么，隋文帝就会听什么，所以独孤皇后的态度是关键之所在。不过，杨素虽然听说独孤皇后喜欢杨广，对太子杨勇颇有微词，但是否有废立太子的心思，他心里没有底。所以决定找机会去摸清楚独孤皇后内心的真实想法。

最强同盟军

杨素很快就摸清了独孤皇后的底牌。有一次，他奉命入宫侍宴，有了与独孤皇后单独聊天的机会，杨素找准时机说了一句："晋王孝悌恭俭，有类至尊。"晋王又孝顺又仁爱，而且恭敬而节俭，和当今皇上一个样。

不得不说，杨素是位高人，这话说得很巧妙，不露声色也不留痕迹，但却能够达到自己的目的。如果独孤皇后不接茬，说明还没有达到要考虑废立的程度，这样的话，自己必须要悬崖勒马，静观情势变化再说。但没想到，独孤皇后不仅有反应，而且还相当剧烈，史书上说："皇后泣曰：'公言是也。我儿大孝顺，每闻至尊及我遣内使到，必迎于境首。言及违离，未尝不泣。又其新妇亦大可怜，我使婢去，常与之同寝共食。'"

独孤皇后竟然哭着表示杨素说得太对了，杨广这个儿子是个大孝子，皇上或自己派人去，他都赶到扬州的边界上迎接。每次离开京城返回扬州时，没有一次不哭的。不仅这个儿子表现好，儿媳萧氏也很不错，我每次派婢女去，她都和婢女同寝共食。

如果独孤皇后的话说到这里，杨素还是无法探究她的真实想法，喜欢杨广并不代表着想要废黜杨勇，毕竟都是她的儿子。但独孤皇后接下来的一番话，让杨素吃了定心丸。她说："岂若睍地伐共阿云相对而坐，终日酣宴，昵近小人，疑阻骨肉。我所以益怜阿𫢸者，常恐暗地杀之。"岂若睍地伐是杨勇的小名，阿𫢸是杨广的小名，独孤皇后意思是说杨勇每天和云昭训在一起，亲近小人，猜忌骨肉，这都不算什么，她担心杨勇有一天会因为嫉妒心而把弟弟杨广干掉。

独孤皇后的话已经接近于表白，把杨勇说得一无是处，言外之意，这样不孝不义之人怎么能够成为将来的皇上？杨素等的就是这样的话，看到独孤皇后立场坚定，他也赶紧表明自己的态度，义愤填膺地斥责太子杨勇。独孤皇后觉得找到了同盟军，从此将杨素视为心腹亲信。

杨勇并不傻，从父母的态度中，他意识到了问题的严重性，但是冰冻三尺非一日之寒，他找不到办法重新挽回父母的心，一种不祥甚至恐惧的情绪充溢心间。万般无奈之下，只好求助于术士，术士的破解之法是要杨勇从此过苦日子方能化解灾祸。于是，他盖了几间简陋的房子，里面铺上草席，杨勇穿着素衣而眠。不过，这样的表现实在太晚了，早知如此，何必当初呢？

太子的异常表现自然引起了隋文帝的注意，他派杨素去了解杨勇的精神状态，这给了杨素千载难逢的机会。杨勇听说父皇要派人到自己的府上，非常重视，穿戴整整齐齐恭候杨素，但左等右等就是看不到杨素的影子。原来杨素故意在太子府的周边徘徊不入，目的是为了激怒杨勇。杨勇果然有些急了，毕竟自己是太子，竟然被如此怠慢，就在杨勇肾上腺素上升时，杨素来了，杨勇的态度可想而知。

杨素回去向隋文帝汇报说：“臣见太子面露怨恨之色，恐有不测，望陛下严加戒备。”第一句话没错，但却是杨素给逼的，后一句杜撰的有些危言耸听。只是已经对太子颇感失望的隋文帝却听了进去，随后采取了一个重要的措施，便是弱化东宫太子的护卫，隋文帝将东宫原来比较强健的卫士调去了宫城，留下的都是一些老弱病残之人。

高颎的倒台

高颎此时站出来为太子说话了，表示这样做使得保护太子的侍卫力量太弱了。隋文帝对此相当不快说："我有时候出巡，需要健壮卫士的护卫，太子在东宫培育他的德行，左右要什么勇士？"隋文帝认为高颎碍于儿女亲家的关系，总是站在太子一边帮他说话，自己最信任的朝臣现在和太子穿一条裤子，保不齐两人之间还有什么不可告人的秘密，从此对高颎有了提防之心。

高颎不仅惹得隋文帝不开心,更重要的是,在此之前他还得罪了独孤皇后。事情的起因是高颎的夫人去世,独孤皇后对隋文帝说:"高仆射老矣,而丧夫人,陛下何能不为之娶?"让隋文帝帮着高颎再娶一个妻子,好照应他的老年生活。独孤皇后完全是出于好心,隋文帝欣然同意,将此事告诉了高颎,没想到高颎拒绝了,给出的理由是:"臣今已老,退朝之后,唯斋居读佛经而已。虽陛下垂哀之深,至于纳室,非臣所愿。"说自己年老体弱,退朝回家只是吃斋念佛而已。虽然陛下对我很厚爱,甚至想帮我纳妻,但这不是我的意愿。

既然高颎不愿意,而且理由也很充分,隋文帝于是打消了这个念头。但万万没想到,没过多久,高颎的爱妾竟然给他生了一个男孩。这可把独孤皇后气坏了,她最恨男人纳妾,高颎不仅有小妾,还生了儿子。更让人无法容忍的是,高颎在皇上面前口口声声说要清心寡欲,为此还谢绝了皇上和自己的好意,但事实上完全不是那么回事,简直就是一个"两面派"。

隋文帝听说高颎晚年得子本来感到很高兴,但看到独孤皇后神情不对,便问缘故,独孤皇后说:"始陛下欲为颎娶,颎心存爱妾,面欺陛下。今其诈已见,陛下安得信之!"陛下起初想为高颎娶妻,他却当面欺骗陛下。现在他的谎话已显现,陛下怎能再信任他?隋文帝想想皇后说得对,由小识大,高颎确实是当面一套背后一套,"上由是疏颎",从此开始疏远高颎。

独孤皇后对高颎不满并非因为这一件事,在此之前,还有一事搞得独孤皇后很不爽。独孤皇后对皇帝老公看得很紧,不允许他亲近其他女人。不过,百密难免一疏,隋文帝有次到仁寿宫,无意间发现一个宫女长得非常漂亮,惊为天仙,一问才知道此女是当年挑头叛乱的尉迟迥的孙女,尉迟迥起兵失败后,她被没收入宫当奴。隋文帝荷尔蒙上头,破戒临幸了这个宫女,此后频繁让尉迟氏侍寝。世上没有不透风的墙,这件事很快就被独孤皇后知道了,她怒不可遏,趁隋文帝上朝的时候,痛下杀手,将尉迟氏害死。

隋文帝下朝后得知噩耗，愤怒至极，堂堂大隋王朝的皇帝竟然连自己心爱的女人都无法保护，他感到很是窝囊。再想起这些年来，独孤皇后对自己的严格管束，所有的委屈一起涌上心头，但是又对独孤皇后没有什么办法，一气之下，离宫出走。史书上记载："单骑从苑中而出，不由径路，入山谷间二十余里。"隋文帝直接骑着马冲出皇宫，慌不择路地跑进了山中，一直跑了二十多里。

皇帝居然跑了，所有人都傻眼了，两位宰相高颎和杨素赶紧上马追赶，追上之后拉住隋文帝的马头，苦苦劝谏。隋文帝长叹一声说："吾贵为天子，而不得自由！"自己虽然贵为天子，却连一点自由都没有。要知道皇帝本就该有很多妃子，而为了独孤皇后，已经做了最大的让步，从来没有让任何一位妃子怀孕生子，也从来没有独宠过任何一个妃子，好不容易真心喜欢上了一个女子，最终还被独孤皇后害死了，这对于一个男人来说是莫大的屈辱，何况还是一位九五之尊的皇帝。

高颎赶紧劝道："陛下岂以一妇人而轻天下！"劝说隋文帝为了一个女人而抛弃天下，实在不应该。

隋文帝渐渐冷静下来，三人在山谷中待了很长时间，隋文帝觉得无路可去，到了半夜，同意回宫。"后流涕拜谢，颎、素等和解之，因置酒极欢"，独孤皇后泪流满面，哭着道歉，高颎、杨素等纷纷劝和，最后隋文帝的气也消了，摆下酒席，把酒言欢，这件事就算翻篇了。

人家皇帝夫妇和好如初，但高颎却因为说了一句话惹上了麻烦，独孤皇后认为高颎说的"一妇人"是指自己，言语间充满轻蔑之意。要知道，隋文帝和独孤皇后当时并称为"二圣"，地位非常高，但在高颎眼中自己不过只是一个普通妇人，到底是何居心，更何况高颎还是独孤皇后推荐给隋文帝的，如今却对自己如此无礼。

高颎确实够冤枉的，他所说的妇人很有可能是尉迟氏。没想到，给皇帝夫妇劝架把自己劝到了独孤皇后的对立面，再加上小妾生子的事情，使得独孤皇后对他的负面印象已经无法挽回。更关键的是，在废立太子的问题上,高颎一直站在杨勇这边,又与独孤皇后的想法相左。独孤皇后看到隋文帝开始疏远高颎,觉得机会来了,心里想着彻底扳倒他。

开皇十八年(598年),高句丽侵扰辽东,隋文帝命汉王杨谅为元帅,高颎为元帅长史,率大军征伐。但对于这次远征,高颎持反对意见,他认为行军路线过长,后勤保障非常困难,如粮草供给不上很难打胜仗,隋文帝并没有听从他的意见,执意发兵远征。

后来的结果和高颎预料的完全一样,隋军到了辽东后,遭遇长时间的降雨,导致河流泛滥,再加上不服水土,导致非战斗减员非常严重,最后只能撤兵。

这次无功而返本来是因为客观原因,和高颎的指挥没有任何关系。不过在独孤皇后看来,这是扳倒高颎的一个绝佳机会。她对隋文帝说:"颎初不欲行,陛下强遣之,妾固知其无功矣!"高颎当初不愿意出征,陛下勉强他才动身,当时我就知道他会无功而返。独孤皇后完全是事后诸葛亮,将失利的屎盆子扣在了高颎脑袋上,好像前线没得胜是高颎在中间搞鬼似地。

此次出征,隋文帝虽然让汉王杨谅挂帅,但觉得他年纪小,把军权全部交给了高颎。高颎深感责任重大,兢兢业业。杨谅对行军打仗不在行,但却喜欢指手画脚,对他提出的意见,高颎大多没有采纳,这引起了杨谅的严重不满。班师回京后,杨谅向母亲独孤皇后哭诉说:"孩儿真是幸运,没有被高颎杀掉。"独孤皇后听后如获至宝,将杨谅的话转述给隋文帝,隋文帝非常生气,高颎竟然欺负到自己儿子头上,照此下去,必将成为一个无法无天的权臣。

形势对高颎越来越不利,关于他的谣言接踵而来。高颎奉诏发兵攻击突厥,仗打到一半,他派使者回京请求派援军,这时候有人说:"高颎打算叛变",就在隋文帝半信半疑时,仗打完了,高颎大获全胜,凯旋而归,这个谣言不攻自破。

但接下来的一个谣言却终于将高颎拉下了马。有人告发上柱国王世积密谋造反，王世积是高颎举荐的，在被关押审讯期间，他供认说所有宫中的事情，都是高颎透露给他的，这让隋文帝大为吃惊，下令彻查。调查的结果是"颎及左右卫大将军元旻、元胄，并与世积交通，受其名马之赠"，高颎和元旻、元胄与王世积交往甚密，而且还收受了王世积所赠的良马。

最后的处理结果是王世积被诛杀，罢黜了元旻、元胄的官职，至于高颎，被免掉了上柱国、左仆射的官职。高颎在朝中的威望很高，上柱国贺若弼、吴州总管宇文弼、刑部尚书薛胄、民部尚书斛律孝卿、兵部尚书柳述等人都上奏申明高颎无罪。隋文帝存心要除高颎，见众多重臣出来说情，更加愤怒，下令将为高颎申辩的人都交付执法官吏问罪。刑部尚书薛胄依据刑律条文为高颎辩解，竟被"械系"，被戴上了刑具。这样一来，百官就没有人再敢为高颎求情了。高颎被罢免了官职，以齐国公归家闲居。

高颎的倒霉日子还没有到头，虽然被罢了相，但是他身处高层多年，影响力很大，而且这次罢官也没有一撸到底，还保留了齐国公的爵位，不少大臣还寄望于他能东山再起。为了消除高颎的影响力，隋文帝和独孤皇后上演了一出"苦肉戏"。

高颎免职不久，隋文帝驾幸秦王杨俊的府第举办宴会，特意让人召唤高颎赴宴。有些日子没有见到皇帝的高颎看到隋文帝后，情不自胜，眼泪汪汪，独孤皇后表现得也很伤心，同样是泫然落泪。隋文帝对高颎说："朕没有对不起你，是你辜负了朕。"转而对参加宴会的大臣说："我于高颎，胜于儿子，虽或不见，常似目前。自其解落，瞑然忘之，如本无高颎。人臣不可以身要君，自云第一也。"我待高颎，比对我儿子还好。虽然有时看不到他，但他好像就在我眼前一样。自从他离职后，我一点都不记得他了，好像根本就没有高颎一样，作为大臣的决不能自恃有功要挟君主，自认为是天下第一，一旦这样可就万劫不复了。

隋文帝说这样的话，意思再明白不过，便是要告诉群臣高颎已经成为一个弃子，不会再有重新崛起的机会。既然皇上都这样说了，头

第十二章 夺嫡之争　153

脑灵活的便知道该如何做，开始落井下石。最早揭发高颎的是他身边的人，齐国公府上的总管说高颎的儿子高仁表私下对父亲说："司马仲达初托疾不朝，遂有天下，公今遇此，焉知非福？"过去司马懿也曾经假装病痛，不去上朝，但后来却篡夺了曹家的天下，所以父亲您贬官在家中，未尝不是一件好事。

高仁表说这样的话，无疑是为了安慰父亲，但用的这个例子却大有问题。司马懿装病骗过了曹操，后来他的子孙篡夺了曹魏天下建立了西晋，高仁表如此说好像想效仿司马懿父子，以退为进，图谋篡位。隋文帝听后非常生气，原来高家父子有想篡权的想法，简直大逆不道，便下令拘捕高颎，关入内史省的监狱严加审讯。

听说高颎被抓，举报他的人更多了。有人举报说高颎曾经和一个和尚有不正当交往。这位和尚对高颎说："明年有大丧。"意为明年皇帝要死。还有人举报有位尼姑对高颎表示："十七年、十八年，皇帝有大厄，十九年不可过。"开皇十七年、十八年皇帝会遭大难，到十九年必然会死。知人知面不知心，原来高颎在暗地里一直诅咒皇上早日死掉，从而效仿司马家族篡权谋位。

当然，这些举报大多数都是子虚乌有，但怒火中烧的隋文帝已经顾不了那么多了，他对群臣说道："帝王岂可力求！孔子以大圣之才，作法垂世，宁不欲大位邪？天命不可耳。颎与子言，自比晋帝，此何心乎？"皇帝之位难道是可以求得吗？孔圣人有大圣之才，不也是不能得天下。高颎和他儿子的谈话自比西晋宣帝司马懿，居心何在？有关部门请求杀高颎。隋文帝说："去年杀虞庆则，现在又杀王世积，如再杀高颎，天下人会怎么说我？"于是除掉高颎齐国公的爵位，让他做回平民。

最狠小舅子

隋文帝所说的虞庆则曾经是他最为器重的重臣之一，一人身兼三大要职，与高颎、苏威、杨雄并列为"四贵"，一时间风光无限。但为何掉脑袋了呢？冰冻三尺非一日之寒，这还要从虞庆则与长孙晟出使突厥沙钵略可汗的王庭说起，这次任务完成得不错，迫使沙钵略服软，称臣朝贡。但有件事虞庆则却违背了隋文帝的意思。出使之前，隋文帝曾对他说："我要存立突厥，他们要送马给你，你可以接受三五匹。"结果，沙钵略可汗对虞庆则赠马千匹，虞庆则把隋文帝的话抛在脑后，不仅欣然接受，还娶了沙钵略可汗的女儿。这让隋文帝很不高兴，但看到他顺利完成使命的份上，暂时忍了。

平陈之后，隋文帝到晋王府设酒宴招待群臣。高颎等大臣为隋文帝举杯祝酒，隋文帝说："高颎平定江南，虞庆则降服突厥，功劳都非常大。"这时坐在一旁的杨素一听隋文帝没有表扬自己，心里感觉不太舒服，说："都是因为皇帝的威德所致的结果。"意思是说高颎、虞庆则不算什么，都是皇上的功劳，既踩了高颎、虞庆则，又抬高了皇上。高颎情商高，在旁随声附和，可是虞庆则不高兴了，马上怼了一句："杨素前番出兵武牢、硖石，如果不是皇帝的威德，也没有克敌的可能。"杨素也不是吃素的，随即两人当着皇帝的面打起了口水战。好好的一场庆功宴，被虞庆则闹成了揭发大会。御史想要弹劾他们，隋文帝说："今天以计议功劳为乐事，不宜弹劾。"虽然和了稀泥，但隋文帝对虞庆则的不满又增加了。

最终将虞庆则送上断头台的是他的小舅子赵什柱。开皇十七年（597年），岭南发生叛乱，隋文帝和群臣讨论派谁去平叛，诸将争相请战，唯独虞庆则保持沉默。隋文帝很不满意，对请求统兵出征的其他大臣都没答应，就等着虞庆则开口，可是左等右等，虞庆则一直不开口。隋文帝只好主动对虞庆则说："位居宰相，爵乃上公，国家有贼，遂无行意，何也？"你官居宰相，爵位是上公，国家有贼人作乱，却没有出征的打算，这是为什么？虞庆则听到隋文帝的语气，知道皇帝生气了，所以赶紧下跪，表示愿意率军去平乱。

隋文帝为什么不让其他人前往，偏偏就指定由虞庆则出征呢？这是因为赵什柱在背后搞鬼。他的这位小舅子之所以如此做，是因为他暗中与虞庆则的爱妾私通，经常担心事发，于是想着法地把虞庆则往死里整。他觉得这次岭南平叛是个机会，于是大造舆论，四处宣布谣言，说虞庆则对朝廷不忠，一万个不愿意领兵出征。这句话传入了隋文帝的耳中，于是便盯上了虞庆则，而虞庆则在朝堂上的表现，印证了外界所传，隋文帝因此感到非常不满。以前，朝臣大将出征，皇帝都要设宴送行，赏赐礼物而后出发。等到虞庆则南征向隋文帝辞行时，隋文帝面露不悦之色，搞得虞庆则心情非常沉重。

虞庆则很快平定叛乱，回师途中路过潭州临桂镇，观察形势眺览山水后说："此地确实险固，如果粮食充足，若有得力的人镇守，一定攻不下来。"这原本是随口一说，算是领军将帅的"职业病"，到哪里都喜欢察看地形。但说者无心，听者有意，随军出征的赵什柱赶忙向隋文帝禀告，说虞庆则想据潭州造反。隋文帝派人探查，派去的人回来禀报说：虞庆则确实带着大军在潭州驻扎。隋文帝本来就对虞庆则满脑子意见，害怕他生事，于是派人将虞庆则诛杀了。

虞庆则被杀，表面上看是赵什柱在背后使坏，其根本原因在于隋文帝晚年的猜忌心过重，虞庆则和高颎都成了牺牲品。

杨广的最后一击

高颎对免职并没有感到过多的失落，他刚获任仆射时，母亲就告诫他说："汝富贵至极，但有一斫头耳，尔其慎之！"你现在富贵已极，但不要忘了还有掉脑袋的危险，你可要处处小心谨慎！高颎一直记着母亲这句话，时常担心发生灾祸。现在虽然丢了官但得以保全性命，高颎不但没有怨恨反而很高兴。

高颎被贬，其实受到更大损失的是隋文帝，为什么这样说？因为高颎是整个隋朝最有才干的一个宰相，国子祭酒元善曾对隋文帝说："杨素粗疏，苏威怯懦，元胄、元旻正似鸭耳，可以付社稷者，唯独高颎。"当时几个重臣中,杨素很粗疏,苏威很怯懦,元胄、元旻之流就好像鸭子一样随波逐流,可以倚重的只有高颎一人。隋文帝起初也认为元善说得很对,但在罢黜高颎后,隋文帝却狠狠地责备元善,最后搞得元善忧惧而死。后来唐太宗对此评价道:"高颎有经国大才,为隋文帝赞成霸业,知国政者二十余载,天下赖以康宁。文帝唯妇言是听,特令摈斥,及为炀帝所杀,刑政由是衰坏。"在李世民看来,高颎被贬成为隋朝由盛转衰的一个重要因素。

高颎告别政坛,意味着太子杨勇失去了最后一座靠山,今后的命运将更加凶险。杨广觉得时机已到,必须要抓住时机发力。此时正赶上他奉诏入京觐见,公务处理完毕后,在返回扬州之前,特意进宫和母亲话别。见到母后,杨广颇为伤感地说:"臣镇守有限,方违颜色,臣子之恋,实结于心。一辞阶闼,无由侍奉,拜见之期,杳然未日。"越说越难受,到最后竟然匍匐在地痛哭流涕,独孤皇后见状也跟着掉眼泪。

杨广觉得时机成熟,说道:"我性情见识愚笨低下,常常顾念兄弟间的感情,但不知道因为什么得罪了太子,他想要除掉我,我真害怕有一天被他毒死。"杨广完全是恶人先告状,但却引发了独孤皇后的强烈共鸣,因为她一直怀疑太子妃是被杨勇和云昭训毒死的,既然有第一次,就会有第二次。

独孤皇后愤然说道:"这个太子越来越不像话,我给他娶了元氏,他竟然不以夫妇之礼对待她,却无比宠爱小妾阿云,生下了那么多猎狗一样的儿子!元妃被毒死,我不能为她洗刷冤屈。如今他对你也生出这样的念头,我活着,他就敢这样,我死以后,你岂不是被他当作鱼肉一样宰割。每见到东宫连嫡子也没有,陛下千秋万世后,留下你们兄弟向阿云的儿子磕头问安,心里感到非常痛苦。"杨广听完母亲的话,哭得更厉害了。独孤皇后由此下定决心,一定要废掉杨勇的太子之位,改立杨广。

一场大戏已经就绪,只待一个导火索。开皇二十年(600年)九月，导火索终于被一个叫作姬威的人点燃了。

姬威本来是东宫的官员，但是被杨广暗地里派人收买，成了卧底。杨广觉得是时候起用这个潜伏者了，他派人告诉姬威说："太子所犯的错误，皇上已经知道，你如果能抢先告发，定会大富大贵。"姬威接到指令，立即行动，上书隋文帝，说自己掌握了确切的证据，太子杨勇图谋造反。

由于姬威是杨勇身边的人，隋文帝接到密报，大为震惊。太子的一系列作为让他看不顺眼，独孤皇后也经常在他面前说杨勇的不是，如今身边人都举报他图谋不轨，这样的人不能再待在太子之位上了，隋文帝终于下了废立之心。

杨勇的罪状

隋文帝认为废立太子是国之大事，需要得到群臣的支持。他当即从仁寿宫返回大兴城，召集群臣对他们说："我新还京师，应开怀欢乐；不知何意，翻邑然愁苦！"回到京城本来是件高兴的事情，但不知为什么，不仅高兴不起来，反而感到非常愁苦。

面对隋文帝的发问，群臣不知道怎么回答，面面相觑，只有牛弘站出来说："由臣等不称职，故至尊忧劳。"这显然不是隋文帝想要的答案，看到朝臣们都不接招，隋文帝转而对东宫的官员说："仁寿宫去此不远，而令我每还京师，严备仗卫，如入敌国。我为下利，不解衣卧。昨夜欲近厕，故在后房恐有警急，还移就前殿，岂非尔辈欲坏我家国邪！"仁寿宫离这里不远，但是我每次返回京师都得严格准备仪仗保卫，就像进入敌国一样。我因为拉肚子，不敢脱衣服睡觉，昨天夜里要上厕所，因为在后边的房间恐怕有紧急之事，就返回前殿居住。难道不是你们这些人要危害我的家国吗？

隋文帝将矛头明确地指向了太子，这个时候终于可以打开天窗说亮话了，他下令把太子左庶子唐令则等几个人抓起来交付有关部门进行审讯，命令杨素将东宫的情况告诉朝臣。

杨素说了两件事：第一件是刘居士事件。刘居士是太子杨勇的手下，专门负责东宫宿卫，但同时他又是一个"黑社会"组织的头目，纠结一些同伙，为非作歹，欺男霸女，后来被隋文帝下诏处斩。隋文帝令杨素继续捉拿刘居士的党羽，当杨素请求太子予以协助时，太子却大发雷霆说："居士党尽伏法，遣我何处穷讨？尔作右仆射，委寄不轻，自检校之，何关我事？"刘居士早就伏法了，还让我怎么处理，况且你是宰相，这种事应该由你负责，跟我有什么关系？

第二件事是太子杨勇曾说过："若大事不遂，我先被诛。今作天子，竟乃令我不如诸弟。一事以上，不得自由。"意思是说，杨勇曾经表示当年隋文帝密谋篡位，如果没成功，作为长子的他首当其冲会被杀掉，如今父亲当了皇帝，竟然让弟弟骑在自己头上，简直欺人太甚。

杨素对朝臣所揭发的这两条罪状，听上去并不严重，无非是杨勇发发牢骚而已，根本够不上废立太子的标准。看到群臣对此无动于衷，隋文帝只好自己出面了，发表了长篇大论，说清楚为什么要废立太子。他表示独孤皇后曾劝自己废掉太子，但"我以布衣时所生，地复居长，望其渐改，隐忍至今"，考虑到杨勇是在自己还没有成为皇帝时所生，而且是嫡长子，希望他能改过自新，所以才一直忍到今天，但如今已经忍无可忍。

隋文帝接下来讲了几件让他无法容忍的事情：一是"勇尝指皇后侍儿谓人曰'是皆我物'"，杨勇曾经指着皇后的侍女说，这以后都是我的。在父皇和母后都在世的时候，说这样的话，究竟是几个意思，所谓"此言几许异事"。二是太子妃离奇死亡，我怀疑是被人毒害，责备了太子几句，杨勇怀疑是太子妃的父亲告状，回怼说要杀了他，"此欲害我而迁怒耳"，杨勇这样做完全是为了威胁父皇。三是杨勇和云昭训生了儿子，我和皇后把他当作自己的孙子看待，想着帮助抚养，但没想到他们"自怀彼此，连遣来索"，认为我们不怀好意，接连派人要将孩子接回去。四是"且云定兴女，在外私合而生，想此由来，何必是其体胤！昔晋太子取屠家女，其儿即好屠割。今俨非类，便乱宗祜。我虽德惭尧、舜，终不以万姓付不肖子！"云定兴的女儿，是云定兴在外面私合而生，想到她的出身来历，怎么说必定是他的子女呢？以前晋太子娶了屠户的女儿，他的儿子就喜欢屠宰之事。如今他们不是咱们这一类人，会乱了宗嗣。我虽然德行不及尧舜，但终归不能把天下百姓交付给品行不端的儿子！

隋文帝最后做了总结陈词："我恒畏其加害，如防大敌，今欲废之以安天下！"我一直担心杨勇会加害我，防范他如防大敌，现在打算将他废黜，使得天下得以永久安宁。

尽管隋文帝情绪很激动，但朝臣们听下来，觉得杨勇好像没有什么致命的问题，这四点大多是家长里短的事情，特别是第四点还有些八卦和推理的成分，以这样的理由废掉太子，实在有些牵强，难以让天下人心服。

左卫大将军元旻站出来劝阻说："废立太子是一件大事，诏书一旦颁布，再想挽回就来不及了。谗言陷害，无所不入，希望陛下能明察。"这样的情形有些出乎隋文帝的意料，杨素上阵不行，他上阵还是难以服众，看来废黜杨勇并非如想象中那般容易，无奈之下，隋文帝只好使出撒手锏，让东宫的姬威出来指控自己的主人。

姬威等的就是这一天，他当众说了一些为人所不知的内幕，主要包括：一是太子多次说想要从樊川到散关，一并规定为游苑。还说："从前汉武帝准备建造上林苑，东方朔规劝他，赏给东方朔百斤黄金，多么可笑。我实是没有黄金赏赐给你们的。如果有规谏的人，就该被斩除，不过杀死百把人，自然就永远清静了。"二是杨勇的亲信苏孝慈被解除职务，太子非常生气，动怒道："大丈夫终会有一天扬眉吐气，这仇终身不忘，到时候一定要称心如意。"三是太子提出的一些需求被尚书省依照法规拒绝，杨勇大怒道："宰相以下的官员，要杀一两个，让他们知道对我傲慢的代价。"四是太子在东宫兴建楼台歌榭，一年四季劳役不停歇，建起的亭殿，早上建造晚上又改了。五是杨勇常说：

"皇上责怪我有很多姬妾,没有嫡子,所生的都是庶子,可嫡庶那么重要吗?高纬、陈叔宝哪个不是嫡子?到头来又怎么样?"六是太子请人算卦,说自己父皇活不过开皇十八年,期限转眼就要到了。

根据姬威的陈述,太子杨勇是一个典型的不孝不义不忠之徒,这种人一旦当了皇帝,大概率会成为暴君,大臣不会再有好日子过,很可能面临着一场场腥风血雨。

姬威举报的不再是婆婆妈妈的帝王家事,而是凸显了杨勇恶劣的品性,以及对社稷和朝臣的现实危害性,所以杀伤力很大。杨勇此时已经失去了自辩的权利,只能任由姬威说什么是什么。隋文帝见状趁热打铁,流着泪说:"谁非父母生,乃至于此!"谁不是父母生的,没想到太子竟然凶恶到如此地步。并说:"朕近来读《齐书》,看到高欢放纵自己的儿子,非常气愤,怎么可以效仿这种人的坏做法呢?"

隋文帝和姬威一唱一和,这场"双簧戏"非常成功,听完姬威的陈述,又看到皇上如此动容,出来为太子说话的人越来越少。为了让群臣都闭嘴,隋文帝想了一招,便是收拾率先站出来为杨勇说话的元旻。

没过几天,司法部门向元旻发难了,弹劾他与太子有不正当的交往,证据是隋文帝在仁寿宫时,杨勇派人给元旻送了一封密信,信封写着"勿令人见",这种见不得人的事情必有蹊跷,说不好是想密谋作乱。隋文帝装着恍然大悟,说:"我身在仁寿宫,一点点小事情,东宫就会知道,消息灵通比驿马还快,我一直觉得纳闷,原来是元旻搞的鬼。"

元旻的厄运来临了,他被逮捕入狱,革除一切军职。紧接着,隋文帝下令让杨素带人搜查东宫。搜了半天,发现了两个罪证。说来奇怪,所谓罪证并不是叛乱常用的刀剑盔甲,更没有密谋书信,一个是数千根槐树根,另一个是几斛艾草。

这两样东西好像和谋反没有关系,但它们有一个共同特征,都是打火的材料。当时打火的程序是先敲打燧石,有了火星后用艾草去引燃，然后再去点燃槐树根。

杨勇为何要在东宫储藏如此多的点火材料呢？这是因为有次杨勇见到一棵枯老的槐树，便问左右："它还有什么用？"侍从表示可以用来烧火。当时卫士们也需要材料取火，杨勇觉得不能浪费，由是命人将槐树根加工后准备赐给手下，同时配套提供了许多艾草。谁承想，还没来得及发给手下，太子宫便被查抄了。

杨素看到院子里堆满这些东西，心里也感到纳闷，便找来内线姬威问个究竟，姬威给出的答案是太子别有用心，什么样的用心呢？他说："皇上经常住在仁寿宫，太子养了一千匹马，曾经表示只要控制了仁寿宫的城门，皇上就会饿死。"就是说，杨勇囤积如此多的点火材料，是用来制作火把，想着趁夜突袭仁寿宫，把皇帝困死在里面。

不得不说，姬威为了有个投名状，已经不顾一切，张口就来。或许因为编得有些太离谱，杨素并不太相信，就此事诘问杨勇。杨勇简直不敢相信自己的耳朵，这样荒唐的理由居然也能编撰出来，他反问杨素说："我听说你家有上万匹马，我身为太子，有一千匹，怎么就是要谋反呢？"这话问得杨素顿时哑口无言。

杨素不甘心，将东宫所有查抄的衣服器具、首饰珠宝等全部陈列出来，办了一个奢侈品展览会，请文武百官来参观，展示杨勇生活奢靡的罪证。隋文帝和独孤皇后多次派使者责问杨勇，但杨勇每次都为自己喊冤，表示不服。

杨勇当然会不服，说他图谋不轨，只是姬威的一面之词，没有任何实锤的证据，所谓的罪证都相当牵强，如果仔细梳理一下，甚至连牵强都谈不上。但他的亲爹亲娘，当今的皇上皇后铁了心地要废掉他，证据材料就不再重要了，所谓"欲加之罪何患无辞"。

即便如此，隋文帝还想让群臣们心服口服，既然现实中找不到证据，就只能求助于老天。在他的授意下，太史令进言说："臣观天象，皇太子当废。"既然是老天爷的意思，群臣也就不好再说什么了。

清除太子党

开皇二十年（600年）十月九日，上演了隆重的废立太子仪式。隋文帝派人传见杨勇，杨勇见到使者，惊恐道："得无杀我邪？"以为隋文帝要杀自己，使者表示没有性命之虞，但太子之位必须要废掉，让他好好配合表演。

隋文帝全副武装，集结禁军，登上武德殿，命皇室宗亲站在东边，文武百官站在西边。杨勇及其子女被引导至殿庭中央，隋文帝命内史侍郎薛道衡宣读诏书，废黜杨勇的太子之位，以及他子女的亲王和公主的封号。诏书中先说了太子之位的重要性，"太子之位，实为国本，苟非其人，不可虚立。自古储副，或有不才，长恶不悛，仍令守器，皆由情溺宠爱，失于至理，致使宗社倾亡，苍生涂地。由此言之，天下安危，系乎上嗣，大业传世，岂不重哉！"

然后给出了废黜杨勇的理由，"皇太子勇，地则居长，情所钟爱，初登大位，即建春宫，冀德业日新，隆兹负荷。而性识庸暗，仁孝无闻，昵近小人，委任奸佞，前后愆衅，难以具纪。但百姓者，天之百姓，朕恭天命，属当安育，虽欲爱子，实畏上灵，岂敢以不肖之子，而乱天下"。这段话大概的意思是说，皇太子杨勇是我的儿子，我当上皇帝就立他为太子，希望他典学有成，继承基业，可是他资质平庸，不仁不孝，亲近小人，宠信奸佞，其罪行数不胜数。百姓是上天的百姓，我恭奉天命为帝，应当爱护百姓。我虽然爱我的儿子，更畏惧上天和生灵，怎么能让这个不孝之子祸乱天下？

话虽然说得冠冕堂皇，还是没有什么可以拿得出手的证据。但事已至此，已经不再需要。杨勇虽然不甘，但也只能接受命运的安排，至少没有被杀头。于是磕头道："我的尸首应该横躺在法场上，使将来的人警惕！如今，幸而获陛下哀怜，得以保全性命。"说罢，泪水潸然而下，染湿衣襟。无论宗亲还是百官，看到此情此景，黯然神伤，沉默不语。

隋文帝接着要收拾太子党羽，下令将元旻处斩。然后严厉指责东宫的官吏，没有人敢作声，只有太子洗马李纲站出来表达不同意见："废立大事，今文武大臣皆知其不可，而莫肯发言，臣何敢畏死，不一为陛下别白言之乎！太子性本中人，可与为善，可与为恶。向使陛下择正人辅之，足以嗣守鸿基。今乃以唐令则为左庶子，邹文腾为家令，二人唯知以弦歌鹰犬娱悦太子，安得不至于是邪！此乃陛下之过，非太子之罪也。"意思是说陛下一直教导不力，所以太子成了这个样子。太子天赋平常，有贤明的人帮助就可以成才，让不贤的人影响就变坏了，怎么让弹琴唱歌打猎游玩的家伙成天在他身边？哪里只是太子的罪过呢？这是陛下的过错。

李纲的胆识实在过人，直接指出杨勇走到这一步，身为父亲的隋文帝难辞其咎。隋文帝神色惨然，过了半天才说："李纲责备我，不是没有道理。但是你只知其一，不知其二。我挑选你为东宫臣僚，但杨勇不亲近信任你，就是换上正直的人又有什么用处呢？"李纲回答："我之所以不为杨勇亲近信任，确实是有佞人在太子身边的缘故，陛下只要将这些小人斩首，更换贤能才学之士辅佐太子，怎么会知道我最后会被疏远和抛弃呢？"说来说去都是隋文帝的过失，隋文帝身边的人都替李纲心惊胆战。但事情却出现了大反转，此时正好尚书右丞空缺，隋文帝指着李纲说："此人是很好的尚书右丞。"

虽然李纲直言而因祸得福，但大部分东宫官员都受到了严厉的处罚。左庶子唐令则和太子家令邹文腾、左卫率司马夏侯福、典膳监元淹、前吏部侍郎萧子宝、前主玺下士何竦一并斩首处死，他们的妻妾子孙都没入官府。车骑将军阎毗、东郡公崔君绰、游骑尉沈福宝特赦免死，各受杖刑一百，本人及其妻子儿女，家产田宅都没入官府。副将作大匠高龙叉、率更令晋文建、通直散骑侍郎元衡都被判罪令其自尽。而在废立太子中出了大力的杨素等受到了丰厚的赏赐。

在追查"太子党"中，令人意外的是，名将史万岁被杀了。史万岁一直以来为本部兵马抗击突厥有功而未获赏赐耿耿于怀，这背后其实也是杨素搞的鬼，他有些嫉妒史万岁，因此在隋文帝面前进谗言说："突厥已经投降了，况且他们本来就不是入侵，而是撤退。"言外之意是史万岁坐享其成，没有什么功劳。隋文帝听了杨素的话，对大破突厥的史万岁部没有任何嘉奖。

史万岁数次上表陈述，但隋文帝都没有搭理。就在隋文帝为废立太子挠头的时候，史万岁再次奏表请功。这可把心情烦躁的隋文帝惹急了，问道："史万岁在何处？"当时史万岁就在殿外候着，杨素为了激怒隋文帝，故意说："史万岁拜访东宫去了。"隋文帝听后大怒，命人召来史万岁，不分青红皂白，下令将其乱棍打死。过了一会儿，冷静下来的隋文帝觉得有些过了，命人通知停止行刑，但一切都晚了，史万岁已经在殿堂上被活活打死。隋文帝事后下了一道诏书，说史万岁"怀诈要功，便是国贼"，以这样的罪名掩盖自己的过失。史万岁南征北战，立下了赫赫战功，就这样死于非命，他死之后，天下万民都为之惋惜。

这一年的十一月初三，晋王杨广被册立为太子，一场太子位置的争夺正式落下帷幕。

杨勇被废后，被软禁在东宫，由新太子杨广负责看管。杨勇还是无法接受这样的现实，屡屡要求面见父皇申冤，但杨广绝对不可能让杨勇见到隋文帝。杨勇爬到树上，面向皇宫的方向大声号叫，希望父亲能见自己一面。隋文帝听到叫声，便问杨广是什么情况，杨广回道："杨勇已经心神丧失，被妖魔附体，魂魄都收不回来了。"隋文帝从此觉得这个儿子疯了，"上以为然，卒不得见"，因此杨勇再也没有机会见到父皇了。

隋文帝废立太子，无疑对整个王朝的命运产生了极大的影响，在唐太宗李世民看来，"逆乱之源，自此开矣"，就是说改立杨广为太子是隋朝二世而亡的祸根。

但就事论事，杨广能在大哥做了二十多年太子，名分早已确定的情况下逆袭成功，首先显示了他高超的政治斗争经验，这一点比杨勇强太多了。父母喜欢什么，杨广就做什么，而杨勇完全反其道而行之。

为了谋夺太子之位，杨广把自己包装成为一个才德皆备的优秀王子，不少人认为他是伪善，是个野心家，但他装的不是一天两天，而是几十年如一日，这不是常人所能做到的。

杨广成功，除了自身努力外，关键还找到了最给力的同盟军，宫里宫外都获得了强有力的支持。宫内是母亲独孤皇后，宫外是宰相杨素，他们通力合作，相互配合，最终将太子杨勇拉下了马。不过，两人帮助杨广的出发点并不一样，独孤皇后是因为对杨勇太过失望，同时受到了杨广的蒙蔽。而杨素完全是为了自身利益考虑，所以他显得更为卖劲儿，抹黑诬陷，无所不用其极。

虽然说整个废立过程充满着阴谋和谎言，但话说回来，隋文帝做出这样的抉择并非完全被杨广所欺瞒，放在当时的历史情境下，废杨勇立杨广并不完全是一件错事。主要原因是隋文帝五个儿子中，杨广无疑是最出类拔萃的，无论是个人素养还是理政能力，杨勇都远逊于二弟杨广。为了江山社稷长远，选择一个更为出色的皇子作为储君完全可以理解，毕竟手心手背都是肉，杨勇和杨广为一母所生，不存在嫡子庶子的问题，选立贤者似乎没有太多可以指责的。

但是，隋文帝忽视了这样做可能产生的巨大后遗症。首先造成了朝廷的分裂，杨勇做了二十多年的太子，在他周围聚集了相当数量的官员，而废立太子，致使不少有政治才华和节操的官员被罢黜，甚至死于非命，比如高颎。其次造成了一种很不好的风气，所谓"君子道消，小人道长"，支持长幼有序、不宜废立的大多是正人君子，讲究政治伦理，而支持杨广的则不少是投机分子，这些小人最终得志，就没有人再愿意讲究政治道德，完全奔着个人利益去了。最后给了其他皇子一个很不好的示范，太子之位可以通过阴谋诡计得到，难免会让皇子们心生觊觎之心，而杨广作为太子，也必须时刻提防各位弟弟，这使得皇子们之间的嫌隙越来越大。

当然，这些危害的后果不会马上显现。终于，杨广如愿以偿地成为大隋王朝的新太子，二十多年的隐忍总算迎来了收获季节。

第十三章 皇家悲剧

悲催的老三杨俊

太子杨勇被废黜,并非隋文帝家庭悲剧的开始,就在同一年的早些时候,他和独孤皇后的第三个儿子秦王杨俊病死了,只活了三十岁。

杨俊的死和父亲隋文帝有直接关系。起初隋文帝对这个儿子很看重,他刚刚登基,便加封杨俊为秦王,转过年来,任命杨俊为河南道行台尚书令。此时杨俊才是一个十二岁的小孩子,后来又提拔他担任秦州、扬州和并州总管,都是非常重要的职位,看得出隋文帝对他寄予厚望。

遗憾的是,杨俊对政治并不感兴趣,他是一个虔诚的佛教徒,这或许是受到了父母的影响。虔诚到什么程度呢?他请求隋文帝让他做和尚。隋文帝当然不会答应,在灭陈战役时,任命杨俊为山阳道行军元帅,管辖三十个总管,统率水军、陆军十几万人马,驻扎在汉口,是隋军在长江中上游的最高指挥者。

当时,陈军将领周法尚率军驻守对岸的鹦鹉洲,总管崔弘度请求杨俊发动攻击,但杨俊考虑到只要开战就会死人,于是没有同意。所幸陈朝都城建康被隋军攻克,周法尚被迫放下武器,杨俊对此很不好意思地说:"稀里糊涂成为主帅,没有建寸尺之功,因此感到惭愧。"

不过,由于结果很好,隋文帝对这个儿子的表现感到很满意,授他为扬州总管,都督四十四州诸军事。开皇十年(590年),转任为并州总管,都督二十四州诸军事。

随着年龄的增长和地位的提升,杨俊不再像以前那般清心寡欲,而是开始享受人间乐趣。这其实不难理解，天下太平，国力上升，作为皇子的杨俊没有像二哥杨广那样的野心，只想耽于享乐，做一个太平王爷。史书上说"其后俊渐奢侈，违犯制度，出钱求息，民吏苦之"。大兴奢靡之风，放高利贷收利息，搞得他管辖地区的官吏和百姓生活非常困苦。

杨俊搜刮来的钱财主要有两个用途，一是修建楼堂馆所；二是花费在女人身上。"盛治宫室，穷极侈丽。俊有巧思，每亲运斤斧，工巧之器，饰以珠玉。……又为水殿，香涂粉壁，玉砌金阶。梁柱楣栋之间，周以明镜，间以宝珠，极荣饰之美。每与宾客妓女弦歌其上。"大兴土木建造水上宫殿，涂香粉刷，玉墙金阶，梁柱楣栋之间，全都装上明镜、装饰宝珠，极尽装饰之美，常常与宾客、妓女在上面唱歌。

杨俊特别喜欢女色，有很多姬妾，这使得王妃崔氏极为恼火。这位王妃是崔弘度的妹妹，崔弘度以严酷著称，论火暴脾气，崔氏一点也不亚于哥哥。她一怒之下在杨俊吃的瓜中放了毒，不知是剂量不足，还是手下留情，总之杨俊没有被毒死，但从此卧床不起，地方医疗条件有限，只能将他送到京城医治。

一回到大兴城，所有的事情都露馅了，杨俊原来是因为好色才落了这样的结局。与此同时，他奢靡不堪的生活，以及欺压当地百姓的事情都让父母知道了。隋文帝最反感奢侈，独孤皇后最痛恨男人好色，这两点杨俊皆有之，不由使得隋文帝大怒，下诏"免官，以王就第"，把所有职务都免掉了，只以王爷的身份被赶回王府。至于下毒的崔氏，被废掉了王妃名号并赐死。

杨俊被媳妇投了毒，又被父亲撸了官，一些朝臣同情他的遭遇，站出来为他说情。左武卫将军刘升进谏说："杨俊并无别的过错，只是花费官府的钱物，营造自己的府第宫室罢了，应该可以原谅。"隋文帝态度很坚决，认为法律不可违反。刘升坚持劝谏，隋文帝愤然变色，刘升才作罢。杨素也觉得杨俊有些可怜，为此求情道："秦王之过，不应至此，愿陛下详之。"言外之意，毕竟是皇子，差不多行了。隋文帝对此慷慨陈词道:"我是五儿之父,若如公意,何不别制天子儿律?以周公之为人,尚诛管、蔡,我诚不及周公远矣,安能亏法乎?"我是五个儿子的父亲,如按你的意思,何不另外制定一个天子之子的法律?想当年以周公的为人,都可以诛杀管叔与蔡叔。我和周公相比,还差得很远,怎能有损法律的尊严呢?

隋文帝这样做,是想着为天下人树立"王子犯法与庶民同罪"的榜样,本身没有错,但接下来他做的一件事显得过于绝情了,直接导致了杨俊的早亡。

杨俊病情不断加重,已经到了无法起床的地步,派人替自己向隋文帝请罪。按说无论杨俊有什么过失,但毕竟是父子,儿子都这样了,父亲多少应该有些许怜悯之心。但隋文帝是个另类父亲,他非但没有派人安慰杨俊,反而对杨俊派来的使者说:"我戮力关塞,创兹大业,作训垂范,庶臣下守之而不失。汝为吾子,而欲败之,不知何以责汝!"我努力奋斗才创此大业,就是要作为传世的典范,想让臣下遵守它而无过失。你是我的儿子,居然带头败坏法律,我不知道怎样责备你!隋文帝不仅没有任何迁就的意思,言辞之间满满的斥责和失望,感觉还要继续追究杨俊的责任。

杨俊本来病情就很重,听到父皇这样的话,急火攻心,没过多久便一命呜呼了。作为父亲,儿子去世,隋文帝并没有表现出应有的悲痛之意,哭了几声意思一下便算完事。他下令将杨俊所有华丽奢侈的遗物一把火烧毁,送终的用具必须节俭。

更为冷酷的是,秦王府的幕僚请求为杨俊立一块碑,也被隋文帝断然拒绝,他给出的理由是"欲求名,一卷史书足矣,何用碑为?若子孙不能保家,徒与人作镇石耳"。如果想要留名,只要一卷史书就够了,哪还需要用到石碑?如果子孙不能保存家业,那碑石不过是白白地送给人家做盖房子的基石罢了。隋文帝作为帝王,说出这样的话,尚能理解,但作为一个父亲,难免让人觉得过于冷酷无情。

有口难言的老四杨秀

下一个家庭悲剧人物是第四个儿子杨秀。史书上记载这位皇子"秀有胆气，容貌瑰伟，美须髯，多武艺，甚为朝臣所惮"。是个美男子，而且武艺不错，能比画两下，朝廷百官对他非常敬畏。或许因为杨秀霸气侧泄，连隋文帝对他也有所忌惮，因此对独孤皇后说："秀必以恶终。我在当无虑，至兄弟必反。"杨秀一定不会善终，我活着的时候，不用太过担心。我死后，杨秀必然造反。

不过，隋文帝虽然这样说，但对杨秀还是委以重任。杨秀先被封为越王，后改封蜀王，授任上柱国，益州总管，都督二十四州诸军事。开皇十二年（592年），离京前往蜀地，成为一方诸侯。

隋文帝对这个儿子始终不放心，但杨秀缺乏政治敏感性，完全没有意识到这一点。有次隋文帝派兵部侍郎元衡出使蜀地，杨秀和元衡私交不错，请求他奏请朝廷给自己扩大部属，增加官佐。元衡回京后代杨秀上奏，隋文帝听后很不高兴，当场予以拒绝。

隋文帝命大将军刘㢸率兵征讨南方蛮族，令上开府杨武通统兵做前锋。杨秀借机请求委派自己宠爱狎昵的万智光到军中，担任杨武通的行军司马。隋文帝不仅没有同意，反而严肃斥责了杨秀，这次话说得比较重："坏我法者，必在子孙乎？譬如猛兽，物不能害，反为毛间虫所损食耳。"违反我所制定的法律的人，必然出现在我的子孙当中。这就像猛兽一样，强有力的外敌都无法伤害，但却会被毛间小虫叮咬、吸食。从此，隋文帝开始逐步削夺杨秀的权力。

杨秀看到政治上已无上升空间，便走上了三哥杨俊的旧路，不过他比杨俊走得更远，"秀渐奢侈，违犯制度，车马被服，拟于天子"。杨秀变得奢侈浮华，追求享乐。他违反制度，超越规格，车马服饰，均比照天子所用样式添置。

杨秀觉得天高皇帝远，自己的地盘自己说了算。但他的所作所为，却被另一个"危险人物"盯上了，此人便是已经成功夺得太子之位的杨广。杨秀对废立太子很有意见，发了不少牢骚，这些话传到了杨广的耳中，他担心将来登基后，杨秀会起兵反抗自己。而杨秀独占蜀地，是个实力派人物，况且连父皇对此都很忌惮，如果将来自己继承大统，杨秀造反的可能性很大，后果会很严重。凡事预则立不预则废，是时候将除掉杨秀提上议事日程了。

杨广做这种事非常拿手，他首先找到杨素说出了自己的担心，杨素心领神会，立即上书举报杨秀，罪名有两个：一是奢侈；二是僭越。打蛇打七寸，这两个罪名非常有针对性，第一个是隋文帝最反感的，第二个问题则更为严重。隋文帝怒不可遏，立即下诏召杨秀回京。

杨秀有种不祥之兆，接到诏书后以身体有恙没有动身。副手师源劝他听从诏命，否则后果很严重，杨秀不听，反而说："这是我家里的事，跟你有什么关系？"隋文帝看到杨秀迟迟没有动静，便下令让原州（今宁夏固原）总管独孤楷调任益州总管，接替杨秀，这样杨秀就没有继续留在益州的理由了。独孤楷到任后，苦口婆心劝说杨秀回京，再不回去，激怒皇帝，后果不堪设想，杨秀这才不情愿地动身。独孤楷害怕杨秀反悔，他前脚刚走，便下令紧闭城门，杨秀走了不远，果然心生悔意，但无奈进不了城，只好继续返京。

杨秀回到大兴城后，隋文帝却又故意不搭理他，然后派使者狠狠训斥了杨秀。杨秀感到问题的严重性，磕头谢罪说："忝荷国恩，出临藩岳，不能奉法，罪当万死。"我承受国恩，出京当藩王，不能遵守法令，真是罪该万死！

又到了杨广的表演时间，他带着诸王在朝廷上流泪，代杨秀谢罪。这更加激发了隋文帝的怒气，他说："往日秦王杨俊浪费财物，我用为父之道训导他。杨秀祸害百姓，我要用为君之道惩处他。"这样说来，杨秀的罪过比杨俊更大，隋文帝下令将杨秀交与执法人员审讯。

开府庆整见到隋文帝儿子一个个被整肃，实在看不下去，站出来为杨秀求情道："庶人勇既废，秦王已薨，陛下儿子无多，何至如是？然蜀王性甚耿介，今被重责，恐不自全。"杨勇已被废黜，杨俊已经去世。陛下儿子不多，何必如此处治？而且蜀王生性耿直，被严肃处理，恐怕不能自我保全。

庆整说的是大实话，直指隋文帝的痛处，他有五个儿子，一个被软禁，一个早亡，如果再将杨秀下狱，三分之二的子嗣遭遇厄运，于国于家都是悲剧。隋文帝作为一个帝王是成功的，但作为一个父亲却是完全失败的。

隋文帝闻言大怒，想要割掉庆整的舌头。他对大臣们说："应当将杨秀推到街市斩首，以便向天下人谢罪。"下令让杨素、苏威、牛弘、柳述、赵绰等人组成专案组，详细审问，严肃处理。

杨素作为主审，很快就审出了结果。查出的罪证有两项：一个是在华山脚下发现两块木偶，上面分别写有隋文帝和第五个儿子杨谅的名字，木偶丝绳束手，铁钉穿心，还刻有一段话："请西岳慈父圣母神兵收杨坚、杨谅神魂，如此形状，勿令散荡。"这在古代是极为恶劣的诅咒人的方法，称为巫蛊魇镇之术。另一个是一份檄文，上面说"逆臣贼子，专弄威柄，陛下唯守虚器，一无所知"，说当今皇上被奸臣围绕，早被架空了，然后陈述自己兵甲如何强大，要"指期问罪"，准备从益州起兵，讨伐奸臣，来个清君侧。这个檄文是先在杨秀的文集中发现的，然后顺藤摸瓜在华山脚下找到了两个木偶。

不用说，这些都是新太子杨广搞的鬼，"太子阴作偶人，书上及汉王姓字，缚手钉心，令人埋之华山下，令杨素发之"。只是人赃俱获，杨秀百口难辩，两个罪状性质都非常严重。用巫蛊之术诅咒父皇和弟弟，然后又要兴兵作乱，无论哪一件都够得上杀头的级别。隋文帝对此更加忍无可忍，大怒道："天下宁有是耶！"天下怎么会有这样歹毒的逆子，对杨秀彻底断了念想，下诏将杨秀废为庶民，软禁在内侍省，不得与妻子儿女相见。

这一切显然是杨广联手杨素搞的鬼，完全克隆了当年汉武帝时江充陷害太子刘据的伎俩。杨秀蒙受不白之冤而被囚禁，心里愤恨但却不知道怎么办，于是上书谢罪说："臣以多幸，联庆皇枝，蒙天慈鞠养，九岁荣贵,唯知富乐,未尝忧惧。轻恣愚心,陷兹刑网,负深山岳,甘心九泉。不谓天恩尚假余漏,至如今者,方知愚心不可纵,国法不可犯,抚膺念咎,自新莫及。犹望分身竭命,少答慈造,但以灵祇不祐,福禄消尽,夫妇抱思,不相胜致。只恐长辞明世,永归泉壤,伏愿慈恩,赐垂矜愍,残息未尽之间,希与爪子相见。请赐一穴,令骸骨有所。"

杨秀的这份悔过书极为恳切,说自己因为幸运成为皇上的儿子,承蒙父母抚养长大,九岁就得到了荣华富贵,只知富贵享乐,从未忧惧过。但轻易地放纵了自己,落到这个地步,辜负父皇山岳一样高的大恩,心甘情愿地去死。如今到了这样的地步,自己才知道愚心不可放纵,国法不可触犯,扪心问罪,真是来不及改过自新。自己还想分身有术,竭尽余生,稍稍报答一下父母的养育之恩。但因神灵不保佑,自己的福分爵禄完了,夫妻团聚,不可能了。只怕自己长辞人间,永归地府,伏请父皇,赐我怜悯,在死之前,让我与儿子见上一面。然后请赐自己一个墓穴,让尸骨有个去处。

正在气头上的隋文帝不为所动,不仅不肯原谅杨秀,还说:"你从地位上说,是臣又是子;从感情上说,与家又与国相关。庸、蜀是重要的地方,我让你去镇守。你却触犯纲纪,心怀恶意,幸祸乐灾。"接着历数了杨秀的十宗罪,将杨秀对父亲兄弟的不满上升到了谋逆的高度,当然杨广诬陷的巫蛊之罪是其中的重点内容。最后隋文帝愤然说道:"凡此十罪,灭天理,逆人伦,你都做了,坏到了极点。你还想免除祸患,长守富贵,怎么可能呢?"杨秀就此失去了皇子身份,一直被囚禁到杨广死后,最终被宇文化及所杀。

作为统一天下的雄才大略之主,隋文帝在子女教育上却成为失败的典型,几个儿子都劣迹斑斑,奢靡纵欲。令人感到诡异的是,隋文帝却是节俭的典范,遗憾的是,几个儿子都没有继承他的优良传统,这或许是隋文帝震怒的原因所在。但无论如何,作为一个父亲,孩子成了这个样子,他是难辞其咎的,隋文帝以为自己以身作则,就可以让儿子成为和自己一样的人。但是面对没有监督的权力和没有边界的欲望，他们最终走向了隋文帝所期望的反面，唯一让隋文帝感到欣慰的杨广，也完全靠着压抑欲望走了下来，到最后变得更为变本加厉。

贤后还是悍妇

就在杨秀被罢黜的同一年，隋文帝家里发生了更大的变故，那便是独孤皇后去世了。这一年的八月二十四日，独孤皇后在永安宫与世长辞，活了五十九岁。她与隋文帝做了整整四十五年的夫妻，如果说对隋文帝一生影响最大的人，莫过于这位老妻。

独孤皇后嫁给隋文帝杨坚时只有十四岁，婚后几个月，她的父亲独孤信就被权臣宇文护逼迫自尽，从此家道中落。杨坚因为不肯投靠宇文护，仕途上不得志，甚至一度有生命危险。但是政治上的残酷，并没有影响他们的夫妻感情，两人相互依靠和扶持，最终等到了宇文护倒台的一天。

宇文赟登基后，他们的女儿杨丽华成为皇后，但这个女婿对老丈人杨坚猜忌日深，竟然要逼杨丽华自尽。在决定家族命运的关键时刻，又是独孤伽罗只身闯宫，向宇文赟求情，使得事情有了转机，挽救了女儿和家族的命运。宇文赟暴亡后，杨坚对于是否出山犹豫不决时，独孤伽罗派使者向丈夫带话，让杨坚吃了定心丸。

可以说，在杨坚成为隋文帝之前，关键时刻总能看到独孤伽罗的身影，从这个意义上说，她不是一个普通的女子，而是具有非凡勇气和胆识的女政治家。

杨坚登基称帝后，第一时间册立独孤伽罗为皇后，但她并不满足于在后宫生活，而是努力成为隋文帝的贤内助，史书上说："上（文帝）每临朝，后辄与上方辇而进，至阁乃止。"每次隋文帝上朝，独孤皇后必与之辇车同行。"候上退朝而同反燕寝，相顾欣然"，等到隋文帝下朝，她早已等候，两人一起回宫。从这些记载看得出，即使做了皇帝，隋文帝也不愿按照礼仪规矩和爱妻分居，他们夫妻像从前一样，同寝共食。帝后像平常夫妇一样常年相顾欣然、同起同居、形影不离，这在中国历史上极其罕见的。史书上明确记载的只有两对，除了隋文帝和独孤皇后，另外一对是明朝时的明孝宗和张皇后。

独孤皇后经常对隋文帝提一些建设性的建议，"使宦官伺上，政有所失，随则匡谏，多所弘益"。对这些意见，隋文帝基本都能采纳，"后每上言及政事，往往意合"，因此，当时将两人尊称为"二圣"，开皇年间的许多政策，独孤皇后都参与其中。所以，隋朝的许多政治决策，其实很难分清到底是隋文帝的主意还是独孤皇后的主意，应该讲，"开皇之治"的军功章中有独孤皇后的一份。

尽管受到隋文帝如此的恩宠和信任，但独孤皇后却非常自律。严以律己表现在几个方面：一是生活节俭，这是隋文帝夫妇共同的优点。《隋书》里记载了一个故事，开皇初年，突厥和隋朝互市，有人出售一筐价值八百万钱的珍珠，有些人劝独孤皇后买下来，独孤皇后说："非我所须也，当今戎狄屡寇，将士罢劳，未若以八百万分赏有功者。"珍珠并非必需品，如今我们和突厥打仗，将士们都已经非常疲惫，如果国库有八百万钱，不如拿出来犒劳有功的将士。

二是管束外戚。外戚专政是不少王朝垮掉的重要原因，独孤皇后少女时代便父母双亡，隋文帝称帝后，为了弥补独孤皇后内心的遗憾，给予了岳父独孤信家族和岳母崔氏家族很高的礼遇。独孤皇后虽然对娘家人的感情很深，但尺寸却很分明，她对外戚的态度是"贵而不用"，生活上可以给予很多关照，但却不让他们身居高位，染指权力。正是由于独孤皇后严格的管束，隋文帝一朝，几乎没有受到外戚干政的困扰。

有一次，大都督崔长仁犯法当斩，一向执法甚严的隋文帝考虑到崔长仁是皇后娘舅家的表兄弟，想赦免他。独孤皇后闻知，对丈夫说："国家之事，焉可顾私？"我怎能因亲私之情而置国法于不顾呢？大义灭亲阻止了丈夫的徇私之举，最后"长仁竟坐死"。

独孤皇后虽然经常给隋文帝提建议，贡献自己的政治才华，但是却能始终把握好尺度，绝不干权乱政。有人为了讨好独孤皇后，上奏说："根据《周礼》，百官之妻的命妇头衔都应由皇后授予，请求恢复古制。"独孤皇后认为如果这样做，便开了后宫公开参与政务的先河，发展下去，很有可能会发展到干扰朝政的地步，所以她坚决予以拒绝。

隋文帝脾气暴躁易怒，陪在身边的独孤皇后也常常充当他与大臣之间的缓和剂。大理少卿赵绰正直刚毅，屡次纠正隋文帝违法量刑的错误行为，有人曾诬告赵绰，隋文帝查明真相后，勃然大怒，要将诬告之人问斩。赵绰认为其按律不当死，隋文帝很不高兴，拂袖退往内宫。赵绰追入宫中又谏。恰好独孤皇后在座，她很赏识赵绰的品性，命人赐给他金杯酒，饮完后又把金杯一并赐给了他。隋文帝这时也转怒为喜，接受赵绰意见，同意赦免罪犯死刑，改判革职流放。

按说以独孤皇后这样的表现，堪称"一代贤后"。但在后世中，她却总是以悍妇的形象出现，特别是杀掉了隋文帝所宠爱的尉迟迥的孙女，逼得隋文帝离宫出走，更让独孤皇后背上了千古第一奇妒之名。

独孤皇后这样做，是因为她是"一夫一妻"制的坚定拥护者，即使皇帝也不能例外。事实上，早在两人成亲时，对此就做过约定。隋文帝登上帝位后，两人继续信守彼此的誓言，长年六宫虚设，儿女皆为皇后所生，隋文帝好像对此并不在意，史书上都是对两人恩爱甜蜜夫妻生活的记载，如"帝未登庸，早俪宸极，恩隆好合，始终不渝""恩礼绸缪，始终不易""高祖与后相得""高祖与独孤后甚相爱重"，等等，五十岁的隋文帝曾经得意地宣称自己"旁无姬侍，五子同母"。而且还拒绝吐谷浑进献美女填充后宫的外交示好举动，并且一并禁止隋朝藩国向他进女。

史书中一个无意记录的生活片段，从侧面可以窥见两人的感情，"元德太子昭……三岁时，于玄武门弄石师子，高祖与文献后至其所。高祖适患腰痛，举手凭后。昭因避去，如此者再三。"元德太子杨昭是杨广的嫡长孙，一直生活在隋文帝夫妇身边，这个场景说的是隋文帝腰疼不便时，不假思索地抱着妻子，完全是一种本能的反应。看着祖父祖母这么亲热，守礼的小孙子不好意思回避了三四次。

直到开皇末年，隋文帝和皇后都近花甲之年时，他才动了一点绮念，于是发生了尉迟迥孙女被杀的事件。虽然有这样的风波，但从整体上看，隋文帝和独孤皇后的生活非常和谐，两人互助互爱，相扶相持走过了四十多年。在隋文帝一生风云诡谲的岁月中，独孤皇后始终是他最亲密的爱人、知己、智囊和精神支柱。

另外一件让独孤皇后被吐槽的事情便是改立太子。从后世之人的角度看，这实在是一个大败笔，也是隋朝早亡的关键所在。但放在当时，独孤皇后力主废黜杨勇而改立杨广，并非是一个愚蠢至极的决定。因为杨广无论才干和道德都远胜于杨勇，不仅隋文帝和独孤皇后这样认为，在群臣的眼中杨广也被公认为是最优秀的一位皇子，如果说立贤不立长，杨广无疑是更好的选择。

因此可以说，独孤皇后和隋文帝选择杨广，完全是从巩固江山社稷的出发点来考虑的，而不是一己之私。事实上，杨广登基后，确实做了一些大事，建立了相当的功业，他的失败不是因为荒淫无道，而是好大喜功、用力过猛，想在短时间追求丰功伟业，而完全不顾百姓的死活，最终导致众叛亲离。《隋书》中将独孤皇后力主易储说成"德异鸤鸠，心非均一，擅宠移嫡，倾覆宗社"，好像完全是出于儿女私情，最后导致社稷倾覆，这样的说法有失偏颇，颇有些"事后诸葛亮"的意思。

独孤皇后的去世，对隋文帝的打击相当巨大，但人死不能复生，他能做的就是把葬礼办得更加隆重一些。皇后丧事由尚书左仆射杨素亲自负责。杨素不仅要统筹安排丧葬各项事宜，身为宰相的他居然带着人马日晒雨淋，亲自到荒郊野外为皇后寻找福地。选好地址为皇后建设山陵时，杨素始终坚持在第一线，凡事亲力亲为，连隋文帝都被他感动了。

隋文帝后来在表彰杨素的诏书中称，"杨素经营葬事，勤求吉地，论素此心,事极诚孝,岂与夫平戎定寇比其功业!"杨素为皇后寻访山陵办后事的功劳,比他南征北战平戎定寇的功绩还重要,要知道杨素是平陈统一全国的一支主力,之后又转战江南各地两年多平叛,而且数次出击突厥获得大胜。由此看出,隋文帝对独孤皇后后事的重视程度。

隋文帝为独孤皇后确定的谥号为"献",根据谥法的解释:聪明睿智曰献、贤德有成曰献、智能翼君曰献,评价很高,准确概括了独孤皇后的一生。同年闰十月,已经六十二岁的他,决定亲自为妻送葬,术士萧吉劝谏和告诫道:"根据阴阳书,皇帝今年送葬对自身是不利的。"晚年迷信的隋文帝却对此置之不理,冒着严寒亲自奔波了数百里把独孤皇后送到泰陵陵园,亲眼看着陪伴了自己四十五年的爱妻下葬,陪着心爱的独孤皇后走完人生最后一程。

一年多后,即将走到生命尽头的隋文帝对负责营建山陵的大臣何稠嘱托道:"汝既曾葬皇后,今我方死,宜好安置。属此何益,但不能忘怀耳。魂其有知,当相见于地下!"你曾经安葬了皇后,如今我也要死了,你同样要用心安置。嘱咐这么多是为什么呢?只是因为忘怀不了皇后啊!如果灵魂真的有知觉,一定要让我们夫妻在黄泉之下团聚。

第十四章 弑父谜案

晚年隋文帝

隋文帝虽然对独孤皇后的死深感痛心，但生活毕竟还要继续。没有了皇后的严格管束，隋文帝身边多了两个美人，一个是宣华夫人陈氏，另一个是容华夫人蔡氏。

宣华夫人陈氏很有来头，他是陈朝陈宣帝之女，陈后主同父异母的妹妹。隋朝灭陈后，十余岁的陈氏则被配入掖庭。史书记载陈氏"性聪慧，姿貌无双"，或许是她性格好，会来事，"时独孤皇后性妒，后宫罕得进御，唯陈氏有宠"，独孤皇后对隋文帝看得很紧，唯独对陈氏睁一只眼闭一只眼，使其能够得到宠幸。独孤皇后去世后，陈氏进位为贵人，受专房之宠，掌管后宫事务，六宫无人能与之相比。

容华夫人蔡氏也是江南人，陈国灭亡之后，被选入隋朝后宫。她姿容婉丽、仪态大方，深得隋文帝的喜欢，但是由于独孤皇后的缘故，很少能得到宠幸。独孤皇后去世后，蔡氏渐渐得宠，被封为贵人，参与管理后宫事务，与陈国公主出身的陈氏地位相当。

由于隋文帝在生命的最后阶段宠幸这两位美人，被一些人认为是"晚年广宠后宫非常纵欲"，对此著名历史学家吕思勉先生说："（高祖）性本严正，非溺情嬖妾者流。"隋文帝性格严正，他终其一生妃嫔不过寥寥数人，而且基本都是在独孤皇后死后置办，根本不存在所谓"纵欲"的问题。而资深隋唐史专家、复旦大学教授韩升则认为隋文帝宠幸后宫只是在寻找独孤皇后的影子："其实，文帝在百花丛中寻寻觅觅的是独孤皇后的影子。可是，没有一个女人能够填补独孤皇后逝世留下的巨大空白。因此，也就没有一位女人能够满足文帝的需求。"

不过，已经步入暮年的隋文帝完全陷入了空前的孤寂之中，性情发生了很大的变化，猜忌心越发严重。猛将史万岁由于请功便丢了脑袋，"四贵"之一的虞庆则也被以莫须有的谋反罪砍了头。法制逐渐遭到破坏，《开皇律》是隋文帝下令制定的，废除了前朝许多严苛的刑罚，他一直能很好地遵守执行。但到了晚年后，隋文帝"用法益峻……不复依准科律……无殊罪而死者，不可胜原"。竟然颁布诸如"盗一钱以上皆弃市""三人共盗一瓜，事发即死"之类的严苛刑法，偷一文钱，便会被判死刑，还出现了三个人偷窃一个瓜而被一齐处死的情况。刑罚不仅过于严酷，听上去也很荒唐，致使百姓惶恐不安，生怕因为一些小事便惹上杀身之祸。

隋文帝晚年特别热衷廷杖，或许看着官员在朝堂被打，更能感觉到自己的权威，"每于殿廷打人，一日之中，或至数四"，尚书左仆射高颎，诏书侍御史柳彧等谏议道："朝堂非杀人之所，殿庭非决罚之地。"但隋文帝不听，依然我行我素。

隋文帝问领左右都督田元说："我的杖刑重吗？"田元回答说："重。"文帝又问其中情由，田元举起手来回答说："陛下的杖和指头一样粗，捶打人三十下，就等于普通杖具捶打数百下，所以受刑人多被打死。"隋文帝听了虽然很不高兴，但还是下令撤掉殿庭内的杖具。

不过，很快他的老毛病又犯了。楚州行参军李君才上言说："皇上过于宠信高颎了。"文帝大怒，命令用杖打他，而殿庭内已经没有杖具，于是就用马鞭将李君才打死。从此又在殿庭内放置了杖具。不几天，文帝由于怒不可遏，又在殿廷中杀人。兵部侍郎冯基苦苦劝谏，文帝根本不听，最后竟又在殿廷内将人活活打死。

在开皇十七年（597年），隋文帝发了一道诏书，说："其诸司论属官，若有愆犯，听于律外斟酌决杖。"就是说下级属官若有过失，即便够不上刑律条文，上级长官也可"律外斟酌决杖"。他不仅在朝堂上杖打大臣，还将"廷杖"强制地向下推广实施。隋文帝肆意践踏自己颁布的法律，搞得"天下懔懔""公卿股栗，不敢措言"。

归根到底，隋文帝身体每况愈下和对未来的隐忧担心，让其性情大变，做了不少荒唐事。但对一件事，他的头脑是非常清醒的，那便是如何牢牢地掌控权柄。

杨素失宠

说起权力，朝中炙手可热也最有权势的无疑是杨素，他在改立太子中出了大力，接着为独孤皇后处理后事做出了突出贡献，深得隋文帝的信任，不仅坐稳了朝臣的第一把交椅，他的弟弟杨约、叔父杨文思、杨文纪以及族父杨异，都是尚书，位列公卿。他的几个儿子没有什么功劳，也都官至柱国、刺史。

杨素就这样形成了政治小圈子，在朝中飞扬跋扈，朝廷内外没有不怕他的，生活上则非常奢靡高调。"家僮数千，后庭妓妾曳绮罗者以千数。第宅华侈，制拟宫禁。"家童有几千人，后院披罗挂绮的乐妓小妾也以千计。杨素府第华丽奢侈，规模体制竟然模仿皇宫。

杨素这样做，当然有人看不惯，大理寺卿梁毗上书隋文帝，弹劾杨素说："窃见左仆射越国公素，幸遇愈重，权势日隆，所私皆非忠谠，所进咸是亲戚，子弟布州，兼州连县。天下无事，容息奸图，四海稍虞，必为祸始。夫奸臣擅命，有渐而来。王莽资之于积年，桓玄基之于易世，而卒殄汉祀，终倾晋祚。陛下若以素为阿衡，臣恐其心未必伊尹也。"核心意思是说杨素作威作福，结党营私，任人唯亲，所有大臣都看着他的脸色行事，这样下去，恐生大乱。

隋文帝对此最初的态度是非常生气，下令将梁毗关了起来，并亲自质问他，没想到梁毗毫无惧色，对隋文帝说："素既擅权宠，作威作福，将领之处，杀戮无道。又太子、蜀王罪废之日，百僚无不震悚，唯素扬眉奋肘，喜见容色，利国家有事以为身幸。"这段话讲得更具体，他以废太子杨勇和蜀王杨秀为例，两人被废黜的时候，百官们无不感到震惊，只有杨素表现出一副扬眉吐气、兴高采烈的样子。杨素这样做，就是盼着国家有事，以便趁机提高其地位。

隋文帝听后的表现是"帝无以屈也，乃释之"，仔细琢磨梁毗说得有道理，于是释放了他。在这点上，隋文帝还是清醒的，如果继续听之任之，杨素很可能尾大不掉，威胁社稷。

于是，从此隋文帝对杨素的态度大为改变，"素自此恩宠渐衰"，下令说："仆射国之宰辅，不可躬亲细务，但三五日一度向省，评论大事。"仆射是国家的重臣，无须亲自处理那些细小的事务，只须三五天到官署一次，讨论一些国家大事就行了。表面上很体贴杨素，显示对他的尊崇，但实际上是剥夺了他的权力。毕竟朝中的大事都是皇上说了算，而管理朝中日常事务是宰相的职权之所在。

只是朝中事务繁杂，如果不用杨素，总是需要其他人来做事，维持整个朝政的正常运转。隋文帝精挑细选，选中了自己的女婿柳述。柳述娶了隋文帝最小的女儿兰陵公主杨阿五为妻。在隋文帝所有女儿中，这位兰陵公主最受宠，爱屋及乌，柳述在所有的女婿中也最为隋文帝看重，一路提拔到了兵部尚书。

隋文帝让柳述取代杨素，还有一个重要原因，就是两人素来不和。杨素作为朝中第一人，和杨广关系甚好，朝中大臣大多忌惮他。但受到隋文帝宠信的柳述却不吃这套，多次在公开场合奚落杨素。处理公务的判词有些不合杨素的心意，杨素有时叫他修改，柳述命人回复说："告诉仆射，尚书不同意。"一而再再而三，两人结下很深的积怨。也因为如此，隋文帝觉得他是一个非常合适的人选，命他参掌朝廷机密。

杨素的失宠，给太子杨广带来了深重的危机感。因为杨素是他的同盟军，而柳述则是他非常讨厌的人。他和柳述结下梁子，是因为兰陵公主的择婚问题。杨阿五的第一任丈夫是隋文帝好友、北周重臣王谊之子王奉孝，不幸的是王奉孝因病早亡。杨阿五在父亲最需要的时候下嫁连姻，婚姻却遭遇不幸，她的公公王谊后来又被隋文帝赐死，本来就爱怜小女的隋文帝夫妇充满愧疚，于是下决心为她再选一门好亲。

最先进入隋文帝法眼的是萧玚,他是杨广王妃萧氏的弟弟,也就是杨广的小舅子。杨广在父皇和母后面前极力撮合这门婚事,隋文帝夫妇开始答应了,但不巧遭逢萧玚的父亲萧岿去世,按照礼制,萧玚要守孝三年,这样一来,兰陵公主再嫁的事情就被暂时搁置下来了。

等到隋文帝平定天下,兰陵公主即将十八岁,婚事再也不能耽搁了。但此时半路杀出个程咬金,萧玚又多了一个竞争对手——柳述,他是隋文帝宠臣柳机的长子。隋文帝为了谨慎抉择,请出了名相士韦鼎,看完两人的面相后,韦鼎说:"萧玚有封侯之兆,但无贵妻之相;柳述面相显贵,不过恐怕守不住富贵。"隋文帝认为有自己在,哪里有什么富贵是守不住的,于是说"富贵由我",将兰陵公主下嫁柳家。

杨广本来以为公主婚事毫无悬念,但没想到被柳家截了胡,再加上柳述与杨素交恶,这使得杨广对这位妹夫非常厌恶。而更令杨广担心的是柳述和废太子杨勇的关系素来不错,如果他受到重用,会不会为杨勇说话,杨广心里一点底都没有。

很快,让杨广担心的事情就发生了,有人看出风向要变,站出来为杨勇和高颎公开翻案。此人是贝州长史裴肃,他上奏说:"臣闻事君之道,有犯无隐,愚情所怀,敢不闻奏。窃见高颎以天挺良才,元勋佐命,陛下光宠,亦已优隆。但鬼瞰高明,世疵俊异,侧目求其长短者,岂可胜道哉!愿陛下录其大功,忘其小过。臣又闻之,古先圣帝,教而不诛,陛下至慈,度越前圣。二庶人得罪已久,宁无革心?愿陛下弘君父之慈,顾天性之义,各封小国,观其所为。若能迁善,渐更增益,如或不悛,贬削非晚。今者自新之路永绝,愧悔之心莫见,岂不哀哉。"

裴肃为高颎、杨勇和杨秀喊冤,希望他们能重出江湖。对于高颎,裴肃认为他有大功,过错和功劳相比不值一提,希望隋文帝"录其大功,忘其小过",不要让这样杰出的人才白白闲置。至于杨勇和杨秀,裴肃认为应该给他们改过自新的机会。"各封小国,观其所为",如果表现不错，可以提升他们的地位；如果不知悔改，再剥夺爵位也不晚；如今不给他们机会，也就看不出他们是否有悔改之心。

隋文帝对裴肃上奏的态度耐人寻味，如果放到过去，估计早已大发雷霆，搞不好裴肃的人头也会落地，但如今他却表示道："裴肃忧我家事，此亦至诚也。"裴肃关心我的家事，是一个忠臣，于是召裴肃入京觐见。

杨广听闻这个消息，心里感到极度不安，不知父皇是什么意思。他对臣下说："使勇自新，欲何为也？"他更担心的是群臣看到杨素失势，有更多人见风使舵，站出来为杨勇说话。众口铄金，到那时保不齐隋文帝又会改主意，毕竟自己两个最重要的同盟独孤皇后和杨素，一个已经死了，一个靠边站，会产生什么样的变数，还真不好说。

仁寿宫谜案

杨广的这份担心和不安很快就全然消失，因为隋文帝驾崩了。仁寿四年（604年）七月十三日，在仁寿宫，隋文帝永久地离开了这个世界。他的死成为古代历史的谜案之一，最大的谜团是到底是自然死亡还是被杨广所害，千百年来，众说纷纭，一直没有一个确定的说法。

引发如此大的争议，源头在于不同的史书记载不一样，关于自然死亡，《隋书·高祖本纪》里说："甲辰，上以疾甚，卧于仁寿宫，与百僚辞诀，并握手歔欷。丁未，崩于大宝殿，时年六十四。"隋文帝临终前召见文武官员，并与他们握手诀别，君臣都流下了眼泪，场面显得很感伤。

《隋书·何稠传》记述了一个更为感人的场景，隋文帝临终时，把杨广叫到床前，用手抚摸着杨广的脖子嘱咐道："何稠用心，我付以后事，动静当共平章。"说何稠此人做事很用心，我已经把后事托付给了他，行事应当和他商量。这里有个细节动作——"揽太子颈"，有力地证明了杨坚的爱子之情仍然不减于往日，对这个皇朝的接班人充满了信心和期望。按照这些记载，隋文帝死得安详，也很从容。

但是更多的人相信另外一种说法，便是隋文帝是被杨广所害。同样在《隋书·后妃传》中记载了这样一件事——"初，上寝疾于仁寿宫也，夫人与皇太子同侍疾。平旦出更衣，为太子所逼，夫人拒之得免，归于上所。上怪其神色有异，问其故。夫人泫然曰：'太子无礼。'上恚曰：'畜生何足付大事！'"说的是隋文帝自从生病以后，太子杨广与侍疾的宣华夫人打照面的时候就多了。杨广早已对貌美如花的宣华夫人垂涎已久，在她更衣之时，杨广便大胆地去调戏她。宣华夫人惊慌不已，逃到老皇帝身边哭诉，隋文帝怒骂杨广为畜生，随即命元岩、柳述宣废太子杨勇进宫以托后事，杨广知道事情败露，赶紧命太子右庶子张衡弑杀了隋文帝。

《隋书·杨素传》和《资治通鉴》里也有相同的记载，不过多了一些细节。第一个细节是杨广曾手书杨素："太子虑上有不讳，须预防拟，手自为书，封出问素，素条录事状以报太子。宫人误送上所，上览而大恚。"杨广担心父皇随时有可能驾崩，于是写了一封密信给杨素，商议皇上死后该如何掌控局势。杨素写了封回信，让宫女交给杨广，但中间出了差错，宫女稀里糊涂将密信送到了隋文帝手上。隋文帝看后大怒，自己还没有死，太子和宰相就商量自己死后之事，这说明杨广盼着自己病体不愈，早日死掉。

第二个细节是隋文帝有了废掉杨广的意思后，"杨素闻之，以白太子，矫诏执述、岩，系大理狱；追东宫兵士帖上台宿卫，门禁出入，并取宇文述、郭衍节度……"。杨广矫诏逮捕了柳述和元岩，把他们关进了大理寺监狱，并调集军队进驻仁寿宫，命令宇文述等控制宫禁，不许任何人出入，彻底切断了仁寿宫和外界的联系。

此外，《隋书》和《资治通鉴》都提到了一个关键人物——右庶子张衡，正是在他进入隋文帝的寝宫后，"俄而上崩"。至于张衡做了什么，史书并没有说，给人无限想象的空间。于是各种说法不胫而走，唐初赵毅所著的《大业略记》中说："帝（杨广）事迫，召左仆射杨素、左庶子张衡进毒药。"马总所写的《通历》中又说:"杨素秘不宣,乃屏左右,令张衡入拉帝,血溅屏风,冤痛之声闻于外,崩。"对隋文帝最后下毒手的正是张衡,不过前者记载是用毒药,后者则说是用凶器将隋文帝杀死。

各种说法都有,搞得后来的司马光不知道哪个是真实的,因此基本上引用了《隋书》中的说法。不过他还写了一句"故中外颇有异论",表明对这件谜案众说纷纭,并没有定论。

历史的真相到底是什么呢?还是要从细节入手,整个过程中一个最重要的环节是太子杨广按捺不住欲望猥亵宣华夫人,没有这出戏,隋文帝不会暴怒继而想起废太子杨勇,杨广也不会调兵进驻仁寿宫,张衡更不会进入寝殿,一切都会按照正常的程序进行,隋文帝驾崩,太子杨广上位,也就不会有这桩千古谜案。

所以,核心的问题是杨广是否对宣华夫人做了这样的事。关于这个问题,虽然史书上有记载,但如果仔细分析一下,同样会感到迷雾重重。首先从常理上看,杨广不大可能做这件事,杨广逆袭能成为太子,靠的就是自律,"矫情饰行"二十余年,除萧妃外,不亲近其他女人,这份自制力强大到令人咂舌。何以一时糊涂,在当上皇太子之后,大胆妄为敢动父皇身边的女人,这样做无疑将自己置于危险境地,甚至可能将夺嫡成果毁于一旦。况且隋文帝病入膏肓,将要进入弥留之际,再忍一会儿就可以顺利登基,已经忍了二十多年的杨广,难道连几天都无法忍了吗?史书中将杨广记述得如此轻佻,则其行为前后相悖,于情于理不合。

这出戏的另一个主角宣华夫人陈氏的行为同样不合情理。杨广和宣华夫人在一定意义上说是政治上的盟友,据《隋书》记载:"晋王广之在藩也,阴有夺宗之计,规为内助,每致礼焉。进金蛇、金驼等物,以取媚于陈氏。皇太子废立之际,颇有力焉。"晋王杨广想争夺太子之位,于是经常送礼物给宫人们以笼络人心,为己所用。杨广曾送金蛇、金驼等物给陈氏,而陈氏确在皇太子废立之际为杨广出过不少力。照此说来，两人交往，并非初次见面，怎么会搞得杨广荷尔蒙激增？再说，宣华夫人接受杨广礼物，为杨广说话并不是贪财好礼，而是选择站队，为自己的将来做个铺垫，她的靠山是当朝皇帝，但隋文帝年事已高，将来的命运就掌握在杨广手里。

因此，退一万步讲，即使发生了这样的丑事，宣华夫人大概率也不会跑到隋文帝那里告状。史书上说她"性聪慧"，当时的形势是隋文帝奄奄一息，杨广马上要继承大统，满朝文武大多为杨广的人，在这个时候跑去告发，除了将自己陷入万劫不复的境地，没有任何益处。既然废立太子时她已联手杨广，等杨广顺利登基，宣华夫人就会有新的靠山，于她而言，沉默不语无疑是更佳的选择。为何放着新的靠山不要，而选择和老皇帝一起沉没呢？

更让人生疑的是，后来隋末农民起义，为了体现造反的正义性，将杨广说成是一个罄竹难书的恶棍，并公布了十大罪状。其中并没有说杨广"烝母而弑父"，如果杨广有此恶行，如此好的素材怎么会弃而不用？事实上，这种说法从唐朝才开始出现。因为杨广是亡国之君，为了证明唐取代隋的正当性，杨广必须要以前所未有的残暴好色的形象出现，于是一段段有鼻子有眼的风流艳史跃然纸上，其中就包括"烝母弑父"这一段。到了明朝小说演绎得更加厉害，明代袁于令评改的《隋史遗文》中有一章专门题为"恣烝淫太子迷花，躬弑逆杨广篡位"，十分着力地描述了这段艳情。明代另一部署名齐东野人著《隋炀帝艳史》，也对杨广趁父皇卧病之机，调戏后母宣华夫人进行了着力描写。此书第三回题"正储位谋夺太子，侍寝宫调戏宣华"中，更是把杨广说成是个"色中饿鬼"，说："杨广入宫看见宣华，早已魂销魄散，如何禁得住一腔欲火！不转珠地偷睛细看，见宣华美丽异常，心头欲火如焚，恨不得一碗水将她吞下肚去。"正史、野史、小说的露骨描写，特别是明清小说广泛流传于民间社会，影响非常大，杨广由此被钉到了"弑父淫母"的耻辱柱上。

为了增加故事的完整性，又说杨广事后派使者送一金盒给她，宣华夫人担心杨广送毒药来赐死她，于是不敢打开，结果打开以后竟然是好几枚同心结。宣华夫人不仅没有丢了性命，反而受到了杨广的宠幸，这样一来，杨广从"淫棍"变成了"情种"，而宣华夫人此前的一番折腾显得毫无意义，看上去多少有些荒唐可笑。

如果说这个关键环节站不住脚，由此衍生出的其他事情更加可疑。特别是张衡弑杀隋文帝一事，当时杨广和杨素已经完全控制了局势，隋文帝已经奄奄一息，随时可能死去。张衡进宫不久，隋文帝驾崩，要说也是正常的事情，在这种情况下，杨广让张衡杀掉没有任何抵抗能力的父皇，从而让自己背上弑父的罪名，完全是多此一举，实在没有必要。

不过，常有人用张衡后来的遗言佐证他确实做过这桩血案。大业八年（612年），张衡因反对建造汾阳宫和诽谤朝政而被赐死于家中，临死前他大声说道："我为人做何物事，而望久活！"意为我为世人做了什么好事，还想久活。有人认为张衡肯定做了什么见不得人的事才出此言，而这件事情就是弑杀隋文帝。

不过仔细想想，这样理解过于牵强。如果杨广想要杀人灭口，为何要等到八年以后才动手，就不怕夜长梦多，张衡把秘密说出去吗？何况作为杨广的心腹，张衡为他做了不少事，有些事注定是不能公开的。更重要的是，唐朝建立后，唐高祖李渊认为张衡"死非其罪"，替他平了反，并赐给他"忠"的谥号。如果张衡真的是凶手，作为臣子杀掉皇上，李渊绝对不会给他平反，更不会给他这样一个谥号，毕竟还是要讲基本的政治伦理道德的。

追溯历史，最早记载仁寿宫之变的是两本书。一是唐朝初年赵毅所著的《大业略记》，其中写道："高祖在仁寿宫，病甚，追帝侍疾，而高祖美人尤嬖幸者，唯陈蔡二人而已。帝乃召蔡于别室，既还，面伤而发乱，高祖问之，蔡泣曰：'皇太子为非礼。'高祖大怒，……召兵部尚书柳述、黄门侍郎元岩等令发诏追庶人勇，即令废立。帝追追，召左仆射杨素、左庶子张衡进毒药。"这个记述虽然写得绘声绘色，但居然把女主角都搞错了，由宣华夫人变成了容华夫人，不但连受害者是谁都没搞清楚，连隋文帝的发丧日期说得也不对，而这些都属于常识性错误，可信度实在不高。

另一本是唐朝中期马总的《通历》，这样记载："上有疾，于仁寿殿与百僚辞诀，并握手歔欷。是时唯太子及陈宣华夫人侍疾，太子无礼，宣华诉之。帝怒曰：'死狗，那可付后事！'遽令召勇，杨素秘不宣，乃屏左右，令张衡入拉帝，血溅屏风，冤痛之声闻于外，崩。"读来感觉更为荒唐。一来在隋文帝与百僚诀别的庄严时刻，身为太子的杨广却跑到别室去非礼宣华夫人。二来隋文帝让杨素去召杨勇，难道已经糊涂到不知杨素和杨广的关系了吗？三来张衡的作案手法非常露骨，居然杀得声闻四野，好像生怕别人不知道。

历史现场或许真如《隋书·高祖本纪》记录的一样，隋文帝走得很安详，没有杨广的强暴未遂，也没有张衡的刀光剑影，一切都是按照正常程序进行。不过，由于杨广弑父的事情流传甚广，尽管疑点重重，似乎已经成为历史定论。由此明朝大学问家李贽说："仁寿四年，寝疾暴崩，广为之也。"清朝的王夫之也说："杨广之杀君父，杀兄弟。"

第十五章　文帝功过

杨坚是个好皇帝

无论隋文帝最后经历了什么，仁寿四年（604年），这位重新统一天下的帝王永远闭上了双眼，结束了六十三年波澜壮阔的一生。对于隋文帝的评价，后世看法也不一致，甚至呈现两极化的倾向。唐太宗李世民便看不上这位前朝皇帝，他说："此人性至察而心不明。夫心暗则照有不通，至察则多疑于物。又欺孤儿寡妇以得天下，恒恐群臣内怀不服，不肯信任百司，每事皆自决断，虽则劳神苦形，未能尽合于理。朝臣既知其意，亦不敢直言，宰相以下，惟承顺而已。"隋文帝这个人性情苛刻，很多事情判断不清，所以比较多疑，同时他靠欺负孤儿寡母取得天下，唯恐有人不服，不肯相信别人，这样一来，只能事必躬亲。他虽然很辛苦但却不讨好，百官们什么都不敢说，也不敢做。在李世民看来，这样的皇帝很难算得上好皇帝。

不过，大部分史学家对隋文帝持正面的评价，司马光说："高祖性严重，令行禁止，勤于政事。每旦听朝，日昃忘倦。虽啬于财，至于赏赐有功，即无所爱；将士战没，必加优赏，仍遣使者劳问其家。爱养百姓，劝课农桑，轻徭薄赋。其自奉养，务为俭素，乘舆御物，故弊者随令补用；自非享宴，所食不过一肉；后宫皆服浣濯之衣。天下化之，开皇、仁寿之间，丈夫率衣绢布，不服绫绮，装带不过铜铁骨角，无金玉之饰。故衣食滋殖，仓库盈溢。受禅之初，民户不满四百万，末年，逾八百九十万，独冀州已一百万户。"隋文帝勤政爱民，生活俭朴，在他的统治下，国家的财富日益增长，仓库丰盈。隋文帝受禅之初,隋朝的民户不满四百万户;到了隋文帝仁寿末年,超过了八百九十万户,仅冀州就已有一百万户。

不过,司马光虽然对隋文帝的成绩予以充分肯定,但也明确指出了他的缺点,"然猜忌苛察,信受谗言,功臣故旧,无始终保全者;乃至子弟,皆如仇敌,此其所短也"。隋文帝最大的毛病是疑心重,喜欢猜忌,不仅功臣,就是自己的儿子,也被当成仇人对待。

著名历史学家吕思勉认为:"隋文帝何如主也?贤主也。综帝生平,惟用刑失之严酷;其勤政爱民,则实出天性,俭德尤古今所无,故其时国计之富亦冠绝古今焉。其于四夷,则志在攘斥之以安民,而不欲致其朝贡以自夸功德。既非如汉文、景之苟安诒患,亦非如汉武帝、唐太宗之劳民逞欲。虽无赫赫之功,求其志,实交邻待敌之正道也。""他勤于政事,又能躬行节俭。在位时,把北朝的苛捐杂税都除掉,而府库充实,仓储到处丰盈,国计的宽余,实为历代所未有。"

另外一位当代历史学家范文澜对隋文帝也给予了高度肯定:"隋文帝主要的功绩,在于统一全国后,实行各种巩固统一的措施,使连续三百年的战事得以停止,全国安宁,南北民众获得休息,社会呈现空前的繁荣。秦始皇创秦制,为汉以后各朝所沿袭,隋文帝创隋制,为唐以后各朝所遵循,秦、隋两朝都有巨大的贡献,不能因为历年短促,忽视它们在历史上的作用。隋文帝在力求巩固国家统一的方针下,行政、定制度和对待敌国等方面,都取得了成就。西晋以来将近三百年的动乱,到隋文帝时,确实稳定下来了。他是较好的政治家,因为他多少能够留意到劳动民众的愿望。"

《剑桥中国隋唐史》对隋文帝做了一分为二的评价:"杨坚易于发怒,有时在狂怒以后又深自懊悔。这显然与他个人的自危感有关,到了晚年,与上面谈到的追求最高权势的变态心理有关。一次他在殿上鞭打一个人,然后又肯定此事与天子的身份不符,并主张废除笞刑。但不久,他在暴怒时又用马鞭把一人鞭打致死。他似乎常常对帝王应仁慈宽厚的呼吁充耳不闻,不加限制地施行当时普遍的酷刑。""虽然有这些局限性,又处于这种精神状态,杨坚仍是一位坚强和有成就的统治者。他酷爱工作,并把大量文牍从议政殿带回住处审批。他似乎经常干预各级政府的事务:插手(有时粗暴地)司法机构的工作;重新审理所有重罪判决,以之作为自己的职责;接见朝集使,并告诫他们要勤奋工作和成为有德之人;考察补缺者和官员的表现;赞誉有成绩的官员,谴责疲沓和贪污;主持早朝,与大臣们讨论国内外政策;巡视全国。从他的工作作风和从他对法律、对儒生和官员的总的态度可以看出,他受了法家传统和当时常见的个人对佛教的信仰两者兼而有之的强烈影响。"

因此,从总体上看,隋文帝是个好皇帝,在某些方面,甚至可以用"出色"来概括。最大的成就无疑是结束了三百多年的分裂局面,使得华夏大地重获统一,有力促进了汉族和其他民族的融合。在治国理政方面,做出了一系列的创新,创立了三省六部制,完善了府兵制,更重要的是建立了科举制。同时,隋文帝重新确立了中原政权的优势地位,通过与突厥的反复较量,终于让不可一世的突厥人臣服,从而获得了"圣人可汗"的尊称。应该讲,无论内政还是外交,都是可圈可点。西方对他的评价似乎更高,美国著名历史学家迈克尔·哈特曾经出版过的一本名叫《历史上最有影响的100人》的名著,书中上榜的中国帝王只有两位:一位是大名鼎鼎的秦始皇,而另一位就是隋文帝杨坚。

从私德上讲,隋文帝堪称典范,是古代历史上最为节俭的皇帝之一,他以身作则、以上率下,给朝廷百官带了好头。在他统治期间,没有出现什么贪腐大案,整体来讲政治上还算风清气正。

喜怒无常乱杀人

不过,隋文帝还是有不少问题,特别是到了统治后期,他过于志得意满,失去了前进的方向,觉得形势一片大好,是时候休息放松一下了。从负责建造仁寿宫的杨素没有被罚反而受到赏赐，便可看出一些端倪，以节俭著称的隋文帝夫妇开始变得乐于享受了。

隋文帝这份得意在开皇十五年（595年）达到了高潮，先前杨广和不少大臣请求他到泰山封禅，都被隋文帝拒绝。可这一年，他觉得是时候让上天知道他所建立的丰功伟绩了。开皇十五年正月十一日，隋文帝率领百官，登上泰山，在山顶设坛封禅。那一刻，隋文帝的感觉好极了，他陶醉在自己所缔造的空前成就中。殊不知，一些危机已经在王朝内部悄然孕育着，并最终展现出强大的破坏力。

要说最大的危机，便是隋文帝对孩子的教育，可以用完全失败来形容。用《隋书》上的话说："（隋文帝）素无术学，不能尽下，无宽仁之度，有刻薄之资，暨乎暮年，此风逾扇。……听哲妇之言，惑邪臣之说，溺宠废嫡，托付失所。灭父子之道，开昆弟之隙，纵其寻斧，剪伐本枝。坟土未干，子孙继踵屠戮，松槚才列，天下已非隋有。惜哉！迹其衰怠之源，稽其乱亡之兆，起自高祖，成于炀帝，所由来远矣，非一朝一夕。"隋文帝杨坚不学无术，对孩子太过刻薄，而且还无主见，听信他人之言，反复无常，所以搞得孩子们人性扭曲、手足相残。

谁承想，堪称严父严母的隋文帝和独孤皇后培养出的五个儿子，最后无一善终。难怪史官写到这里，都不免叹息："高祖之子五人，莫有终其天命，异哉！"隋文帝这五个儿子啊，无一善终，真是奇了怪了。

除了对自己和儿子严苛，隋文帝对大臣更不客气，说到底是个"气度"的问题，特别是统治的后期，"其草创元勋及有功诸将，诛夷罪退，罕有存者"。开皇五年（585年）诛杀王谊、开皇十五年（595年）诛杀元谐、开皇十七年（597年）冤杀虞庆则、开皇十九年（599年）枉杀王世积、开皇二十年（600年）杖杀史万岁等等，这些人对隋文帝应该是忠心耿耿的，大多是隋文帝听信谗言才将其杀掉。这样一来，开国功臣几乎被杀完，有幸留下性命的也被剥夺官阶后赶回家养老去了。到最后，只能重用杨素、柳述等人，这些人只会揣摩圣意，投其所好，用房玄龄父亲房彦谦的话说"（隋文帝）性多忌克，不纳谏争"，所以走下坡路也就不可避免。

隋文帝对功臣如此，对普通官员更甚，一些小事就足以使人脑袋搬家。开皇二十年（600年），一名御史因为没有及时纠正武官穿戴整齐被斩杀。谏议大夫毛思祖为御史求情，隋文帝怒气未消，又下令将毛思祖杀掉，为了这样一件小事竟然连杀两个大臣。这样的例子还有不少，将作寺丞因征收的麦秸有些晚，武库令因办公场所杂草丛生，都被下令斩首。凡事过犹不及，统治前期重典治吏值得肯定，但后来因为小事随意杀人，显示出隋文帝喜怒无常、气度狭小。

不仅如此，隋文帝有时候急眼了，根本就不管不顾。开皇十七年（597年），屈突通奉隋文帝之命到陇西一带视察牧马场，查出了隐匿的马匹有两万多。隋文帝大怒，居然下令要杀掉各级官员一千五百多人，屈突通于心不忍，向隋文帝求情说："陛下用最仁慈的政令抚育天下，难道容许因为牲畜财产而在一天之内杀戮一千五百人！臣斗胆敢以死请命！"隋文帝怒视并且大声斥责屈突通。屈突通继续说："臣情愿自身受杀戮，来免除千余人的死罪。"隋文帝这才作罢。

因此，史书上说隋文帝"好为小数，不达大体"是有道理的，最典型的例子就是办学。隋文帝即位之初，大力兴办学校，"思弘德教，延集学徒，崇建庠序，开进仕之路，伫贤隽之人"。但十几年后，他发现招了不少学生，但培养出的人才却不多，"徒有名录，空度岁时，未有德为代范，才任国用"，于是下令"国子学惟留学生七十人，太学、四门及州县学校并废"，全国只保留了国子学的七十二个学生，其他学校全部关闭，学生们一律回家。"十年种树，百年树人"，仅仅想用十几年时间，就培养出大量"任之以职，赞理时务"的人才，实在有些不现实，但就因为这个原因而废除学校，确实有些目光短浅。唐朝的魏徵对此评价说："及帝暮年，精华稍竭，不悦儒术，专尚刑名，执政之徒，咸非笃好。"这个评价比较公允。

隋文帝带着谜团和争议离开了这个世界，即将登上皇位的杨广迫不及待地想大干一场了。

第十六章　大业初年

五弟杨谅造反

杨广这一路走来相当不易，隐忍二十年，逆袭成功，获得了太子之位。成为皇太子后，更加谨慎小心，为此他向隋文帝请求，免穿太子礼服，东宫属官不对太子自称为臣，隋文帝自然欣然应允。杨广平日将自己锁在东宫里读书、写诗、礼佛，面对变幻不定的朝局，就像置身世外的没事儿人一样，处处看父皇的脸色行事。

这只是杨广自保的一种方式，并不是他所向往的生活。杨广在给好友将军史祥的信中说："比监国多暇，养疾闲宫，厌北阁之端居，罢南皮之驰射。博望之苑，既乏名贤，飞盖之园，理乖终宴。亲朋远矣，琴书寂然……"说父皇去了仁寿宫，自己留在大兴城监国，有大把的闲暇时间，但既不能弹琴，也不能骑射，更没有人聊天宴饮，透出一种浓厚的落寞之意。

杨广知道，对自己而言，最重要的是"等待"，等到父皇驾崩的那一天。后来这一天终于到了。登上皇位后，杨广做的第一件事情便是假传隋文帝的遗嘱，逼迫废太子杨勇自尽。这个大哥始终是他的心头大患，必须除之而后快。杨广后来追封杨勇为房陵王，但是其子嗣不得继承王位，全部流放济南，后来多数被杨广杀死。

杨广紧接着将柳述贬往岭南，这位妹夫不仅和自己不对付，和杨素更闹得不可开交。杨广同时责令最小的妹妹兰陵公主改嫁，但没想到遭到了兰陵公主激烈的反抗，她以死相逼，不再朝见，并上表请求去掉封号，和丈夫柳述一同前往流放地。杨广大怒道："天底下没有其他男人了吗？为什么居然想和柳述一起被流放？"兰陵公主答道："先帝把我嫁给柳述，如今柳述有罪，我理应被株连，不愿意陛下为我格外开恩。"杨广对这位性情刚烈的妹妹没什么办法，拒绝了她的请求，将柳述单独流放。

兰陵公主遭受如此打击，身体很快垮掉，临死前上表杨广说："昔共姜自誓，著美前诗，鄎妫不言，传芳往诰。妾虽负罪，窃慕古人。生既不得从夫，死乞葬于柳氏。"希望将来与夫君合葬。这使得杨广更为生气，《隋书》记载："帝览之愈怒，竟不哭，乃葬主于洪渎川，资送甚薄。"将兰陵公主薄葬于洪渎川，柳述后来也在贬地感染瘴毒而死。

收拾完大哥和妹夫，杨广将目光转向了五弟杨谅。相对于杨勇和柳述，他更担心这个弟弟。杨谅作为隋文帝和独孤皇后最小的儿子，从小便最受父母的疼爱。按照规矩，诸王在成婚后就应该搬离皇宫，然后到封地去。但杨谅直到二十三岁才离开父母，被任命为并州总管。别看只是一个封疆大吏，但隋文帝给他的地盘是空前的，"自山以东，至于沧海，南拒黄河，五十二州尽隶焉"，就是说将原来北齐的领土全部让杨谅管辖，拥有所辖之地的治理权和兵权。另外，还赐给他特殊的权力，"特许以便宜，不拘律令"，遇到特殊和紧急情况，可以自行处置，不必请示中央，也不受法律约束。同时，隋文帝还为杨谅挑选了不少有才干的人来辅佐他，所谓"盛选僚佐"。为了表示对杨谅的重视，开皇十七年（597年），隋文帝巡幸温汤时亲自送他到并州赴任。

杨广的担心并非多余，杨谅暗地里早已开始为造反做准备，这和朝局变化有很大关系。杨谅看到大哥杨勇被废黜了太子之位，三哥杨俊死于非命，四哥杨秀被贬为庶民。几年间，隋文帝的五个儿子，除了太子杨广外，只剩下自己还有实权，这让杨谅感到不寒而栗，"谅自以所居天下精兵处，以太子逸废，居常怏怏，阴有异图"，担心将来二哥杨广上台，自己不会有什么好果子吃。

该如何办呢？如果不想坐以待毙，只有做强做大一条路可走。于是，杨谅上书隋文帝说："突厥还很强大，太原为重镇，应加强防备。"

隋文帝觉得有理。因为杨谅的辖地面临突厥和高句丽的威胁，"高祖从之。于是大发工役，缮治器械，贮纳于并州。招佣亡命，左右私人，殆将数万"，杨谅向朝廷索取了大量人力物力，为自己修缮城池，打造兵器，并且招纳了流亡之士，得到了数万人。任命南朝梁将军王僧辩的儿子王頍为咨议参军，此人博学多才，通晓兵法，善于谋略。同时重用了以前南陈的将军萧摩诃，当年他投降隋军后，被授予开府仪同三司，后随着杨谅来到并州。这两人一文一武，王頍负责出谋划策，萧摩诃负责领军打仗。

杨谅在积极准备的同时，一直密切观察着朝局的变化，以便决定下一步该怎么走。很快有件事情让他下定了造反的决心。

隋文帝驾崩后，杨广派车骑将军屈突通带着隋文帝的诏书，召杨谅回朝。杨广有所不知，隋文帝和杨谅就诏书有过密约，"若玺书召汝，于敕字之傍别加一点，又与玉麟符合者，当就征"。什么意思呢？就是"敕"旁边多加一个点。如果是调兵的话，玉麒麟的兵符一人一半，一半在皇帝手中，一半在杨谅手中，完全对得上才可以。隋文帝这样做，为的是担心朝中有变，自己被控制后，作乱者矫诏骗诸王进京后一网打尽。

杨广对此不清楚，当杨谅看到诏书上没有记号时，就知道这一定是二哥杨广的阴谋。此时杨谅面临着重大抉择，是揭竿而起还是逆来顺受。他最终选择了前者，反正都是殊死一搏，总不能坐等灾祸降临。与此同时，一直不太得志的王頍和萧摩诃也都劝他起兵造反。

说干就干，杨谅竖起了反旗，开始的声势很大，十九个州第一时间响应。这对刚刚登基的杨广来说，无疑是个重大的挑战。当时的情势对杨谅非常有利，他兵多将广，又准备了多年，而杨广刚刚上台，政治地位并不稳固。

但谁承想，被父母宠坏的杨谅根本就不是这块料，昏招频出。他首先提出的造反口号是"杨素反，将诛之"，搞起了"清君侧"，这是一步臭棋，杨素根本就没有造反，完全是莫须有的事情。杨谅应该充分利用杨广刚刚即位,地位并不稳固的弱点,将矛头指向杨广,痛斥他的罪行,质疑他登基的合法性。但杨谅却避重就轻,这样的口号对天下人没有太强的号召力。如果仅仅是为了除掉杨素,完全没有必要如此兴师动众。

第二步臭棋是战略规划,起兵后主攻方向到底是哪里,杨谅并没有清晰的计划。对此王𬱖献计说:"王所部将吏家属,尽在关西,若用此等,即宜长驱深入,直据京都,所谓疾雷不及掩耳。若但欲割据旧齐之地,宜任东人。"就是说,杨谅手下将领士卒的家属们,都在关西(函谷关以西),如果用他们当主力,就应该发动攻击,长驱直入,以迅雷不及掩耳之势直接夺取京师。如果只打算占据北齐旧有疆域,则应任用东方(函谷关以东)人。

王𬱖并没有给出唯一的战略方向,而是提出两个选项,这更加加重了杨谅的负担。就在他举棋不定时,总管府兵曹裴文安提出了一个建设性的意见,他说:"井陉以西地区,完全在大王控制之下,山东(太行山以东)武装部队,也由大王指挥,应该全部动员,派老弱残兵驻守险要。然后率领精锐,直入蒲津关(今山西永济西黄河渡口),我愿充当前锋,大王率主力继进,闪电攻击,挺进霸上、咸阳以东地区,可以从容不迫地把它平定。此时,京师震动骚扰,军队不能马上集结,上下互相猜疑,人心离散。我们立即发号施令,谁敢不听。用不了十天,大事可定。"

裴文安的建议核心是率主力西进,直接攻取京城,具有很强的操作性。杨谅听后大喜,任命裴文安担任柱国,率大军出征。

裴文安率军起初非常顺利,兵不血刃拿下蒲州,按照既定计划,下一步将由蒲津关渡过黄河,直扑长安。但没想到此时杨谅突然打起了退堂鼓,让裴文安停止前进,并下令将黄河上的浮桥拆掉,不再继续西进,固守蒲城,想隔着黄河与杨广分庭抗礼。这下把裴文安急坏了,他回到晋阳面见杨谅说:"兵机诡速,本欲出其不意。王既不行,文安又退,使彼计成,大事去矣。"用兵必须诡秘神速,为的是要出乎敌人意料之外，大王既不亲征，我又被调返，使敌人的计谋得逞，这样的好机会就永远不会再有了。杨谅或许自知理亏，对此的反应是沉默不语。

杨谅做出这样的抉择，确实有些"无厘头"，既然要反，只能是鱼死网破，乘着杨广立足未稳，打他一个措手不及，方才有些许胜算。但他却选择龟缩政策，一心想做割据一方的土皇帝，将战场的主动权拱手让给了杨广，坐等杨广调兵遣将，除了覆灭之外，便不会有其他结局。

杨广当然不会放过这样的良机，本来是想着被动防御，看到杨谅止步不前，立即下令转守为攻。率大军反攻的不是别人，正是杨广最为信任的杨素。

杨素身经百战，打仗确实是一把好手，他率部趁着夜色渡过黄河，偷袭蒲津关，一出手就赢得了战术上的主动，接下来他用几千人牵制晋州等南边的州县，而自己率主力一路东进，直扑晋阳。杨谅见隋军来势汹汹，急令手下大将赵子开率领十万之众，在高壁（今山西灵石）占据有利地形，摆开五十里战阵，试图拖住杨素前进的步伐。

杨素看到敌众我寡，而且叛军占据险要，易守难攻，心生一个破敌的妙计。他命令手下将领带一部分主力正面进攻，自己带着一支敢死队到了霍山，然后沿着悬崖峭壁摸到了赵子开大营后面，发动突然袭击，叛军顿时阵脚大乱，两边夹击，十万士卒灰飞烟灭。

杨谅得知前方战报大为惊恐，无奈之下，只能自己亲率大军在蒿泽（今山西汾阳以北湖泊）布阵抵抗。两军实力对比，杨谅还是占优，同时以逸待劳，还占据有利地形，取胜的概率不小。但此时杨谅又出臭招，由于遭遇连日大雨，杨谅竟然下令主动撤军，王頍赶忙劝谏说："杨素悬军，士马疲弊，王以锐卒亲戎击之，其势必举。今见敌而还，示人以怯，阻战士之心，益西军之气，愿王必勿还也。"我们不容易，杨素更不容易，他们远道而来，我们是以逸待劳，如果大王能亲自率领精锐部队出击，一定能取得胜利。如今没有看到敌人的影子就撤退，显示我们胆子太小，容易使军心沮丧，还会增加敌人的气焰，因此万万不能回师。杨谅对此建议又是"不从"，率军退守到清源（今山西清徐）。

如王颛所说，杨谅不战而退，使得军心大乱，而杨素的军队则士气大涨，双方在清源决战，结果可想而知。杨谅的军队"死者万八千人"，萧摩诃也在此战中被生擒。杨谅率残兵狼狈地逃回晋阳。但此时晋阳已经成为一座孤城，杨素紧追不舍，随即将晋阳围成铁桶一般，杨谅见大势已去，只好献城投降。

该如何处理杨谅呢？文武百官的意见是论罪当诛。但没想到，杨广却表现得很有气度，或许是想以此来树立新君的仁义形象，他说："终鲜兄弟，情不忍言，欲屈法恕谅一死。"终究是兄弟，而且兄弟也不多了，所以不忍心杀他。下令将杨谅除去户籍，贬为庶民，最后幽禁而死。

杨谅的失败命中注定，他从小锦衣玉食，备受宠爱，根本没有经历过大风大浪，造反已经远远超过了他的能力范围。所以不难理解，往往在关键时刻，杨谅优柔寡断，举棋不定，昏招迭出，不听从王颛等人的意见，最终落得如此下场。

再说王颛，杨谅兵败后，他逃入山中，觉得难逃一死，于是告诫儿子说："我的计谋不亚于杨素，但很遗憾杨谅却不听从，事情到了这个地步，我怎能被他们擒获，让竖子成名，所以只能自行了断。但儿子你不必随我而死，逃亡中要记住一条，宁可找生人，也不要投靠亲朋好友。"说完自尽而亡。遗憾的是，他的儿子并没有听从忠告，投靠亲友后被告发，然后被处斩。

平定杨谅后不久，陈叔宝在洛阳去世，活了五十二岁。作为一个亡国之君，居然还死在了隋文帝之后，而且平常日子过得非常不错，这在历史上很是少见。他一直想要一个官职，至死都没有如愿。死后杨广满足了他，追赠他为大将军、长城县公。

不过，陈叔宝毕竟曾经做过皇帝，光有一个官职还不行，因此还需要一个谥号来评价一生的功过。杨广给他的谥号是"炀",这是谥法中最不好的名号之一,所谓"去礼远众曰炀;好内远礼曰炀;好内怠政曰炀",在杨广看来,似乎只有这个字才能概括陈叔宝荒诞的一生。只是杨广打死也不会想到,自己死后也获得了同样的谥号。更为悲催的是,陈叔宝的谥号后世很少被提及,只要说起陈叔宝,想到的都是陈后主。而李渊给杨广的这个谥号,却将杨广永远钉在了历史的耻辱柱上,成为暴虐和荒淫的代名词。

营建东都洛阳

杨广在给陈叔宝最差谥号的同时,给自己起了一个非常有气势的年号——大业。

如同隋文帝将年号确定为"开皇"一样,杨广选择这个年号也是经过深思熟虑的。从他内心来讲,非常想开创一番大业,好让天下人知道他取代哥哥杨勇的正当性,以此证明在治国理政上他比杨勇更有能力。虽然隋文帝开创了"开皇之治",但杨广显然不想做个守成之君,他的目标是要比父亲更加出色,成为能在史册留名千古的一代帝王。

不过,开局并不容易,特别是五弟杨谅的反叛,让他惊出了一身冷汗。所幸是虚惊一场,如今天下安定,是时候大干一场了。从群臣的角度来看,他们对这位新皇帝也充满了期望。隋文帝固然伟大,但到了晚年却有些昏聩,搞得人人自危,照那样下去,大隋江山社稷将陷入危险境地。所幸一切都已重新开始,新皇帝一定会有新气象,就同"大业"这个年号一样。

杨广没有辜负这份期望,一上台便是大手笔。大业元年(605年),他决定上马一个宏大的工程——营建东都洛阳。

杨广之所以做出这样的决定,《资治通鉴》里说因为他听信了术士的话。当时有个非常有名的术士叫作章仇太翼,预言非常准,据说隋文帝最后一次去仁寿宫之前，章仇太翼曾劝阻，但隋文帝执意要去，搞得章仇太翼急眼了，说道："陛下若是去了仁寿宫，恐怕你就再也回不来了。"意思是说，隋文帝一旦真的离开皇宫，那就会死在仁寿宫。隋文帝怒不可遏，下令把章仇太翼扔进大牢里，表示等自己安全回来，就杀掉章仇太翼。可没想到，隋文帝真就死在了仁寿宫，并给杨广留下这样的遗言："章仇翼，非常人也。前后言事，未常不中。吾来日道当不反，今果至此，尔宜释之！"这句话的意思就是，章仇太翼这个人不是普通人，他早前对我说的话全部都应验了，现在我估计回不去了，你回去之后就将他放了吧，为自己所用。

杨广登基后，章仇太翼对他说："陛下木命，雍州为破木之冲，不可久居。"杨广的命属于木命，而长安地处破木之冲，不能长期待在这里。又有谶语说："修治洛阳还晋家。"由于皇帝杨广早年被封为晋王，还特意附加了"修治洛阳还晋家"这一条谶语。

《资治通鉴》里说得神乎其神，但可信度不大，杨广做出如此重大的决策，不可能仅仅因为术士一句话，他有更长远的考虑，大概包括三个方面。一是形势的变化。当年隋文帝兴建大兴城，因为关中地区四周有天险，易守难攻。在天下不太平时，确实是都城的绝佳选择。但如今情况不一样了，陈朝被灭，天下一统，突厥被收拾得服服帖帖，所以现在考虑的头等大事不是防御外敌，而是如何更好地统治这个王朝。就这一点看，关中显得比较偏远，为了实现有效统治，修建东都势在必行。

二是粮食的保障。洛阳地处中原，地势平坦，交通便利，农业生产比较发达。关中虽然土地肥沃，物产丰富，但地处西部，交通极不方便。随着政治经济的发展，关中的粮食已不能满足京城需要，若遇到灾年，只好东迁洛阳就食。隋文帝就曾先后两次率领百官就食洛阳。

三是杨谅的叛乱带来的反思。响应叛军的地方不少，说明东部地区并不稳定，很大原因在于都城偏安一隅，离山东太远了，离江南就更远了。虽然隋朝统一天下已有十几年的时间，但关中和山东、江南地区的隔阂,并没有有效地弥合,相继发生了江南叛乱和杨谅之乱,为了防止这样的事件再次发生,实现长治久安,理应将都城内迁。

为何选择洛阳呢?杨广考虑的重要因素还是地理位置。洛阳居天下之中,四个方向都能照顾到。他在《营造东都》的诏书中指出:"是故姬邑两周,如武王之意;殷人五徙,成汤后之业。若不因人顺天,功业见乎变,爱人治国者可不谓然欤!洛邑自古之都,王畿之内,天地之所合,阴阳之所和。控以三河,固以四塞,水陆通,贡赋等。故汉祖曰:'吾行天下多矣,唯见洛阳。'"所谓"得中原者得天下",在这一点上,杨广比他的父亲隋文帝有着更加宽广的视野。

另外从地势上说,洛阳也不错,虽然地处平原,但北靠邙山,南临伊水,是个建都的好地方。据《元和郡县图志》记载,杨广曾经登临邙山,察看伊阙,对左右说:"这不是龙门吗?自古为什么不在这里建都呢?"苏威答道:"自古非不知,只是等待陛下。"苏威的话分明是拍马屁,早在东汉时,汉光武帝刘秀就把都城定在洛阳,后来北魏孝文帝元宏也把都城迁到这里。不过,对于苏威的话,杨广很受用,听后非常高兴。不知道这个记载是否属实,但可以确定的是在大业元年(605年)三月,营造东都洛阳的工程正式破土动工。

和当年隋文帝建设大兴城一样,总设计师依然还是宇文恺,只是工程总指挥由高颎换成了杨素。杨素和宇文恺曾经合作建造了仁寿宫,彼此比较默契。宇文恺经过精心设计,拿出了详尽的设计和施工图,而杨素征集了两百万人开始全面开工建设。这个数字着实有些夸张,要知道,当年秦始皇修建骊山陵墓和阿房宫也只动用了七十万人,营造东都所用的人力居然近其三倍。不过,这个数字应该是准确的,《资治通鉴》里说"每月役丁二百万人"。杨素这样做,就是希望杨广能够早日见到新的都城,这符合他一贯的做派,无论是打仗还是施工,都毫不吝惜人力。

果然,仅仅用了十个月,一座雄伟华丽的新都城诞生了!

宇文恺规划设计的东都,分为宫城、皇城和外郭城三部分。外城南北长七千三百米，东西最宽七千二百米，规模比大兴城略小。但整个城市气势宏伟，宫殿比大兴城更加富丽堂皇。以主殿"乾阳殿"为例，史书记载："殿基高九尺，从地至鸱尾高二百七十尺，十三间二十九架，三陛轩……其柱大二十四围，倚井重莲，仰之者眩曜……"殿基高达两米多，有一百零三个房间，支撑大殿的圆柱就有二十四根，每根圆柱直径约二点六米，大到需要"二千人曳一柱"，是中国历史上规模最大的宫城正殿。

这还不算什么，比乾阳殿更让杨广感到满意的是西苑。史载："五月，筑西苑，周二百里；其内为海，周十余里；为方丈、蓬莱、瀛洲诸山，高出水百余尺，台观宫殿，罗络山上，向背如神。"西苑里有山有水，凿出一大片人工湖，名曰"大海"。在海中用巨石修建了蓬莱、方丈、瀛洲三座仙山，在山上，亭台楼阁，星罗棋布，曲折环绕，交错相映。而且还专门修了一条渠，名曰龙鳞渠。渠两旁建十六院，极其华丽。杨广命人从全国各地搜集名花贵石种植、堆积其中，建成著名的西苑牡丹园。和隋文帝当年修筑大兴城多是就地取材不同，在营建洛阳城过程中，选用的材料都是上等的，由于有些材料中原没有，是从遥远的南方运来的。

只是，洛阳身处北方，景色再好也难抗季节的交替，一到冬天，万木凋零，显出一片肃杀之意。但这难不倒杨广，他想出了一个好办法，史书记载："宫树秋冬凋落，则剪彩为华叶，缀于枝条，色渝则易以新者，常如阳春。"秋冬季节，在树叶凋落后，就用丝绸剪成树叶，挂在枝头。如果有褪色的，就更换一批新的，一年四季，始终春意盎然。

新都城修好了，但没有人口也不行。工程完工两个月后，杨广下诏"徙豫州郭下居民以实东京，徙天下富商大贾数万家于东京"。转过年，又令"江南诸州，科上户分房入东都住，名为部京户，六千余家"。大业三年（607年），再次下诏"河北诸郡送工艺户陪东都三千余家"，杨广征调各地人口到洛阳，很快使得新都城的人口达到百万以上，这在当时算是数一数二的大都市。整个都市顿时显得生机盎然，城里各个市场热闹非凡。据史书记载，北市"天下之舟船所集，常万余艘，填满河路，商旅贸易，车马堵塞"，南市则是"其内一百二十行，三千余肆，四壁有四百余店，货贿山积"。在上春门外，还建筑了诸郡邸百余所，是接待各郡长官朝见天子的住所。建国门外则有四方馆，以接待外国和各民族使者。

人口多了，粮食的需求自然迅猛增长。杨广下令在洛阳周边修建了几个大粮仓，其中最出名的是含嘉仓。它在20世纪60年代被发现，开始考古学家以为是一座古墓群，但快挖到底儿的时候，发现了铭砖，依据上面的文字信息，经考证为古代的粮仓。

后来，随着发掘工作的不断深入，一座大型粮仓城遗址渐渐展现于人们面前：它们东西成排，南北成行，排列有序。遗址南北长七百多米，东西宽六百多米，共有圆形粮窖二百八十七座，四周有城墙和城门，内部有十字形道路，由仓窖区、生活管理区和漕运码头区等组成。大窖可以储粮一万石以上，小窖也可以储粮数千石，照此计算，所能储存的粮食数量相当惊人。

更让考古人员吃惊的是，在仓窖上面的土层发现里面保存的粮食仍然粒粒分明，仓窖的木板缝隙中发现了一些谷子样的颗粒，取出来后第三天竟然发芽了。后送到农科所培养，第二年竟长到膝盖高，还结出了果实。这说明在当时已经有了非常先进的储粮技术，专家推测说："当时人们修建含嘉仓仓窖时，先将挖好的仓窖用火烘干，并把草木灰顺势摊在窖底，上铺木板，木板之上铺席子，席上垫谷糠后再铺席子；窖壁也照此处理，即先用两层席子夹一层糠，里面装粮食，边装边往上升；到离地面半米处铺层席子，席子上一层糠，糠上又是层席子，然后封土，一个粮窖才算完工。"

含嘉仓并不是洛阳周边唯一的大粮仓，除此之外，比较出名的还有洛口仓和回洛仓。回洛仓的规模也很惊人，根据考古发掘来看，仓城中有七百多个仓窖，每个仓窖可以储存五十万斤粮食，完全够洛阳城中的百姓生活所需。瓦岗寨就曾夺取回洛仓，之后李世民也率军攻取回洛仓，据说隋朝灭亡时，回洛仓内还有粮食，唐朝时期的百姓还能吃到前朝储存的粮食。洛口仓"周回二十余里，穿三千窖，窖容八千石以还，置监官，并镇兵千人"。仓城周围二十余里，共有三千窖，每窖藏粮八千石，设官兵千人防守粮仓。按此记载计算，洛口仓约可容纳粮食二千四百万石，是当时全国最大的粮仓。

千秋功过大运河

如此多的粮食从哪里来的呢？大部分都来自南方。如何将这些粮食运来呢？这就要说杨广干的第二项大工程——开凿大运河。为了保证洛阳地区的粮食安全，通过大运河漕运无疑是最好的选择，于是杨广下定决心要做这件事。

只是，令杨广没想到的是，开凿大运河成了后世抹黑他的一个重要因素。不少人认为杨广修运河不是为了国计民生，而是为了满足巡游扬州的私欲。不过，这种说法很难站得住脚。

诚然，扬州是杨广龙兴之地，他在那里住了十几年，很喜欢这座城市，但如果说杨广开凿运河只是为了方便去扬州，实在有些夸张。正史里对此没有任何记载，只有一本名为《炀帝开河记》中有这样的说法。说是杨广有一天看地图，对扬州念念不忘，萧皇后读懂了他的心思，说："帝意在广陵，何如一幸？"既然你对扬州那么眷恋，何不去游幸一番？但山高路远，从陆上走耗时长，很辛苦，不如开条水路，能快速到达。于是杨广便将开凿大运河提上了议事日程。

还有一种说法更为离谱，说杨广开运河是为了压制王气。隋炀帝的小舅子谏议大夫萧怀静说睢阳有王气，还说当年秦始皇发现金陵出现王气时，就派人去凿断砥柱，使其消散。如今不如开凿一条运河，穿过睢阳直达扬州，可以凿穿睢阳的王气。

杨广决定上马这样一项浩大的工程，说到底是为了维护统一，实现对国家的有效治理。因为在隋朝之前，政治中心和经济中心是一致的，都在中原地区，但后来随着对江南的开发，江浙一带的粮食产量超过了黄河流域，经济中心逐渐转移到了江南地区，但政治中心仍在北方。实现大一统后，南北资源的运输成为国家治理中的一个重要组成部分，特别是粮食和其他物资的运输，显得尤为重要。相比于陆路，水路的优势非常明显，因此杨广才动了这样的心思。

大业元年（605年），这项庞大的工程正式开工。工程分为三个阶段实施，第一阶段是开凿通济渠和邗沟，这一年三月，"征河南、淮北诸郡民前后百余万"开挖通济渠。通济渠以洛阳为起点，西引洛水等入古黄河；再从板渚（今河南省荥阳市汜水镇东北）引黄河水入汴河，沿经河南开封、商丘折东南皖北至江苏淮阴入淮河，它沟通了洛水、古黄河和淮河。

邗沟是春秋时期吴王夫差下令修建的一条运河，因途经邗城而得名。在开凿通济渠的同年，隋炀帝下令征发"淮南民工十余万"，对从淮安到扬州入长江一百七十公里的邗沟进行疏浚治理。充分利用汴渠、邗沟等旧有水道，是此次开凿运河一个非常显著的特点，这样可以在减少大量人力物力的同时，确保工程早日开通。

第二个阶段是开凿永济渠，大业四年（608年），隋炀帝下令征集河北诸郡男女百余万开挖。从洛阳的古黄河北岸，引沁水东流入清河（今卫河），到今天津附近，再经沽水（今白河）和桑干河（今永定河）到涿郡（今北京），"引沁水南达于河，北通涿郡"，长约一千一百公里。这个工程同样在三国时魏国所筑的旧渠基础上，利用部分天然河道，沟通了海河和黄河。

第三个阶段是江南河，大业六年（610年）动工，以京口（今江苏镇江）为起点，引长江水经太湖流域至余杭（今浙江杭州），全长八百多里，和前面的工程一样，将前朝开凿留下的运河河道加以疏浚而成。

自此，以洛阳为中心，南到余杭，北至诸郡的千里大运河贯通了!

通过水运比陆运要快捷得多。因此,大运河的开通极大地方便了南北交通,使南粮北运,北物南输,"漕船往来,千里不绝"。到了唐朝,它的功能更为突出。武则天称帝时,洛阳城中的北市一带已是"天下舟船所集,常万余艘",由于船太多,经常会发生交通拥堵,长安元年(701年),武则天下令:"引漕渠,开新潭,以置诸州租船。"毫不夸张地说,大运河成为唐王朝经济的生命线。

到北宋时,定都汴京(今河南开封),大运河发挥了更大作用。"唯汴水横亘中国,首承大河,漕引江、湖,利尽南海,半天下之财赋,并山泽之百货,悉由此路而进",天下的财富和宝物,都由汴水运往京城,而汴水正是通济渠的一段。当时有人评价:"今日之势,国依兵而立,兵以食为命,食以漕运为本,漕运以河渠为主。"

到了元朝,定都大都(今北京),政治中心向北移动,忽必烈下令开凿京杭大运河,沟通南北漕运。京杭大运河不再取道洛阳,裁弯取直,从大都南下直达杭州,不过,许多地方还是沿用了隋代大运河的河道。

2014年,中国大运河项目成功入选世界文化遗产项目,被称为世界上建造时间最早、使用最久、空间跨度最大的运河,成为中华民族留给世界的宝贵遗产。大运河的开凿,还促进了沿河城市的繁荣,包括扬州、杭州、洛阳等,这些城市因运河而旺。在强化南北交流的同时,使得中华文化实现了多元和互补。

从这个意义上来说,杨广开凿大运河算得上是一个壮举。但一直以来,对这件事毁誉参半。持肯定观点的认为,大运河沟通南北,使国家从此有了经济大动脉,唐代的皮日休在《汴水铭》中说:"北通涿郡之渔商,南运江都之转输,其为利也博哉!"同样是他,写过一首《汴河怀古》:"尽道隋亡为此河,至今千里赖通波。若无水殿龙舟事,共禹论功不较多。"人人都说修造汴河导致隋朝灭亡,可是至今南北通行还要依赖此河。如果没有打造龙舟纵情享乐之事,隋炀帝赫赫功绩几乎可比治水的大禹。

持否定态度的觉得开挖大运河以及杨广的三下江南，给民众带来了极大苦难，甚至觉得隋朝的灭亡和开挖大运河有关，唐朝诗人李敬的一首诗说："汴水通淮利最多，生人为害亦相和。东南四十三州地，取尽脂膏是此河。"另一位唐代诗人许浑在《汴河亭》中也写道："广陵花盛帝东游，先劈昆仑一派流。百二禁兵辞象阙，三千宫女下龙舟。凝云鼓震星辰动，拂浪旗开日月浮。四海义师归有道，迷楼还似景阳楼。"说杨广穷奢极欲的游乐，导致天下义师蜂起，使得天下最终归唐。

比较而言，明代于慎行的评价较为公允，他说："为后世开万世之利，可谓不仁而有功者矣。"杨广开凿大运河"有功"，在后世确实发挥了非常重要的作用。但同时又是"不仁"的，因为这是一条"吃人"的河。

开凿大运河动用的人力相当惊人，开通济渠，征集河南、淮北一百多万民工；疏浚邗沟，又用了淮南十多万民工；挖永济渠，征调河北一百多万民工；通江南河，同样征集了数目庞大的人力。除了男丁外，到最后把妇女都征发到工地上干活。而且，当时营建东都的工程同时在施工，所耗费的人力也相当巨大，死了许多人。"僵仆而毙者，十四五焉。每月载死丁，东至城皋，北至河阳，车相望于道。"同样，如此短的时间内挖出这样一条运河，在当时没有现代施工机械的情况下，死亡人数一定非常庞大，至于具体数据，说法不一，有的说死了二十多万，有的说死了一百多万。

大运河竣工后，杨广亲自体验，船走到半路因为水浅而无法前进，杨广问虞世基可有解决之道。虞世基说："请做铁脚木鹅，长一丈二尺，从河的上游往下游流放，如果木鹅停住不走了，就是水浅的地方。"杨广采纳虞世基的意见，从雍丘至灌口，发现水浅的地方一百二十九处。他竟下令将负责挖掘这一段的官吏和民夫五万人全都捆住手脚活埋在水浅处的岸上。

第一次下江都

大运河在解决漕运问题的同时，也让杨广动了"水殿龙舟事"的心思，想着从洛阳出发巡游江都。

所谓"水殿"，就是杨广所乘的龙舟，规模巨大，豪华至极，堪称水上之宫殿。规模有多大呢？高四十五尺，长二百丈，上下共有四层。最上面一层是正殿和东西朝堂，供皇帝办公和接见臣子用。中间两层有一百多个房间，每个房间都是用金玉装饰过的，主要供皇帝娱乐和休息。最下面一层住的都是皇帝的内侍，负责皇帝的日常生活和安全保卫工作。

杜宝的《大业杂记》记载，这些龙舟都"饰以丹粉，装以金碧珠翠，雕镂奇丽"，非常华丽和壮观。皇后乘坐的翔螭舟比龙舟略小一些，功能和装饰与龙舟差不多。后面紧跟着九艘叫作"浮景"的大船，为其他妃嫔所乘。

杨广热衷组团出游，随行官员乘坐的叫作楼船；诸王、公主以及三品以上高官乘坐的叫五楼船；四品官和一些高僧、高道乘坐的叫三楼船；五品官和各国使节乘坐的叫二楼船；五品以下官员和家属乘坐的叫黄篾舫。除此以外，还有普通士兵乘坐的运兵船。

这些船只加起来将近上万艘，包括杨广在内的乘客应该不下十万，简直就是一个移动中的都市。据《隋书》记载，隋炀帝第一次下江都是在大业元年（605）的八月十五日，庞大的龙船队伍首尾相连，绵延不绝，竟然长达二百余里，当第一艘船出发五十多天后，最后一艘船才从洛阳出发。

古代没有机动船，船要么是依靠风力，扬帆起航；要么是靠人力，由船夫划桨。隋炀帝这些船个头太大，而且运河风力不足，所以都是由纤夫拉着走的。按照《大业拾遗记》等笔记小说的说法，这些拉纤的可不是一般的纤夫，而是一些妙龄少女。唐代传奇《开河记》也记载："龙舟既成，泛江沿淮而下。到大梁，又别加修饰，砌以七宝金玉之类。于是吴越取民间女子十五六岁者五百人，谓之殿脚女。"所谓"殿脚女"，就是牵挽龙舟的女人，她们都是吴越一带选拔出来的美女，画着宫妆，穿着绫罗绸缎做成的衣裙。

这大概率是后世编出的段子，这些弱女子怎么会拉得动如此庞大的船队。真相是巡游仅拉纤就用了八万人。其中，给龙舟拉纤的叫殿脚，一共一千零八十人，分为三番，三班倒，每番三百六十人；给翔螭拉纤的也叫殿脚，一共九百人，分成三番，每番三百人。以此类推，级别越低，船夫越少，一直到运兵船和运输船，就没有纤夫了，都是由士兵自己拉纤。

杨广这支船队的乘客最少有十万人，拉纤的船夫又有八万多人，加起来差不多是二十万人了，如此多的人员，后勤保障成为重大问题。这点难不倒杨广，他下令"所过州县，五百里内皆令献食"。只要是运河沿岸五百里以内的州县，都有供应物资的义务。周围的州县哪敢不小心伺候，唯恐自己上贡的让皇帝不满意，所以都是竭尽所能。每个地方一送都是好几百石，水陆奇珍应有尽有。光是被征调来送饭的民夫每天都在十万以上。州县送来这么多东西，杨广一行根本吃不完，很多东西动也没动，直接就扔在路边。

至于杨广为何热衷于巡游江都，除了他喜欢这个龙兴之地，流传更多的一种说法是为了观赏当地的特产——琼花。不过，这种说法极不靠谱，且不说杨广即位前在江都待了整整十年，江都的一草一木他都了如指掌，实在没有必要为看一种花如此兴师动众。更何况据一些专家考证，当时扬州并没有琼花，有记录显示北宋以后琼花才在扬州出现，距杨广之死过了三百多年。杨广去江都观赏琼花的故事，大多出自明清以后的小说，如《隋炀帝艳史》《隋唐演义》《说唐全传》，大多都是虚构的，但由于流传甚广，成了一种普遍的说法。

大业元年（605年）八月是杨广第一次下江都。这一次出巡最重要的一个目的就是要用恩威并施的手段消除一切不安定因素，对江南实现有效统治。对此《隋书》中说得很清楚，"巡身方俗，宣扬风化，威慑江南",正因为如此,杨广南巡时,随行人员中不仅有中原儒学大家,同时还随行带来大批僧尼道士到江都道场讲经弘法,甚至还带上了年老的陈后主的遗孀沈婺华,用来联络南人感情。并在次年又纳陈后主第六女陈婤为贵人,实质是以文化和情感上的联络来巩固统一。同时在经济上也给予优惠,刚到江都的杨广宣布"扬州给复五年,旧总管内给复三年",扬州免除徭役五年,旧扬州总管的辖区内免除徭役三年。

至于威慑,杨广采用的是浩大的仪仗和排场。"舳舻相接二百余里,照耀川陆,骑兵翊两岸而行,旌旗蔽野",体现出皇帝至高无上的尊严和大隋王朝的雄厚实力,让江南人士再不敢起反心。

杨广的出巡目的和另外一位帝王非常相似,便是秦始皇嬴政。说来也巧,魏晋南北朝的分裂同春秋战国的分裂是中国历史上时间最长的两次大分裂时期,好不容易实现天下一统的秦和隋又都是二世而亡的短命王朝,而秦始皇和隋炀帝同时是中国古代历史最喜欢出游的两位皇帝。他们不惜辛苦,频频出巡的用意都是一样的,就是通过这样的方式更好地统治新开拓的疆土。

当然,杨广营造东都、重视江南,还有另外一个重要的原因,那就是他长期生活在南方,与在京城的关陇贵族集团关系并不紧密,特别是他取代杨勇后,朝中不少人心中并不服气,只是敢怒不敢言。杨广觉得要想实现自己的政治理想,需要摆脱旧势力的束缚,必须舍弃"关中本位"政策,实现政治中心的南迁,营造洛阳、开挖运河、南巡江都都有这方面的考虑。但从后来的历史进程看,事实证明并不成功,所谓"成也江南,亡也江南"。

虽然出发点是好的,但杨广实在太过于讲究排场了,根本不计算成本和代价,他登基后,大工程一件接着一件。人们本来认为只是新皇帝上任三把火,没想到杨广如此变本加厉,这样一搞,百姓哪里受得了,这为隋朝的败亡埋下了伏笔。

创设进士科

尽管如此，并不能否认杨广即位后想干出一番伟业的努力。《隋书》里说他"尚秦汉之规摹"，处处以秦始皇、汉武帝的功业作为人生目标。但想干成一番大事业最重要的是要有人才可用，杨广始终认为想要步入仕途，必须要依靠自己的才能，大业元年（605年）他下诏说："若有名行显著，操履修洁，及学业才能，一艺可取，咸宜访采，将身入朝。所在州县，以礼发遣。"

正是有这样的理念，杨广将隋文帝草创的科举制进一步向前推进。为此杨广增设进士科，奠定了科举制度的基础，这是中国历史上具有重大影响的大事。在此之前，虽然隋文帝废除了九品中正制，采用分科考试的方法选拔人才，但这仅仅是科举制的草创阶段，杨广在此基础上进行了完善。增设进士科后，秀才试方略、进士试时务策、明经试经术，形成了一套较为完整的国家分科选才制度。

虽然隋朝通过科举考试选出的人才很有限，"秀异之贡，不过十数"，但是改变了以往的官员选拔制度，朝廷的选官制度开始由世袭制转向较为公平的考试制度，打破了世家豪族对官员选拔的垄断，使得社会中下层读书人有了改变命运的机会，深深地影响到了后面的历朝历代。

大业三年（607年），杨广还办了另外一件大事，颁布实施《大业律》。在此之前，隋文帝时颁布了《开皇律》，本来是减轻刑罚，实施仁政，但到统治晚期，隋文帝变得非常猜忌多疑，用刑也越来越残酷。这次修订主要针对的是隋文帝末年比较严酷的法律。"炀帝即位，以高祖禁网深刻，又敕修律令，除十恶之条"，"凡五百条，为十八篇"。"五刑之内，降从轻典者，二百余条"，"诏施行之，谓之《大业律》"。在杨广看来，严刑酷法不能从根本上解决问题，圣人之治应该"推心待物"，还是要以宽仁为怀。

宽仁到什么程度？把谋反连坐制度都给废除了。力度相当空前，大概也是绝后的，因此从唐代起又把这个制度给恢复了。杨广认为一人做事一人当，不能搞扩大化，"罪不及嗣，既弘于孝之道，恩由义断，以劝事君之节"。只处罚当事人，父子兄弟都不杀头，开创了中国法律史独一无二的先河。

杨广令人称道的还有"大兴文教"，这点隋文帝当年也尝试做过，但是没有坚持到底，到了晚年居然认为学校没用，培养不出人才而全部停办。杨广和他父皇不一样，隋文帝是"素无学术"，而杨广则从少好学，喜欢诗文。因此他登基后，下令恢复了被隋文帝所废除的各级学校，并且发布诏书，宣扬"尊师重道"。在诏书中追述了中国历史的教育发展历程，尤其对南北朝动乱时期教育领域荒废的情况进行了详细论述，强调了隋朝作为大一统王朝要全面兴办教育的重要性和紧迫性。

杨广下诏将国子学变成了国子监，最高长官依旧是祭酒，增设了司业一人、司丞三人，设置主簿、录事各一人，以加强教育的行政管理。国子监的教学设置为博士、助教、学生，同时下诏征集学行优秀之人予以各种级别的待遇，地方上也设有儒学教员，虽然有的教员在九品以下，甚至有的算不上朝廷官员，但是依然由朝廷发俸禄。这样的举措一下子让各地办学的积极性高涨起来，杨广不仅恢复了文教事业，而且相比开皇时期更加兴盛，正所谓"盛于开皇之初"。

在兴办学校的同时，杨广高度重视收集整理图书，他在担任扬州总管时就网罗学者来整理典籍，登基后更是加大力度，下令访求遗散的图书，并加以保护，达到了隋朝整理图书典籍的高峰，使得隋朝成为中国古代藏书最多的王朝。在收集整理图书的同时，杨广还召集人才从事各种图书的编撰工作，共计成书三十一部，一万七千卷。

杨广的这些作为很快赢得了读书人的心，迅速在大臣们中间建立了威信，觉得当初隋文帝改立太子的决定是何等的英明。杨广或许自己也觉得，正走在通往一代伟大帝王的正确道路上。他心目中的伟大皇帝只有三位：秦始皇、汉武帝、汉光武帝。如今，"以天下承平日久，士马全盛，慨然慕秦皇、汉武之事"，完全有机会实现"日月所照，风雨所沾，孰非我臣"的政治理想。正是有"朕受命于天，财成万物，去华夷之乱，求风化之宜"这样的最高追求，驱使杨广迫切渴望完成心中的"大业"，如秦皇汉武一样，做到四海归一、天下归心。

在读书人感到高兴的同时，杨广也让普通百姓得到了实惠。在统治的前期，他曾多次普免钱粮，连续四次大赦天下。杨广的新政取得了明显的成效，据统计，到大业六年（610年），"天下凡有郡一百九十，县一千二百五十五，户八百九十万有奇，东西九千三百里，南北一万四千八百一十五里"。当时隋朝有一百九十个郡，民户达到八百九十万，全国人口达到了四千六百多万，垦田五千五百八十五万顷。这是一个什么概念？唐朝最鼎盛的"开元盛世"，人口才至九百万户，垦田一千四百三十万顷。《资治通鉴》对此评价说："隋氏之盛，极于此矣。"

遗憾的是，杨广没有逃出"盛极必衰"的规律，志得意满的他最终走上了万劫不复的不归路。

第十七章　朝中五贵

亦正亦邪杨素

杨广走向滑落的轨迹，除了自身的原因外，和他的用人不无关系。杨素是杨广最倚重的大臣，可惜在杨广称帝的第二年，他就因病去世了。

杨素在隋朝历史中是个极为重要的人物，也是争议很大的一个人物。隋朝的每一个重要历史场景，几乎都能看到他的身影。平定尉迟迥之乱有他，南下灭陈有他，大破突厥有他，镇压江南叛乱有他，帮助杨广夺位有他，平定杨谅造反有他，如果单论对隋朝的贡献，杨素应该首屈一指。

不过，后世许多人却把他当作祸国殃民的奸臣，唐太宗李世民说："杨素欺主罔上，贼害良民，使父子道灭，逆乱之源，自此开矣。"编撰《隋书》的魏徵说得更严重："然专以智诈自立，不由仁义之道，阿谀时主，高下其心。营构离宫，陷君于奢侈；谋废冢嫡，致国于倾危。终使宗庙丘墟，市朝霜露，究其祸败之源，实乃素之由也。幸而得死，子为乱阶，坟土未干，阖门殂戮，丘陇发掘，宗族诛夷。则知积恶余殃，信非徒语。多行无礼必自及，其斯之谓欤！约外示温柔，内怀狡算，为蛇画足，终倾国本，俾无遗育，宜哉。"历数了杨素的罪恶，说得好像他是导致隋朝早亡的罪魁祸首。魏徵成千古史笔，使得杨素从此成为历史罪人，遗臭万年。

杨素正史精彩，野史毫不逊色。历史上非常著名的三段爱情故事都和他有关。第一个是破镜重圆，说的是陈后主的妹妹乐昌公主原本嫁给了陈朝的太子舍人徐德言。当时陈朝衰败混乱，两人担心亡国之后再难相见，于是便将一面镜子折断，夫妻两人各拿一半，约定以此为信物，如果缘分未断再续前缘。陈朝灭国后，乐昌公主流落到越国公杨素的家里，杨素对她非常宠爱。徐德言后来流离失所来到京城，乐昌公主偶然的机会看见原先的半面镜子后茶饭不思，郁郁寡欢。杨素知道来龙去脉后，派人找来徐德言，将公主还给了他，并设宴为他们饯行，两人回到江南后白头偕老。

第二个是"成人之美"，说的是李德林之子李百药，风流倜傥，看上了杨素的一个宠妾，竟然夜入杨宅，与之幽会私通，结果让杨素逮个正着。被戴了绿帽子的杨素怒不可遏，要治李百药死罪。当李百药被带上来时，他发现李百药是个"年未二十，仪神隽秀"的英俊少年郎，不禁动了恻隐之心，对李百药说："闻汝善为文，可作诗自叙，称吾意当免汝死。"生死关头，李百药才思泉涌，一气呵成。杨素看后颇为欣赏，不仅没有杀他，竟当场把爱妾赐给李百药为妻，"并资从数十万"。后来杨素又奏请隋文帝，授李百药为尚书礼部员外郎。李百药财色兼收，而且还因此当了官，成为一时佳话。

第三个是"红拂夜奔"，说的是杨素身边有一个佳丽乐伎，名叫红拂。年方二八，生得"肌肤仪状、言词气性，真天人也"，后来被唐朝名将李靖看上了，红拂很有见识，识得英雄。趁李靖再次拜访杨素之机，两人相约私奔。杨素知道此事后，非但没有追究，反而推荐李靖出任马邑的郡丞。杨素就这样又成全造就了一段才子佳人的爱情佳话。

从这几则轶事来看，杨素不仅没有那么奸险，反倒是个宽宏大度的君子，将身边的三位宠妾都白送给了各自的相好，这份长者风度令人叹为观止。不过，这三段佳话在正史上都没有记载，都是唐朝传奇小说所记述。唯一可以找到痕迹的是灭陈以后，隋文帝"赐陈主妹及女妓十四人"给杨素，而他确实纳了陈叔宝的一个妹妹为妾，但至于是不是乐昌公主，史书没有说，因此"破镜重圆"更无从谈起了。

杨素的葬礼办得很隆重，这是杨广的意思，追赠他为光禄大夫、太尉公及弘农、河东等十郡太守，谥号"景武"，派鸿胪卿专门监督办理丧事，并且下诏书表示哀悼。

不过，《隋书》里说这都是杨广在演戏，表面上对杨素很恩宠，但暗地里杨广却对他很猜忌，杨素对此心知肚明。主要说了三件事：第一件事是太史官对杨广说隋地所属的分野将有重大的丧事发生，杨广因而改封杨素为楚公，因为楚地和隋地属同一分野，杨广想借杨素来拦挡遭丧的运气。第二件事是杨素卧病在床的时候，杨广常派一些有名的医生前去诊治侍候，并且赐他许多上好的药品，然而却总在暗地里问医生，怕他不死去。第三件事是杨素知道自己受猜忌，不肯吃药，也不想谨小慎微地活下去了，经常对弟弟杨约说："我难道还要活下去吗？"

这三件事情说起来充满疑点。第一件事太过玄虚，不值一论。第二件事更有意思，如果杨广想让杨素早死，何必派名医送好药呢，这样做分明是想让杨素多活一些日子。第三件事更是"无厘头"，史书上并没有记载杨广冷落疏远杨素的事例，杨素如此激烈的反应从何而来？事实上，杨广对杨素一直非常信任和倚重，登基伊始，便晋升杨素为尚书令，赏赐给他东京上等府第一处，织物两千段。不久又拜为太子太师，其他职务不变，前后赏赐给他的东西不计其数。大业二年（606年）又拜杨素为司徒，又改封他为楚公，食邑两千五百户。

杨素死后一年，隋文帝时代另一位重臣高颎被杨广下令处死。高颎因为在太子废立问题上得罪了隋文帝和独孤皇后而被罢官。杨广即位后，拜授高颎为太常，这个职位是掌管宗庙礼仪的。杨广交给他一项任务，收集北周、北齐的乐工和天下的散乐，高颎不但拒绝接受还上奏制止，认为前两朝的音乐过于奢靡，于国于民都没有好处，搞得杨广有些不高兴。高颎后来看到杨广滥用民力，开始为大隋江山社稷担忧，他对别人说："周朝因好乐而灭亡，殷鉴不远，怎能又这样呢？"高颎仰仗自己资格老，经常对朝政发表看法，大多是一些批评和不满，这些话传到了杨广耳中，杨广下诏以"诽谤朝政"的罪名将六十六岁的高颎杀掉,并将他的儿子都流放到边疆。

高颎执掌朝政二十多年,为隋朝做出了突出的贡献,最后却落得一个身首异处的结局,"及其被诛,天下莫不伤惜",从此以后更没有人再敢直言了。

大业五贵

杨素、高颎死后,杨广重新构建自己的执政团队。主要包括纳言苏威、左卫大将军宇文述、御史大夫裴蕴、黄门侍郎裴矩、内史侍郎虞世基,这五个人在当时被称为"大业五贵"。

其中,苏威是隋文帝时代的老臣,杨广用他更多的是充充门面,为此写了一份热情洋溢的诏书给苏威,称赞他:"玉以洁润,丹紫莫能渝其质;松表岁寒,霜雪莫能凋其采。可谓温仁劲直,性之然乎!房公威器怀温裕,识量弘雅,早居端揆,备悉国章,先皇旧臣,朝之宿齿。栋梁社稷,弼谐朕躬,守文奉法,卑身率礼。昔汉之三杰,辅惠帝者萧何;周之十乱,佐成王者邵奭。国之宝器,其在得贤,参燮台阶,具瞻斯允。虽复事藉论道,终期献替,铨衡时务,朝寄为重,可开府仪同三司,余并如故。"表面显得对苏威很尊敬,同朝官员没有人能与之相比,但并没有给苏威什么实权。

宇文述一直是杨广的心腹,在帮助杨广夺取太子之位中,他穿针引线,立下大功,因此受到重用。宇文述对杨广很忠心,对朝政从来不提任何意见和建议,唯杨广是从。他知道杨广好奇心重,喜欢新鲜玩意,于是宇文述挖空心思,搞一些别人没有的东西献给杨广,"凡有所装饰,皆出人意表。数以奇服异物进献宫掖,由是帝弥悦焉"。杨广觉得宇文述很懂自己,对他格外恩宠,每收到各国的美食和贡品,立即派人给宇文述送去一份分享,以至于往返送礼的人常常在路上相遇。

宇文述仗着杨广的关系,权倾朝野,根本不把别人放在眼里。左卫大将军张瑾说了几句不中听的话,宇文述便大发雷霆,圆目怒张,吓得张瑾赶紧开溜。要知道，张瑾和宇文述级别相同，张瑾尚且如此，其他官员更不在话下。

宇文述除了仗势欺人外，还有一个坏毛病便是贪财，"知人有珍异之物，必求取之"，一些富商大贾和胡人子弟投其所好，争相送他金银宝物，并拜他为干爹，宇文述对这些人封官许愿。这样下来，宇文述家里金银财宝堆积如山，数不胜数。府上的宠妾美女也有数百人，家僮更达千余人，同时还养着许多良马。荣华富贵之盛，在当时无人能比。

裴蕴原本是陈朝的官员，但他分析觉得隋灭掉陈是早晚的事情，于是暗中派人联络隋文帝，表示愿意作为内应。陈朝被灭后，隋文帝接见陈朝官员，见到裴蕴时想起了这件事，于是提拔裴蕴为仪同之职。左仆射高颎觉得有些过了，进谏说："裴蕴无功于国，所受的恩宠却超过了同辈，我认为此举是不妥当的。"隋文帝不以为然，反而给裴蕴又升了一级。高颎再次进谏，隋文帝又给裴蕴加官。高颎见状不敢再说了，照这个势头，再进谏几次，裴蕴恐怕要和自己平起平坐了。

杨广登基后，裴蕴获任太常卿，主管礼仪文艺方面的工作。这个职位并不重要，裴蕴心有不甘。如何才能快速上位呢？唯一的途径便是讨好杨广。裴蕴知道杨广爱好声色，讲究排场，便大张旗鼓地扩充宫廷乐府，"奏括天下周、齐、梁、陈乐家子弟，皆为乐户。其六品已下，至于民庶，有善音乐及倡优百戏者，皆直太常。是后异技淫声咸萃乐府，皆置博士弟子，递相教传，增益乐人至三万余"。通过各种途径，竟然将乐府扩充到了三万人。杨广对此非常高兴，让裴蕴出任民政侍郎，掌管财政和户口。

裴蕴很快在新岗位上做出了新业绩。当时，户口脱漏的现象比较严重，主要是因为虚报年龄，"或年及成丁，犹诈为小，未至于老，已免租赋"，要不往小了报，或者往老说，目的是不交租赋，严重地影响了朝廷的财政收入。裴蕴上书请求强化实施"貌阅法"，这个制度在隋文帝时创建，很有成效，但后来有所弱化，因此出现了反弹。

杨广采纳裴蕴的建议，下令每个户口均由官司检阅，与本人核实，这样不但性别、年龄能够落实，人数也比较可靠。裴蕴还规定工作成效与官员业绩挂钩，失职的要受到免职或流放的处罚，这样使得各级官员不敢怠慢，同时又规定了奖励告发的办法。在这套"组合拳"的作用下，成效非常显著，"诸郡计帐，进丁二十四万三千，新附口六十四万一千五百"，全国各郡一下子多了二十四万壮丁，而且还增加了六十四万多人口。在查清楚人口真实状况的基础上，大幅增加了财政收入。

对于裴蕴的表现，杨广非常满意，对着群臣当众表扬道："前代无好人，致此罔冒。今进民户口皆从实者，全由裴蕴一人用心。古语云，得贤而治，验之信矣。"靠着裴蕴一己之力，解决了财政问题，杨广提升裴蕴为御史大夫，负责监察司法。

司法最重要的标尺是公正，但裴蕴心中唯一的考量却是杨广的心意。如果杨广想治罪的人，无论是否有罪，裴蕴总会"曲法顺情"，将其投入牢狱。杨广要赦免的人，裴蕴会"附从轻典"，找个机会放了。如此揣摩上意，杨广当然喜欢，"因此之后大小之狱都交付给裴蕴"，此后的大小案件全权委托裴蕴处置。

有了杨广的信任，裴蕴干得更起劲了，很快又得到了一个立功的机会。当时的大笔杆子薛道衡写了一篇《高祖文皇帝颂》，对已逝的隋文帝极尽赞颂之词，但杨广却读出了不同的味道，对苏威说："薛道衡极力赞美先朝，和《鱼藻》的用意相同。"《鱼藻》是《诗经》中的一篇，据《诗序》讲，此诗通过歌颂周武王而讥刺周幽王。不知薛道衡是否有此意，但杨广认为此文是将自己和周幽王联系在一起。生气归生气，杨广隐忍未发，安排薛道衡去做司隶大夫，想着将来找机会给他安上一个罪名，来处罚薛道衡。

薛道衡不清楚自己的处境比较危险，司隶刺史房彦谦是他的朋友，眼看薛道衡大难临头，便劝他"杜绝宾客，卑辞下气"，要他夹紧尾巴做人，薛道衡却不听。此时正赶上朝廷议定新的律令，朝臣意见不同，争执不休，搞了很长时间也没有结果。薛道衡发了一句牢骚说："向使高颎不死，令决当久行。"要是高颎不死，新律早就制定并且颁布实行了！

高颎已经被杨广所杀，听到薛道衡竟然公开抬高高颎，这让杨广更为生气。裴蕴觉得立功的机会到了，于是上奏道："道衡负才恃旧，有无君之心。见诏书每下，便腹非私议，推恶于国，妄造祸端。论其罪名，似如隐昧，源其情意，深为悖逆。"这正中杨广下怀，夸奖裴蕴说："公论其逆，妙体本心。"下令将薛道衡逮捕审讯，给他安上了一个"悖逆"的罪名，最后逼其自尽。

虞世基同样最早在陈朝为官，颇有才华，"世基幼恬静，喜愠不形于色，博学有高才，兼善草隶"，有"南金之贵"之称，担任太子中舍人、尚书左丞。陈朝覆灭入隋，经历战乱，"家贫没有产业，每佣书养亲"，佣书者就是雇用写手，穷到靠上街卖字为生。杨广偶然的机会结识了虞世基，对他的才华很赏识，虞世基获任内史侍郎，负责朝廷机密工作。他的工作能力没得说，杨广口述的诏书，不仅能做到一字不差，而且会润色得非常有文采。

但是同其他几位一样，虞世基更擅长的还是逢迎拍马，一切顺着杨广的意思来，经常把坏事说成好事。或许他看透了杨广听不得谏言的本质，说多了还容易惹祸上身。史书上说："世基知帝不可谏正，又以高颎、道衡等相继诛戮，惧祸及己，虽居近侍，唯诡取容，不敢忤意。"看到了高颎、薛道衡等人的下场，虞世基觉得明哲保身更为重要，于是经常摆出一副献媚之状，杨广果然很受用，因此颇受杨广待见。虞世基与牛弘、苏威、宇文述等六人共同参与吏部选官，时人谓之"选曹七贵"。七人中他有专断之权，"朝臣无与为比"。

虞世基原本是一个读书人，但在权力诱惑面前，完全丧失了基本的处世准则和立场，不仅自己收受贿赂，而且纵容配偶和家属为所欲为。虞世基的老婆姓孙，但不是结发妻子，而是继室，史书记载："其继室孙氏，性骄淫，世基惑之，恣意奢靡，雕饰器服，无复素士之风。

孙复携前夫子夏侯俨入世基舍，而顽鄙无赖，为其聚敛，鬻官卖狱，贿赂公行，其门如市，金宝盈积。"什么意思呢？这位孙氏性情霸道，生活奢靡，虞世基根本管不了，任其胡作非为。发展到最后，孙氏和前夫的儿子夏侯俨打着虞世基的名义，鬻官卖狱，收取贿赂，搞得家里门庭若市，收受的金银财宝都放不下了。

裴矩当年跟随杨广南下灭陈，担任元帅府记室，在平定岭南中立了大功。裴矩回朝后，隋文帝在大殿慰劳，并对高颎、杨素道："裴矩率三千敝卒，一直打到南康，有这样的臣子，还有什么忧虑的呢？"裴矩天生是个外交专家，曾多次随长孙晟出使突厥。杨广继位后，西域诸国纷纷前往张掖，同中原往来通商，裴矩奉命监管互市。他知道杨广有吞并西域的打算，便查访西域的风俗、山川等情况，撰写《西域图记》三篇，回朝奏明朝廷。杨广大喜，遂命裴矩经略西域。

综合来讲，"五贵"都有才干。苏威自不用说，宇文述打仗是一把好手，裴蕴善于理财，裴矩在对外关系上颇有建树，虞世基更是才华出众。但"五贵"人品都比较差劲。其中裴蕴最为奸诈，史书上说他"素怀奸险，巧于附会，作威作福，唯利是视"；宇文述更是"默默苟容，偷安高位"，既没有宰相之才，也没有气节；虞世基也好不到哪里去，"参机衡之职，预帷幄之谋，国危未尝思安，君昏不能纳谏。方更鬻官卖狱，黩货无厌"；苏威、裴矩的人品好一些，但同样是软骨头。

"五贵"只会看着杨广的脸色说话，表面上看是为了让其心情舒畅，实则却让这位帝王成了《皇帝的新装》中的那位皇帝，感觉相当良好，殊不知宫外的世界已经是另一个世界，即使到后来整个王朝危机四伏，他们没有一个人敢出来说真话，眼睁睁看着隋朝从兴盛走向衰落。

既然身边最信任的人都说形势一片大好，杨广自然不会意识到任何的危机。这位精力旺盛的帝王在完成第一次南巡后，又决定搞一次北巡，亲自去突厥的地盘上探个究竟。

第十八章 扬威异域

突厥人傻眼了

突厥曾经是隋朝最大的外患,如今已经完全臣服,启民可汗正是在隋朝的扶持下才当上大可汗,因此对隋朝很友好。大业二年(606年),启民可汗以臣属身份来东都洛阳觐见,杨广为了让启民可汗开开眼,"总追四方散乐,大集东都",下令各地的绝活表演者来洛阳露一手,同时还下令"大陈文物"。启民可汗及其下属经过几个月的耳濡目染,对中华文明佩服得五体投地,甚至请求"请袭冠冕",就是要移风易俗改穿汉服,杨广没有应允。次日,启民可汗率少数贵族拜谢,再次"固请衣冠",杨广还是没有同意。不过启民可汗两次请求改穿汉服的举动,让杨广颇为得意,他说:"昔汉制初成,方知天子之贵。今衣冠大备,足致单于解辫。"意思是:今天我们的衣冠礼仪制度已经非常完善了,足以让突厥的单于解开他的辫子。

来而不往非礼也,杨广决定北巡,既是为了更加巩固彼此的关系,更重要的是让突厥人见识一下隋朝新皇帝的威严和气度。

大业三年(607年),杨广正式下诏北巡,同下江都一样,巡视的规模很大。《隋书》记载:"大业三年八月,帝北巡,车驾发榆林,历云中,溯金河。时天下承平,百物丰实。甲士五十余万,马十万匹,旌旗辎重,千里不绝。"此次北巡,杨广带了五十万士卒,十万匹战马,由于人数众多,整个队伍有千里之长。这个数量实在惊人,要知道,此行并非出征打仗,由此可以看出杨广的主要目的是炫耀实力。

杨广整出如此大的动静,着实把启民可汗吓着了,不知是来视察还是要吞并突厥。杨广派长孙晟带着先遣团去见启民可汗，通报此行的目的，以免引起不必要的误会。

长孙晟见到启民可汗后，说明了来意。作为为皇上打前站的，他很快发现一个问题，便是突厥可汗营外杂草丛生，根本不符合接待大隋皇帝的标准。但长孙晟又不好意思直接提出，毕竟在突厥的地盘上。经过一番思考，长孙晟手指杂草对启民可汗说："此根极香。"启民可汗闻后说："殊不香也。"意为没有闻到香味。长孙晟顺势说："天子行幸所在，诸侯躬亲洒扫，耘除御路，以表至敬之心。今牙中芜秽，谓是留香草耳。"按照规矩，天子行幸所到之地，诸侯都亲自洒扫，除清御路，以表示自己的至敬之心。如今营帐外有杂草，还以为是您特意留下的香草呢。

长孙晟话里有话，启民可汗顿时听懂了，赶紧表示道："奴罪过。奴之骨肉，皆天子赐也，得效筋力，岂敢有辞？特以边人不知法耳，赖将军恩泽而教导之。将军之惠，奴之幸也。"表达对长孙晟提醒感激的同时，也诚心谢罪，说自己的一切都是隋朝给的，拔点杂草算得了什么。

为了表达诚意，启民可汗拔下佩刀，亲自上阵，其他所依附的部落头领见状也赶紧跟着劳动，杂草很快便拔完了。启民可汗觉得这样还不足以表达自己的崇敬之情，"举国就役而开御道"，征集部落所有的劳动力修了一条长长的御道，从榆林开始，一直修到涿郡，长达三千余里。

长孙晟顺利完成了出使任务，不仅通报了此行的目的，顺便还让启民可汗修了一条高规格的御道，使得杨广北巡畅通无阻，杨广对此非常满意。不过，这是长孙晟在处理突厥问题上做的最后贡献。两年后，长孙晟因病去世，活了五十八岁。杨广深表悼惜，赐予丰厚的祭品。

大业十一年（615年），再次出塞北巡的杨广，在雁门被突厥始毕可汗所围，危急之下，不禁慨叹道："如果长孙晟还在世的话，朕不至于被逼到如此地步！"杨广此言充分说明长孙晟在处理突厥问题方面的重要作用，以及做出的重大贡献。当初面对突厥的严重威胁，正是长孙晟提出了"远交近攻，离强合弱"的战略。更难能可贵的是，他不仅能提出政策建议，而且还能亲力亲为去执行。长孙晟多次出使，成功分化突厥，使得突厥各部诚心归顺，让隋朝和突厥的关系进入了空前友好的新阶段。

杨广此次北巡极为顺利，启民可汗不敢怠慢，带着各部落头领赶到榆林去迎接。虽然早有思想准备，但启民可汗还是被杨广的阵势吓着了，最让他惊讶的是有一座移动的宫殿，正式名称叫作"观风行殿"。

"观风行殿"的设计师是宇文恺，作为大兴城和东都洛阳的主设计师，制作这样的物件简直是小菜一碟。这座宫殿有两个特点，一是规模很大，里面可以容纳百余人；二是可以移动，动力来源于轮子。"离合为之，下施轮轴，倐忽推移"，宫殿下面装有轮轴，可以推着走，而且速度还不慢，这是目前已知世界上最早的活动房屋。

不仅启民可汗开了眼，各部落头领以及沿途的突厥人也全都傻了眼，"胡人惊以为神，每望御营，十里之外，屈膝稽颡，无敢乘马"。突厥人以为是碰到天神了，十里之外的人，都赶紧下马，跪下磕头，没有敢骑马的。

杨广达到了炫耀和威慑的目的，启民可汗见到杨广后，"奉觞上寿，跪伏恭甚，王侯以下袒割于帐前，莫敢仰视"。他带头跪在杨广面前，用最高礼节来迎接，王侯以下必须按照当地规矩，割下身上的一块肉献于杨广。仪式感极强，不过想必杨广不会吃人肉，更多的是享受这样的过程。

杨广见到这样的场景非常高兴，兴致顿时高涨，即兴赋诗一首："鹿塞鸿旗驻，龙庭翠辇回。毡帐望风举，穹庐向日开。呼韩顿颡至，屠耆接踵来。索辫擎膻肉，韦韝献酒杯。何如汉天子，空上单于台。"在杨广看来，大汉天子远远不如自己，毕竟他是在北方游牧民族地盘上接受这样礼仪的第一人。

接下来，杨广做了一个匪夷所思的决定——修长城，或许是北巡途中发现长城有残破，"兴众百万，北筑长城，西距榆林，东至紫河，绵亘千余里，死者大半"。

杨广的这次北巡，巩固了与突厥的关系，让草原各部落见识了隋朝的实力，形成了强大的震慑，北部边防安宁的局面进一步强化。但同南巡一样，杨广过于讲究排场，随行的五十万大军需要惊人的后勤保障，无疑加重了百姓的负担。但杨广对此不以为然，在他心目中只有结果，根本不关心过程中付出的任何代价，数字永远只是一个数字，不在他考虑的范畴之内。

重开丝绸之路

南巡和北巡后，杨广又将目光转向了西方。汉武帝时开辟了丝绸之路，但经过南北朝的乱世，中央朝廷失去了对西域的控制，杨广觉得是时候恢复大汉的荣光了，重新开通并控制丝绸之路。

对西域情况颇为熟悉的裴矩献策道："以国家威德，将士骁雄，泛濛汜而扬旌，越昆仑而跃马，易如反掌，何往不至！但突厥、吐浑分领羌胡之国，为其拥遏，故朝贡不通。今并因商人密送诚款，引领翘首，愿为臣妾。圣情含养，泽及普天，服而抚之，务存安辑。故皇华遣使，弗动兵车，诸蕃既从，浑、厥可灭。混一戎夏，其在兹乎！"以大隋的恩德和威武，将士们的骁勇，从濛江顺流而下，越过昆仑山，易如反掌。但由于西突厥和吐谷浑挡在半路，丝绸之路被拦腰切断，使得西方各国无法朝贡，这些国家都殷切盼望做陛下的臣民。如果接受他们的归顺，加以安抚，用不着动用武力，只要派出使节，各国都会服从，然后联合他们消灭西突厥、吐谷浑，天下所有人和民族又都将重新统一到一个伟大帝国之内，如今时机已经成熟。

裴矩所勾勒的宏伟蓝图使得杨广热血沸腾，如果真能够实现，自己将成为比汉武帝更伟大的千古一帝，这样的机会如今摆在眼前，杨广焉能错过？看到皇上对此非常感兴趣，裴矩更加来劲儿，说："胡中多诸宝物，吐谷浑易可并吞。"西域各国奇珍异宝非常多，而且吐谷浑没有那么强，一定能够征服，这更使杨广怦然心动。

在杨广看来，裴矩是经略西域的不二人选。于是，任命他为黄门侍郎，专门负责西域事务。杨广给他的第一个任务是前往张掖，加强同西域各国的沟通联系。裴矩不负众望，西域十多个国家的使节齐聚张掖，裴矩引导他们入京朝贡。大业三年（607年），杨广祭祀恒山时，西域有十几个国家遣使助祭。

裴矩开了一个好头，接下来最重要的任务就是拔掉两个钉子——西突厥和吐谷浑，实现对丝绸之路的控制。相对吐谷浑，西突厥似乎更容易一些，因为此时西突厥内乱不止，处罗可汗的处境举步维艰。还有很重要的一点，便是处罗可汗的母亲是位汉人，而且还住在长安。处罗可汗是个孝子，非常想念母亲。裴矩了解到这个情况，心里对如何招降处罗可汗有了主意。

杨广采纳裴矩的建议，派遣一个叫作崔君肃的使者出使西突厥，见到处罗可汗后，崔君肃要求他跪接诏书，归顺大隋。处罗可汗当即拒绝，"处罗甚踞，受诏不肯起"，说死说活不肯跪接诏书。崔君肃也不客气，对处罗可汗进行了一番训斥，大概意思是，突厥本来是一个国家，中间一分为二，每年双方交兵打仗，打了几十年的仗而不能互相消灭，其原因是明显的，双方势均力敌。但是启民可汗率领其部落的百万之众，卑躬屈膝，对大隋天子称臣的原因是什么呢？正是因为对可汗您的切齿之恨，不能独自制服您，而想要凭借大国的兵力，共同灭掉可汗您。朝中群臣都想接受启民可汗的请求，天子要是允许了，出兵就指日可待了。只是可汗的母亲向夫人，惧怕西突厥国被灭亡，每日早晚守在宫门，哭泣着哀求着，匍匐在地谢罪，请求皇帝派使者召见可汗，让可汗入朝归附。天子怜悯向夫人，因此派使者到这里来。现在可汗既如此傲慢，那么向夫人就成了诓骗天子，一定会在闹市被杀掉，并将首级传示西域各国。天子发动大隋的兵马，借助东突厥的人力,左提右挈以夹击可汗,您的国家离灭亡的日子就不远了。为什么要爱惜行两拜之礼,而丢掉慈母的性命呢?吝惜说一句称臣的话,而使国家社稷成为废墟呢?

崔君肃这番话说得很有水平,先从东突厥说起,接着打出母亲牌,最后讲到西突厥如果不归顺面临的危局。动之以情,晓之以理,把利害关系讲得很清楚,言语中暗示着威胁之意,使得处罗可汗终于低下了高昂的头,"流涕再拜,跪受诏书",就这样,隋朝兵不血刃招降了西突厥。

下一步,就是收拾吐谷浑了!

吐谷浑原本是鲜卑族慕容部的一个分支。当时的鲜卑主要分为六个部落,分别是慕容部、宇文部、拓跋部、段部、秃发部和乞伏部。慕容部在慕容涉归做族长时,大肆扩张,实力逐步变强。慕容涉归有好几个儿子,其中庶长子名叫慕容吐谷浑。

慕容涉归死后,慕容部落内部出现权力纷争。慕容吐谷浑带领他的部众离开辽东,先是来到了阴山,然后翻越阴山南下,来到了黄河河套地区,然后继续向西南方向迁移,一直到了甘肃临夏附近,打败了居住在这里的羌人和氐人,从此有了自己的地盘,并以此为根据地,利用中原的混战,不断发展势力。

慕容吐谷浑的孙子慕容叶延后来在沙洲(今青海贵南)建都,以祖父的名字吐谷浑为国名和族名,并置百官建立了政权。到了南北朝时期,中原北方存在两大势力,而南方又有南朝势力,各方均拉拢吐谷浑,吐谷浑开始几边通吃,逐渐成为西北一带实力很强的政权。

隋文帝在位期间,多次打击突厥,造成突厥分裂。突厥衰弱之后,吐谷浑就有了进一步的发展空间,逐渐达到了巅峰,东到青海湟源县,西到新疆今县,南到昆仑山,北到祁连山,都是吐谷浑的势力范围。

吐谷浑趁着隋朝初建,内忧外患之际,不断蚕食地盘,先是发兵攻占了弘州(今甘肃临漳),接着又进攻梁州(今甘肃武威)。隋文帝被迫展开反击,开皇元年(581年)八月,隋文帝命元谐为行军元帅,率数万人对吐谷浑进行反击。

隋文帝对此次作战的要求很明确，他下诏说："公受朝寄，总兵西下，本欲自宁疆境，保全黎庶，非是贪无用之地，害荒服之民。王者之师，意在仁义。浑贼若至界首者，公宜晓示以德，临之以教，谁敢不服也！"此番用兵只是自卫反击，不为扩张领土，因此消灭敌人有生力量，保证边境安全即可。双方在丰利山（今青海青海湖东）大战一场，吐谷浑大败，撤回自己的地盘。隋文帝下令让贺娄子干镇守凉州，防备吐谷浑再次入侵。

杨广登基后，吐谷浑可汗伏允一方面向隋朝示好，迎娶了宗室女子光化公主做可贺敦，但同时又接纳和隋朝对着干的达头可汗，暗中又和处罗可汗交好，两边都不得罪。吐谷浑部落所在的位置，恰好遏制住河西走廊，要想重新打通河西走廊，控制西域，就必须拔掉吐谷浑这颗钉子。但伏允是隋朝的女婿，好像也没有太出格的举动，贸然攻打，师出无名。

正巧在这个时候，另一个少数民族铁勒向隋朝示好，铁勒据说是匈奴人的后裔，所以打仗非常勇猛，曾经屡次侵犯过隋朝边境，所以害怕隋朝报复。裴矩亲自出使，告诉铁勒可汗，只有与隋朝合作灭掉吐谷浑才是正道，靠着三寸不烂之舌说得铁勒可汗频频点头，同意出兵。

大业四年（608年），铁勒主动发兵攻打吐谷浑，吐谷浑防御的重心在于隋朝，没想到铁勒在背后插刀，打了吐谷浑一个措手不及，大败后逃回西平（今青海西宁）。无奈之下，可汗伏允向隋朝遣使请降，并求取救兵。这正是杨广求之不得的，立即命令杨雄、宇文述率大军前往，说是接应，实际上是想彻底搞垮吐谷浑。

吐谷浑伏允可汗听说宇文述带着大军前来，心里顿时明白，隋朝根本不是来帮忙，而是想与铁勒联手置自己于死地。于是打消了投降的念头，率部往西逃跑。宇文述攻入吐谷浑境内，夺取曼头、赤水二城，掠夺大量人口，伏允走投无路逃到雪山中。"自西平临羌城以西,且末以东,祁连以南,雪山以北,东西四千里,南北二千里,皆为隋有"。

走得最远的皇帝

西突厥臣服,吐谷浑被赶跑,杨广控制西域的目标得以实现。对于这些新征服的土地,杨广想着用过去的套路,亲自出巡一次,这已经成为一种常规性动作。有次,杨广和大臣聊天时,说道:"自古天子有巡狩之礼,而江东诸帝多傅脂粉,坐深宫,不与百姓相见,此何理也?"杨广认为皇帝就应该多出去转转,而南朝那些皇帝整天涂脂抹粉,坐在深宫里,也不和百姓见面,这是什么道理呢?大臣回道:"此其所以不能长世。"

古代的交通条件决定了出巡是件吃苦受罪的事儿,但为了使得四方臣服,杨广一再辛苦自己。他在位十四年,真正待在宫里的时间很少,大部分时间都是在四处出巡中度过的。与其他几次出巡相比,这次西巡无论是艰苦还是危险程度都是最大的。首先是自然条件恶劣,需要翻越四千多米的祁连山;其次吐谷浑虽然被赶跑,但残余势力还在,有可能威胁到杨广的安全。

即便如此,杨广还是决心西巡,大业五年(609年)三月,杨广离开大兴城,这次规模有所缩小,但同行的官员、皇子、妃嫔、军队仍然达十万之众。五月,到达拔延山(今青海乐都、化隆一带)猎场,为了展示大隋王朝的实力,杨广在这里组织了大规模围猎。规模有多大呢?投入的兵力有十几万,与其说是围猎,不如说是军事演习。围猎结束后,当地的土著报告说附近覆袁川(今俄博河)有吐谷浑军队,杨广派探马仔细打探,回报说是伏允统领的军队。他当即决定调动部队打击伏允,力争将伏允就地歼灭。

杨广迅速调兵遣将,命令部队四面合围,等到吐谷浑的军队进入包围圈,杨广才知道被围的不是伏允,而是吐谷浑残部。在隋军的猛烈攻击下，无力抵抗的吐谷浑亲王只好率领十万部众投降。

消除外部隐患后，杨广得以放心地继续西行，经过琵琶峡到达祁连山脚下，稍作休息后，十几万人的巡行人马排成一条长蛇阵，开始穿越祁连山大斗拔谷（今青海民乐县扁都口）的壮举。

大斗拔谷海拔很高，山路险恶，有的地方只能一人通过，更重要的是这里天气变化不定，即使是盛夏时节有时也会出现冰霜雪冻。而杨广一行恰恰遇到了非常恶劣的天气，"山路隘险，鱼贯而出，风雪晦冥，文武饥馁沾湿，夜久不逮前营，士卒冻死者大半，马驴什八九，后宫妃、主或狼狈相失，与军士杂宿山间"。杨广率领包括后妃宫女在内的队伍硬闯这道关，风雪交加，许多人浑身上下都湿了，帐篷不够，只能在外面过夜。士兵有一多半被冻死了，牲畜更是死了十之八九，在死者中有一位身份极为尊贵，便是杨广的亲姐姐乐平公主杨丽华。

杨丽华跟随皇帝弟弟巡幸张掖，在这里不幸罹难，结束了从太子妃到皇后、太后又到公主的多舛人生。临终前向杨广嘱托说："我没儿子，唯有一女。我不怕死，只是深深怜爱女儿和女婿。我现有的食邑，乞求转赐给我的女婿李敏。"杨广答应了她。

虽然损失比较大，但六月十一日，杨广还是顺利穿越了祁连山，到达了张掖郡。在张掖的燕支山，高昌王麴伯雅、伊吾吐屯设等西域二十七国国王早已等候多时，一场规模盛大的"国际峰会"在这里举行。

"丙辰，上御观风殿，大备文物，引高昌王麴伯雅及伊吾吐屯设升殿宴饮，其余蛮夷使者陪阶庭者二十余国，奏九部乐及鱼龙戏以娱之，赐赍有差。戊午，赦天下。"各国国王或使节穿上华丽的衣服，佩金戴玉，参加宴会。大量的车马充塞在道路上，延绵几十里，可谓盛况空前。杨广大宴各位来宾，席间演奏中原乐曲，并演出了马戏，这让西域的国王或使者大开眼界，啧啧称赞。宴会结束后，杨广按照每人的等级分别颁发赏赐。这些西域的国王和使者，从来没有见过如此盛大的场面，对隋朝的强盛有了切身感受，无不心悦诚服。

杨广下诏设西域四郡，分别是鄯善（今新疆若羌）、且末（今新疆且末南）、西海（今青海湖西岸）、河源（今青海兴海东），至此西域纳入中原王朝统治范围。杨广第一次将几乎全部的青海纳入中原王朝的版图。至此，隋朝共有一百九十郡，一千二百五十五县，东西长九千三百里，南北宽一万四千八百一十五里。隋朝"国际威望"盛极一时，杨广也成为中国古代历史上唯一进入西域的皇帝，最远走到了玉门关。

在张掖结束了"国际峰会"后，杨广决定返京，他对此次西巡非常满意，满足了"四海宾服、万邦来朝"的愿望，在由张掖返京的路上，洋洋洒洒地写下了千古名篇《饮马长城窟行》："肃肃秋风起，悠悠行万里。万里何所行，横漠筑长城。岂台小子智，先圣之所营。树兹万世策，安此亿兆生。讵敢惮焦思，高枕于上京。北河秉武节，千里卷戎旌。山川互出没，原野穷超忽。拟金止行阵，鸣鼓兴士卒。千乘万骑动，饮马长城窟。秋昏塞外云，雾暗关山月。缘岩驿马上，乘空烽火发。借问长城候，单于入朝谒。浊气静天山，晨光照高阙。释兵仍振旅，要荒事方举。饮至告言旋，功归清庙前。"

这首诗既是杨广的代表作，同时也是隋朝诗歌豪放派的扛鼎之作。在隋朝以前，有三个文学家写过同名诗，他们分别是：建安七子之一的陈琳、三国文学家陆机、西汉文学家王褒。但与杨广所作相比，陈琳的诗写得悲壮凄惨，陆机的诗只是写出了边防的残酷压力，王褒也只是写了边塞的苦寒现象而已。而杨广的这一首气魄恢宏，相当豪迈，后世有人评价道："通首气体阔大，颇有魏武（曹操）之风。"

西巡只是序曲，高潮还在后面。大业六年（610年）正月，西域各国的国王或使者聚集在洛阳，杨广为了展示不凡气象，组织了规模宏大的文艺会演。大到什么程度呢？"戏场周围五千步，执丝竹者万八千人"，戏场周围长五千步，光是表演乐器的就有一万八千人，乐声几十里外都能听到。"自昏达旦，灯火光烛天地，终月而罢，所费巨万。"不仅规模大，而且持续时间长，每天从黄昏到清晨，彻夜不歇，灯火把整个洛阳城照得如同白昼一样，足足搞了一个月，花费相当巨大。更可怕的这只是开始，"自是岁以为常"，从此每年都这样，变成了年度例行活动。

西域各国的人算是开了眼，被隋朝的繁荣富丽所迷倒，纷纷请求来洛阳的市场考察一番，为将来做生意做准备。杨广爽快答应了，为了给这些胡人更难忘的印象，杨广下令"整饰店肆，檐宇如一"，整修装饰店铺，屋檐样式整齐划一。为了不影响国家形象和市容市貌，街市上的人全部发放全新衣服，就连卖菜小贩，座位下也垫起高档的龙须席。

更有意思的是，杨广下令只要有西域的嘉宾经过，饭馆必须主动邀请他们进去吃饭，酒足饭饱后，一律不允许收饭费，完全是白吃白喝，所有费用最后都由国家来报销。并给出了统一的答复口径："中国丰饶，酒食例不取直。"隋朝太富有了，根本不在乎这点酒钱饭费。

杨广还要求将路边的树上都缠满绸缎，在冬天营造出繁花似锦的景象，这让一些胡人感到不解，他们说："你们这也有贫苦的人吧？也有衣不蔽体的人吧？你们为什么不把这些绸缎给那些没饭吃没衣穿的人，为什么非要把它缠在树上呢？"这问题还真不好回答，"市人惭不能答"。

在杨广的脑海中，只有大隋恢宏的气象，根本就没有穷人这个概念，为了让外人感受到富足繁华，花费一些钱财在所不惜。在他看来，没有花钱的不是，想做一个流芳千古的伟大帝王，这一切都是必不可少的代价。每次盛大活动的细节，杨广都考虑得很周全，但独独没有考虑底层百姓的承受能力。从小到大没有吃过任何苦的杨广，在他眼中，这些民众提供粮食、布帛和劳役理所应当，不应成为他们的负担，而应当是他们的骄傲。

如今，杨广觉得越来越接近自己的目标了，一项又一项浩大工程顺利完工，边境太平，相安无事，西域又重新纳入了大隋版图。他想干的事没有一件干不成，只要有想法，就会有收获，杨广此时的感觉好极了。

只是杨广很快遇到了一件干不成的事,便是无法征服东边的高句丽,而且令他万万没想到的是,他所有的宏大理想竟然被这个不起眼的小国所粉碎。

第十九章　一征辽东

小事件引发大纷争

高句丽最早是活跃于长白山地区的一个少数民族政权，趁着中原陷入乱世，不断对外扩张，占领了朝鲜半岛的北部地区和辽东半岛不少地方。后来大败百济，占领了汉江流域，成为东北地区实力最强的一个国家。

高句丽在北周时期就遣使纳贡，隋朝建立后，又转而向隋进贡，隋文帝册封当时高句丽的国王高汤为"高丽王"。尽管如此，高句丽却时不时搞些小动作，多次小规模袭击隋朝边境。为此隋文帝给高汤下了一道措辞严厉的诏书："王谓辽水之广，何如长江？高丽之人，多少陈国？朕若不存含育，责王前愆，命一将军，何待多力！"这话说得非常霸气，对高句丽进行了威慑，让高句丽安心遵守藩礼，称臣纳贡，不要再挑起事端，否则就是下一个陈朝。高汤接到诏书后，"惶恐，将奉表陈谢"，隋文帝便没再追究。

高汤死后，他的儿子高元即位。此人颇有野心，当时在东北地区还存在百济、新罗、靺鞨等政权，它们大多臣服于隋朝。高句丽起初为了消灭其他小国而对隋朝臣服，高元上台后，改变了过去的策略，开始联合其他国家对隋朝进行侵袭。

开皇十年（590年），高句丽联合靺鞨骑兵万余人进攻辽西，虽然被营州总管韦冲击退，但惹得隋文帝大怒，决定给他点颜色看看。

开皇十八年（598年），隋文帝命汉王杨谅、上柱国王世积为行军元帅，高颎为汉王元帅长史，周罗睺为水军总管，率三十万大军征伐高句丽。但没想到,此次出征极为不顺,杨谅统领的陆军刚出山海关,便遭遇连日暴雨。道路泥泞,很快后勤保障就出现了问题,军粮很难供应上,军中出现了缺粮现象,接着又暴发瘟疫,许多士卒都染病而亡。周罗睺率领的水军从东莱(今山东龙口)出发后不久,便遇到了大风,不少战舰被吹翻,许多军士溺水而亡。这仗没法打了,隋军只得撤退。

尽管隋军不战而退,但高元还是被隋军的军力吓着了,主动上表称"辽东粪土臣元",重新恢复对隋朝的朝贡。虽然出师不利,但高元主动认怂,隋文帝有了面子,目的达到了,"于是罢兵,待之如初"。

两国从此相安无事,杨广为何决意要收拾高句丽呢?究其原因,导火索竟然是一件小事。

大业三年(607年)八月,杨广北巡到启民可汗大营。说来也巧,高元刚好也派了一个使团在这里。启民可汗不敢隐瞒,将这个情况告诉了杨广。杨广听后神经一下子变得敏感起来,高句丽主动联络突厥是什么意思,保不齐是想建立一个反隋的联盟。

就在此时,裴矩说了一番火上浇油的话,他说:"高丽之地,本孤竹国也。周代以之封于箕子,汉世分为三郡,晋氏亦统辽东。今乃不臣,别为外域,故先帝疾焉,欲征之久矣。但以杨谅不肖,师出无功。当陛下之时,安得不事,使此冠带之境,仍为蛮貊之乡乎?今其使者朝于突厥,亲见启民,合国从化,必惧皇灵之远畅,虑后伏之先亡。胁令入朝,当可致也。"什么意思呢?高句丽的领土原本是中国古代的孤竹国,周代封给了箕子,汉晋时期都是中原政权管辖的郡县,在这以后才成为了异国他乡。高句丽一再挑衅我朝,先帝早就想收拾它了,但是因为杨谅无能,出师不利,陛下怎么能让这个衣冠之地沦落为蛮荒之乡呢?如今高句丽的使者出使突厥,来见启民可汗,居心叵测,陛下应该下诏让高句丽国王高元入朝觐见。

杨广觉得裴矩说得句句在理,于是让高句丽使者传话给高元说:"令速朝觐,不然者,当率突厥,即日诛之。"这话说得很霸气,充满了威胁之意，像是最后通牒，如果高元不来，隋朝就会联手突厥，将高句丽灭国。高元对此的反应是"不用命"，根本就不理会杨广的诏令。

当时隋朝已然是一个超级大国，被一个小小的高句丽如此蔑视，如果没有动作，面子上实在过不去。更重要的是，如裴矩所说，辽东自古以来就是中国的领土，如今被高句丽占去，只要辽东不收复，还不能算真正意义上的大一统。所以，必须要给既占据中国故土，又态度敌对的高句丽一些颜色看看。杨广就此下定决心，征伐高句丽，让高元为自己的傲慢付出高昂的代价。

全国总动员

杨广认为上次杨谅失利问题主要出在后勤补给上，这次一定要做到"兵马未动粮草先行"。不过谈何容易，高句丽距离中原实在太远了，所幸在大业四年（608年）开通了大运河北段，一直修到了涿郡（今北京），为出兵辽东提供了运粮通道。

航道有了，当务之急是造船，无论是运兵还是运粮，都需要大量的船只。大业七年（611年），杨广下令幽州总管元弘嗣在东莱造三百艘大船，这个命令下得很急，要求一个月内完成。在杨广看来，没有什么完不成的任务，但是却苦了造船的民工。他们昼夜在水中作业，几乎不能休息，"自腰以下皆生蛆，死者什三四"，甚至从膝下都长出了蛆虫，死者十之三四。

下一步便是集结兵力，杨广下诏"总征天下兵，无问远近，俱会于涿"，集结整个王朝的军队，无论南北远近，都要按时到达涿郡。同时还征调了一些特种兵，"发江淮以南水手一万人，弩手三万人，岭南排镩手（执盾和小槊）三万人"。

在集结军队的同时，杨广下令调集物资，"敕河南、淮南、江南，造戎车五万乘，送往高阳（今河北高阳），供载衣甲幔幕"，征发江淮以南民夫及船只运送黎阳和洛口诸仓粮食到涿郡，规模相当大，船只首尾相接，长达一千多里。又发鹿车(手推小车)夫六十多万，规定二人推米三石，运往泸河镇和怀远镇。

这次征伐高句丽的征调规模是空前的，负担兵役的有一百多万人，负担运输等徭役的比这个数目还要多一倍以上，两者总计有三百四五十万人左右。《资治通鉴》里说："……往还在道常数十万人，填咽于道，昼夜不绝，死者相枕，臭秽盈路，天下骚动。"为了这次出征，每天在路上奔走的有好几十万人，马不停蹄往前方运送物资，累病而死相互枕藉，路上到处散发着臭气。这样的规模是空前的，远远超过了当年的灭陈之战。

等一切准备就绪，杨广下诏出征讨伐高句丽。在此之前，发布了一篇檄文，说"高丽小丑，迷昏不恭"，历数了高句丽的过错，表示这个"小丑""无事君之心，岂为臣之礼！此而可忍，孰不可容！"

杨广对此次出征信心十足，"杖顺临逆，人百其勇，以此众战，势等摧枯"。同时表明了隋军是正义之师，文明之师，"然则王者之师，义存止杀，圣人之教，必也胜残"。最后表达了投降从宽、抵抗严惩的意思，"天罚有罪，本在元恶；人之多僻，胁从罔治。若高元泥首辕门，自归司寇，即宜解缚焚榇，弘之以恩。其余臣人归朝奉顺，咸加慰抚，各安生业，随才任用，无隔夷夏。营垒所次，务在整肃，刍荛有禁，秋毫勿犯，布以恩宥，喻以祸福。若其同恶相济，抗拒官军，国有常刑，俾无遗类"。

此次出征，举全国之力，军队人数达一百多万，号称二百万，这大概是古代历史上前所未有的用兵规模。《资治通鉴》对此评价说："近古出师之盛，未之有也。"看得出杨广志在必得的决心。

出征军队分为左右两路军，每路军又分十二路，每路军队都有自己的行军路线和进攻目标，在完成各自作战任务后，最后在高句丽的都城平壤会师。有意思的是，杨广完全没有保密意识，把二十四路军的番号和行军路线都写在诏书里。或许他认为这都无所谓，就算是告诉了高句丽，面对百万大军，想必它也不会有什么抵抗能力。

陆军统帅是"五贵"之一的宇文述，此时他已经六十多岁，杨广破例同意他带着家眷出征。按说这是军中大忌，不过杨广有自己的解释，"礼，七十者行役以妇人从，公宜以家累自随。古称妇人不入军，谓临战时耳。至于营垒之间，无所伤也。项籍虞姬，即其故事"。这话说得有些牵强，更重要的是举的例子极为不恰当，项羽带着虞姬被"十面埋伏"，最后只能上演"霸王别姬"，在出征前说这样的话，多少有些晦气。

水军的元帅是来护儿，他曾经在平定江南叛乱中立有军功，深得杨广信任，被封为荣国公，"恩礼隆密，朝臣无比"。来护儿的作战任务很明确，就是从海上发动攻击，登陆后在平壤与陆军胜利会师。

意料之外的惨败

大业八年（612年）年初，这支庞大的军队开拔了。由于人数太多不可能同时出发，杨广采取的方法是"日遣一军，相去四十里，连营渐进"，每天派一路出发，每支军队相隔四十里。看到这样的阵势，杨广甚至觉得这仗可能都不用打，高句丽见到如此庞大的隋军，定会吓得屁滚尿流，就像他几年前带着五十万大军北巡，突厥人看到后立即臣服一样。

杨广坚信会取得"不战而屈人之兵"的效果，因此他下令"凡军事进止，皆须奏闻待报，毋庸专擅"，一切行动都要听指挥，任何重要决策都要禀报，并由他发号施令。杨广这样做是不想将胜利的功劳让将领们抢去，所有的成功只能归于皇上的英明。但这样一来，各路将领没有了临机处置权，严重束缚了前线将领的手脚。

与此同时，杨广还下了另外一道诏书，里面说"高丽若降，即宜抚纳，不得纵兵"，如果高句丽主动献城投降，前线将领要就地安抚接纳，不得纵兵掳掠。杨广觉得取胜易如反掌，大军刚出发，他便下令让洛阳官员搭建高台,以备将来举办献俘仪式。同时他还将前来朝见的以高昌王为首的一批藩属国的君王或使者一并带到了涿郡,让他们一睹隋朝大军的风采,好让他们不要仿效高句丽。

战争进程从开始就不太顺利,大军到了辽河西岸,对岸的高句丽军队并没有被吓倒而主动投降。杨广令宇文恺主持架设浮桥,右屯卫大将军麦铁杖立功心切,桥还没有完全架好,便率部从浮桥渡河发起攻击,由于长度不够,到后面只能蹚水过河。高句丽军队趁势猛烈攻击,麦铁杖战死。第一仗就损兵折将,预示着此次出征兆头不好。

几天后,浮桥重新架好,隋军渡河后击溃了东岸的高句丽守军,乘胜围住了辽东城。高句丽军队几次试图突围,但都没有成功,只能固守待援。隋军加紧攻势,眼看城池就要陷落,高句丽声称要献城投降。由于先前有明确的诏令,前线将领停止进攻并派人报告杨广,坐等指示,等杨广的命令传回军中,高句丽守军已经将城墙加固,重新调整防御部署,绝口不再提投降事宜,隋军不得不再次组织攻城。

要命的是,诈降这样的事情不是发生一次,每当高句丽守军难以支撑时就宣称要投降,隋军将领不敢擅作主张,只能报告杨广。循环往复,每次高句丽军都能起死回生,辽东城久攻不克,搞得本来心气很高的隋军人困马乏、战力大减。

杨广对战局非常不满意,本来想速战速决,没想到一个小小的辽东城居然挡住了大军前进的步伐。杨广痛斥前线将领无能,责令加大攻击力度,限期拿下辽东城。同时下令宇文述、于仲文、薛长雄等将领率领三十万兵马,绕过辽东城,渡过鸭绿江,与来护儿的水军合力攻克平壤,准备对高句丽来个黑虎掏心,一击制胜。

宇文述等带大军深入高句丽腹地,很快在后勤方面出现了问题。由于高句丽实现坚壁清野,宇文述出发前让全军携带足够的粮食,本来应该绰绰有余,但是除了军粮外,士兵还要背负盔甲、武器和衣物等,重达上百斤,难以承受。领军的将领害怕士卒遗弃粮食,下令"遗弃米粟者斩"。但士卒们宿营时,趁着夜色偷偷在营中挖坑,把一些粮食埋掉，以便减轻白天行军的负重，结果是三十万大军走到半路时粮草已经所剩无几。

饿着肚子无法作战，宇文述想撤军，但又害怕杨广追责，于是陷入进退两难的境地。就在宇文述踌躇时，高句丽大将乙支文德前来投降，他是高句丽最能打的将领。杨广曾告诉宇文述和于仲文，只要见到乙支文德，要想办法将其擒获。没想到，乙支文德主动送上门来，不过他只是假投降，真实目的是来探查隋军军情，完成任务后找了一个理由想离开。宇文述、于仲文本来想将他扣留，但尚书左丞刘士龙认为让他回去搞策反更有意义，两人觉得有理，于是放了乙支文德。

于仲文放人后又担心杨广追责，既后悔又后怕，于是想派精锐人马去追。宇文述不同意，这一下激怒了于仲文，他大怒道："宇文将军，率十万之众，不能破一个小贼，有什么颜面见皇上，看来我们这一次要无功而返了。"宇文述也怒了，生气地说道："何以知无功？"于仲文说："昔周亚夫之为将也，见天子军容不变。此决在一人，所以功成名遂。今者人各其心，何以赴敌？"过去周亚夫为将时，看见天子，军容不变。这是因为决定权在他一人手里，所以他能功成名就。现在我们却人各一心，怎能赴敌？

就这样，隋军前线两位主将为了高句丽的一名"降将"相互怼起来。不过，于仲文的话确实刺激到了宇文述，原本犹豫不决的他决定继续进军，意图寻找高句丽主力进行决战。

乙支文德看到隋军将士面带饥色，感觉后勤补给出了问题。成功脱身后，他更加坚定地采用疲劳战术，遇到隋军进攻时，总是假装败退，让隋军自我感觉很良好，以为高句丽军队不堪一击。隋军就这样被引诱渡过了萨水（今朝鲜清川江），深入到距离平壤只有三十里的山地扎营。

乙支文德这时候又派人来请求投降，表示如果隋军撤军，他会将高元绑到杨广面前谢罪。已经上过一次当的宇文述不再相信乙支文德，但是考虑到孤军深入，粮草断绝，一时半会儿无法攻克坚固的平壤城，为了平安回师，决定顺坡下驴，答应撤军。

宇文述为了防止高句丽军队突袭，命令隋军结成方阵，轮替后退，虽然时有高句丽军的小范围骚扰，隋军开始还是能保持完整队形，但到了萨水时，队形有些乱了。等隋军渡河到一半时，高句丽军队突然发动攻击，担任断后掩护任务的辛世雄战死，其余诸军皆溃，仓皇逃窜。高句丽军乘胜追击，宇文述等退到辽东城时仅剩二千七百余人，物资器械损失殆尽。

再说水军，来护儿率领舰队顺利到了高句丽沿海，但是一直没有等到陆军的消息。来护儿觉得这样干耗下去不是办法，决定率军由浿水（今朝鲜大同江）进入高句丽。登陆后直奔平壤，在城外与高句丽军队相遇，此战隋军大胜。

来护儿计划乘胜攻入平壤，但水军副总管周法尚提出不同意见，希望等隋军陆军主力到达后一起攻城。来护儿立功心切，被胜利冲昏头脑的他顾不了那么多，挑选了四万精锐，直趋平壤城下。高句丽军队出城迎战，使出"诈败"的手法，来护儿中计，率部冲入城中，大肆抢掠，阵型顿时就乱了。高句丽伏兵乘机杀出，隋军大败，来护儿仅率数千残兵，逃出城外。高句丽军队一直追杀到隋军战船停靠处，看到周法尚严阵以待，方才收兵回城。

就这样，隋朝水陆两军都吃了败仗，损失惨重，杨广第一次征伐高句丽便以失败告终。

这个结局完全出乎杨广意料，高句丽不仅没有被隋军庞大的数量吓倒，反而连战连捷，越战越勇，让隋军吃了大苦头，给了自我感觉相当良好的杨广一记响亮的耳光。如此大败，必须要有人承担责任，杨广自然不会揽在自己身上，宇文述等前线将领就成了替罪羊。杨广将他们几位投入监狱，但宇文述和杨广关系甚好，两人又是儿女亲家，宇文述的儿子宇文士及娶了杨广的女儿南阳公主，所以杨广没有杀掉他，将他与于仲文等除名为民，将出馊主意放走乙支文德的刘士龙斩首示众。

第十九章 一征辽东

第二十章　玄感之乱

二征高句丽

杨广打懂事起，就没有尝到过失败的滋味，也不知道世界上还有这个词，他痛定思痛，觉得这次虽然进行了充足的准备，但问题还是出在后勤保障上面，如果想要成功，必须要从这里着手。

大业九年（613年）正月，刚刚过完春节，杨广便迫不及待地下诏全国军队再次集结到涿郡。不过，由于第一次征伐惨败，人员损失严重，兵源已经枯竭，杨广不得已，下令招募普通百姓入伍，这样勉强凑够了四十万大军。为了解决后勤补给问题，杨广下令修建辽东古城贮备军粮。

为了鼓舞士气，杨广决定御驾亲征。但有些大臣站出来劝谏，觉得皇上没必要深入前线。左光禄大夫郭荣说："戎狄失礼，臣下之事；千钧之弩，不为鼷鼠发机，奈何亲辱万乘以敌小寇乎！"戎狄失礼，惩罚他们是大臣的事，千钧之弩，不可能为了老鼠去发射。陛下没有必要为高句丽这样的小国而亲自出征，言外之意是杀鸡焉用牛刀。

杨广对此并没有接受，上次丢的面子这次一定要赚回来。看到一些大臣不解圣意，杨广勃然大怒道："我自行犹不克，直遣人去，安得有功？"我自己去都不一定能够打赢，派其他人去，怎么可能打胜仗？

杨广虽然这样讲，但心里明白这一次必须要赢，而且一定能赢。他在出征前说："高丽小虏，侮慢上国；今拔海移山，犹望克果，况此虏乎！"高句丽这个弹丸小国，竟敢侮辱我大隋王朝，如今就是拔海移山都能够做到,何况收拾这个小虏?杨广觉得如果连一个小小的高句丽都无法战胜,会被天下人耻笑,脸面不知道往哪里搁了。下定决心后,他做了几项人事安排,令皇孙杨侑留守大兴城,派杨素的儿子礼部尚书杨玄感到黎阳督运粮食。

令人大跌眼镜的是,杨广选择了败军之将宇文述为主帅。首先是恢复了宇文述的官职,杨广给出的理由是"宇文述以兵粮不继,遂陷王师;乃军吏失于支料,非述之罪"。就是说,上次打败仗是因为后勤补给不力,和宇文述的指挥没有什么关系。除了让宇文述继续担任陆军主帅,水军的头领也没有变,依然是来护儿。可以说换汤不换药,为的是让两人戴罪立功。

这一次进展比想象中顺利。四月二十七日,杨广亲自率部渡过辽河,进围辽东城,然后派宇文述和大将杨义臣率军直捣平壤,同时派左光禄大夫王仁恭进攻新城(今辽宁抚顺北),三管齐下,志在必得。

杨广充分吸取上次的经验教训,不要求诸将领凡事汇报,带兵将领可以根据情况变化随机处置,解除了对他们的束缚。焦点之战还是在辽东城,上次就在这里摔了跟头,说什么也要攻下来。为此,杨广把能用的攻城手段全部用上了,撞车、云梯、地道等,昼夜不停攻打了二十余日。但和上次一样,还是无法攻克,双方的损失都很惨重。

杨广没辙,绞尽脑汁想出一个办法。他让人赶制了一百万个布袋子,里面装上土,然后往城墙上堆,堆成一个宽三十步、与城墙一样高的斜坡,杨广还为此起了一个名字,叫作"鱼梁大道"。同时又造了八轮楼车,高度超过城墙,可以进行俯射。这两招很好使,辽东城危在旦夕。与此同时,宇文述和杨义臣率部顺利渡过了鸭绿江,进入了朝鲜半岛,胜利指日可望。

就在即将一雪前耻时,一个大大的噩耗传来,在后方督运粮食的杨玄感起兵造反了。

杨玄感反了

杨玄感是前朝宰相杨素的长子，"体貌雄伟，美须髯"，和他父亲一样，长得高大威猛，是个美男子。不过，杨玄感似乎发育得比较晚，"少时晚成，人多谓之痴"，以至于不少人认为他有些痴呆，只有父亲杨素看好他，常对所亲近的人说："这个孩子不痴呆。"果如杨素所言，杨玄感长大后，"好读书，便骑射"，成为一个文武双全的青年才俊。

杨玄感因父亲杨素的军功，授柱国，与杨素都是二品官。上朝拜见皇帝时，父子同列。后来，隋文帝让杨玄感官品降一级。杨玄感拜谢说："没料到陛下如此宠爱我，让我在公廷上得以表示对家父的尊敬。"杨素去世后，杨玄感以长子身份袭爵楚国公，升任礼部尚书。

杨玄感早有反意，当年杨广西巡，经过大斗拔谷，天气恶劣，山路狭窄，车驾很狼狈，杨玄感就动了造反的念头，想着袭击杨广的行宫，发动政变。亏了知道他计划的叔叔杨慎劝他说："如今的隋朝，民心统一，皇上没有垮台的痕迹，不能胡来啊。"杨玄感这才作罢。

按说杨玄感的父亲杨素生前备受恩宠，杨广对他们家非常不错，杨玄感身居高位，他为什么会有这样的想法呢？因为杨玄感看到杨广的大手笔和瞎折腾，激起了许多民怨，但他依然执迷不悟，王朝即将陷入风雨飘摇的境地。再加上他的父亲当年坐朝臣中第一把交椅，朝中文武百官大多曾经是杨素的手下，有很好的基础。而且杨广又一天比一天爱猜忌，这也让杨玄感深感不安。因此，杨玄感与几个弟弟密谋，准备废掉隋炀帝，立秦王杨浩为帝。

杨玄感知道掌兵的重要性，要想成功，首先要有军权。于是杨玄感找到兵部尚书段文振说："玄感世荷国恩，宠逾涯分，自非立效边裔，何以塞责！若方隅有风尘之警，庶得执鞭行阵，少展丝发之功。"我们杨家世代承蒙皇帝恩宠，远超于别人，如果不能在边塞立功，实在是非常惭愧。如果边疆不稳，我愿执鞭于战阵之中，建立军功。

段文振把杨玄感说的话转告给了杨广，杨广根本不知道杨玄感想要干什么，感觉他很忠心，也很有担当，于是在群臣们面前夸奖杨玄感说："将门必有将，相门必有相，故不虚也。"给了杨玄感不少赏赐，还让他参与朝政和军中事务。

杨玄感一直等待着机会降临，这次杨广让他督办粮草，他感觉时机已经成熟。道理很简单，粮草是打仗的基础，如果切断对前方的粮草供应，杨广的军队定会不战自溃。杨玄感先将在前线的几个弟弟秘密召了回来，然后停止向前方供应粮食。杨广见到粮食不能及时供应，便派使者催促，杨玄感托词说："水路多盗贼，不可前后而发。"

不过，造反总是需要一个说得过去的理由。当时，来护儿的水军还没有出发，集结在东莱海面，杨玄感决定拿这个作为起兵的借口。他让家奴装作朝廷使者，从东北匆匆而来，谎称来护儿因耽误军情怕受罚而造反。杨玄感以此为由关闭黎阳城，在城内拉男丁从军，帆布作牟甲，按照开皇年间旧制设置官署。又送文书到周边的州郡，以讨伐来护儿为名，要求他们派兵到黎阳集结。

援兵没来多少，但却来了一个关键人物——李密。李密的祖父叫作李弼，是西魏八柱国之一，属于关陇集团核心圈子里的人物。李密很有雄心壮志，常常以救世济民为己任，而且非常善于谋略，史书上称"密多筹算，才兼文武，志气雄远，常以济物为己任"。

李密表现得气度不凡，不寻常到何种程度？连杨广都看出来了。那时杨广刚刚登基不久，李密凭借父荫任左亲卫府大都督、东宫千牛备身。李密长得很特别，"额锐角方，瞳子黑白明澈"，额头尖眼角方，眼瞳黑白分明。杨广在仪仗队中看见他，回宫后问宇文述说："刚才在左边警卫队里的黑脸小孩是个什么人？"宇文述回答说："他是已故蒲山公李宽的儿子，叫李密。"杨广说："这个小孩顾盼的神态很不寻常，别让他在宫里担任宿卫。"宇文述找了一个机会对李密说："贤弟天资这么好，应该凭才学获得官职，宫廷警卫是个琐碎差事，不是培养贤才的地方。"言外之意是要他另找出路，别在这里干了。

李密或许早就不想干了，不仅没有失落，反而非常高兴，借病辞职,专心致志读书,人们从此很少看到他。正是在这段读书的日子里,他结识了杨玄感的父亲杨素。

关于两人的相识,流传着一个民间故事。有一次,李密骑了一头牛出门看朋友。在路上,他把《汉书》挂在牛角上,抓紧时间读书。正好宰相杨素坐着马车从后面赶上来,看到李密如此勤奋,暗暗称奇。杨素问他的名字,李密认识杨素,慌忙跳下牛背,自报家门。杨素跟李密谈了一会儿,觉得这个年轻人很有抱负和才干。回家以后,杨素跟他儿子杨玄感说:"我看李密的学识、才能,比你们几个兄弟强得多。将来你们有什么紧要的事,可以找他商量。"从此以后,杨玄感就跟李密交上了朋友。

下策变上策

杨玄感起兵后,李密赶来投奔,为其出谋划策。对于下一步行动,李密献上了上、中、下三策:上策是袭据涿郡,扼临榆关(今山海关),断了杨广的归路,使隋军溃散关外;中策是攻占长安,控制潼关,占据关中和杨广对抗;下策是就近攻打洛阳。

杨玄感的想法恰恰与李密相反。他认为攻打洛阳为上策,道理很简单:洛阳近在眼前,况且隋朝官员的家属许多都在洛阳,如果能够顺利攻克东都将产生极大的影响力,会吸引更多的人来参加队伍。再说了,经过洛阳却不攻打,用什么显示威力?

杨玄感由此决定攻打洛阳。此时再拿来护儿说事就站不住脚了,不如打开天窗说亮话,将矛头直指杨广。他宣称杨广残暴无道,不以天下苍生为念,致使在辽东战死数十万人,自己起兵就是为了救百姓于水火之中。为了增加号召力,杨玄感把父亲杨素搬了出来,说:"先父杨素曾奉高祖文皇帝遗诏,曰:'好子孙为辅弼之,恶子孙为我屏黜'。"不顾百姓死活的杨广肯定算是"恶子孙",因此起兵废黜杨广是为了完成隋文帝的遗愿。杨玄感虽然说得有鼻子有眼,但这个遗诏大概率不存在，为了造反的正义性，只能拿这个说事。

杨玄感提出的口号是"上禀先旨，下顺民心，废此淫昏，更立明哲"。宣传工作起到了不错的效果，"从乱者如市"，沿途百姓纷纷加入。杨玄感造反的消息传到了洛阳，留守的越王杨侗，以及具体主持工作的民部尚书樊子盖非常恐惧，赶紧调兵防御。杨玄感起初进展比较顺利，兵分两路：南路由弟弟杨积善带领，率三千人从偃师沿洛水向西，进攻洛阳东南方；北路由另外一个弟弟杨玄挺率一千多人，由白司马阪翻越邙山，从东北进攻洛阳。杨玄感自带三千人马，跟在杨玄挺的后面。

樊子盖遣河南令达奚善意率五千人出拒杨积善，河南郡赞治裴弘策率八千兵马抵抗杨玄挺，按照势力对比，朝廷军队占绝对优势。杨玄感的队伍感觉更像是乌合之众，从运粮的役夫中选择了五千余人，又从江南丹阳、宣城来的水手中挑选三千余人，勉强凑了一万余人。队伍中大多是农夫、渔民、船夫，没有经过正规的军事训练。而且队伍不仅人数少，装备还很差，"其兵皆执单刀柳，无弓矢甲胄"，士兵每人只有一柄单刀，一个柳条盾，没有弓箭，也没有铠甲。

但是打仗有时不能只看纸面实力，更重要的是士气，朝廷军队在这方面出了大问题。洛阳的留守兵马自隋朝建国以来三十余年没打过仗，和平日子过惯了，一上战场腿都直打哆嗦。达奚善意部驻扎在汉王寺，见杨积善率部杀来，两军还未接触，达奚善意的部队便崩溃了，争相逃回城中，营中铠甲器械都被缴获。

裴弘策这边好一点，虽然也是一触即溃，但跑了三四里刹住了闸。裴弘策收败兵结阵，准备再与杨玄挺交战。但没想到，杨玄挺剑走偏锋，居然让部下坐下休息，等到裴弘策的队伍稍稍懈怠，杨玄挺忽然上马冲杀，顿时将裴军冲散。如此这般，两军交战五次，裴弘策抵挡不住，只剩十余骑逃回城中，其他的都被杨玄挺所俘。

杨玄感乘势冲到洛阳城下，此时他的感觉好极了，成功似乎唾手可得。他在上春门当众立下誓言道："我身为上柱国，家累巨万金，至于富贵，无所求也。今者不顾破家灭族者，但为天下解倒悬之急，救黎元之命耳。"我身为上柱国，家里黄金万斤，对富贵已一无所求。现在我不顾灭族的危险举事，只是为了给天下人解倒悬之急，拯救黎民百姓的性命罢了。话说得慷慨激昂，充满正义感，又收获了不少人心，洛阳周边的百姓纷纷送来物资，许多青壮男丁纷纷投军，杨玄感的军队规模立即扩大起来。

令杨玄感未曾想到的是，围攻洛阳带来一个意外的效果，那便是不少"官二代"纷纷跑来投降。里面包括灭陈的大功臣韩擒虎的儿子，隋初宰相杨雄的儿子，"五贵"中裴蕴和虞世基的儿子，居然还有攻打高句丽的水军统帅来护儿的儿子等四十多个子弟。其中除了韩擒虎已经去世，来护儿、虞世基、裴蕴、杨雄等人都跟着杨广正在前线打仗。听闻儿子们造反，父亲们都怒了，一个个跑到杨广面前表忠心，声明与儿子们脱离关系，来护儿和杨雄的另一个儿子杨恭仁，还要求亲自带兵，前去剿灭叛军。

除了这些贵族弟子，还有一些隋朝大臣前来投奔，包括内史舍人韦福嗣、大将李子雄等。杨玄感对韦福嗣非常信任，军机大事都与他商议，不过杨玄感令他起草文告时，韦福嗣却不受命。李密劝杨玄感说："韦福嗣和我们不是一路人，心怀观望。您刚举义旗，却让奸细留在身边，必然被他误事，杀了他人心才会安定。"杨玄感非但没有听李密的，反而更加信任韦福嗣，让其平分李密的权力。从此军中不再是李密完全说了算。李密对此很失望，对身边人抱怨说："楚国公（杨玄感）喜爱造反却不打算成功，怎么办？我们将会当俘虏了。"

第一支赶到洛阳的援军是刑部尚书卫文升所率的四万兵马，他是受镇守大兴城的代王杨侑之命派来救援东都。杨玄感的父亲杨素是隋朝第一名将，在打仗这方面他还真继承了父亲的基因。面对来势汹汹的隋军，杨玄感佯装战败，卫文升紧紧追赶，一下子进了伏击圈，杨玄感的伏兵杀出，卫文升的先头部队都被消灭了。几天后，卫文升整军与杨玄感再战，两军一交火，杨玄感就让人大喊："官军捉住杨玄感了!"隋军一听便松懈下来,杨玄感乘机猛攻,卫文升所部大败,只带了八千人逃走。

杨玄感兵败

就在杨玄感在洛阳城下鏖战时,杨广正忙着从高句丽撤军。听到杨玄感叛乱的消息,他顿时感到五雷轰顶。本来这次出征比较顺利,辽东城指日可下,但没想到此时后院起了火,而领头反叛的居然是自己曾经非常倚重的杨素的儿子。

杨广密召诸将,下令秘密撤军。一夜之间,隋军全部拔营后退,留下的军资器械堆积如山。所有营垒、帐幕都留在原地,全军轻装而退。这着实把高句丽守军搞傻了,由于保密工作到位,高句丽军队不知发生了什么,城池危在旦夕,没想到隋军却主动撤走了。高句丽守军担心有诈,不敢追击,第二天才派一些人马去侦察,还是不知是真是假。两天后,发现隋军越撤越远,才知道撤军是真,派出数千人追击,但隋军早有准备,没有占到什么便宜。

杨广之所以如此慌乱,是因为杨玄感叛乱的后果太严重了。一是截断了粮草供应,几十万大军没有了后勤补给,这种仗根本无法再打下去。二是杨玄感不是一个人举事,背后代表着关陇贵族集团,不少"官二代"都投奔他,手下的重臣都已是人心惶惶,预示着统治阶级高层发生了分裂,这点是让杨广最为担心的。同时,掌握军机事务的斛斯政因为暗中放走了杨玄感的两个兄弟,担心被问罪,转而投奔了高句丽,隋军所有的作战计划和军事部署全部泄露,接着往下打困难增加了很多。

杨广在撤军路上部署对杨玄感的全面围攻,让手下将领快速回返,派虎贲郎将陈棱进攻杨玄感的根据地——黎阳。武卫将军屈突通挺近河阳,伺机渡河向洛阳进发。宇文述发兵跟进,来护儿则从另一个方面增援洛阳。

杨玄感此时还陷入了与卫文升的纠缠之中，虽然打了几个胜仗，但却无法彻底消灭隋军，双方形成了对峙局面。随着各路增援队伍的到来，杨玄感意识到再拖下去可能会成为瓮中之鳖，当务之急是消灭眼前的朝廷军队。于是，他在邙山下摆开阵势与卫文升决一死战。这一仗打得非常惨烈，虽然杨玄感很能打，"玄感骁勇多力，每战亲运长矛，身先士卒，喑呜叱咤，所当者莫不震慑，论者方之项羽"。每次作战，他亲自挥舞长矛，身先士卒，呼叫叱咤，众敌莫不震骇。时人将他比作项羽。但是，打仗不是一个人的事，还是要靠整体实力说话。此战中杨玄感的弟弟杨玄挺被流矢射死，杨玄感只好下令暂时退却。

此时形势更加恶化，樊子盖不时掀起小规模的反攻，而援军在屈突通的率领下兵临黄河。照此下去，真会像李密所预料的，陷入四面受敌的局面，杨玄感感到阵阵寒意，慌乱之中他求教于降将李子雄。李子雄的意思是屈突通与卫文升绝对不能合兵一处，因此要分兵两路，一路对付卫文升，一路抵抗屈突通。但这无异于画饼充饥，本来兵力有限，而且依然困守城中的樊子盖屡屡出击，根本无法分兵去堵河阳渡口。

屈突通非常顺利地渡过黄河，屯兵于洛阳东北。这意味着杨玄感围攻洛阳的计划彻底泡汤。此时，李子雄又出主意说："东都援军益至，我师屡败，不可久留。不如直入关中，开永丰仓以赈贫乏，三辅可指麾而定。据有府库，东面而争天下，此亦霸王之业。"洛阳的援军到了，我军屡败，不可久留。不如直入关中，打开永丰仓，以赈济穷人，三辅平定后，再向东争夺天下，成就一番霸业。

李子雄所说的其实就是李密所提的中策，当初杨玄感不假思索地拒绝，如今却又当成一根救命稻草。

恰好此时杨玄感老家华阴的杨氏族人赶来，告知卫文升在增援洛阳的途中经过华阴时，居然将杨玄感老爸杨素的坟墓给挖了，而且还挫骨扬灰，杨氏家族损失惨重，因此请杨玄感回关中为他们做主，并表示愿意当向导。

杨玄感就此下定西进的决心，但总要有个理由，不明不白地开溜，很容易动摇军心。这时候杨玄感又想到了李密，请他出个锦囊妙计。李密说："元弘嗣在陇右统率一支强大的军队，如今可以假称他要造反，派遣使者来迎接您，用这个理由进入潼关，就可以瞒住大部分人。"杨玄感于是假称杨氏族人为元弘嗣派来的使者，然后宣布："我已经攻破东都，要继续夺取关中。"于是，带着队伍从洛阳向西撤走。

宇文述率部跟在后面追击，如果此时杨玄感能够快速进入潼关，布置重兵，严防死守，或许还有一线希望。但关键时刻，杨玄感又犯下了重大错误。

在通往潼关的路上，有一座杨广的行宫，叫作弘农宫。杨玄感率领大军经过这里时，突然来了一群当地乡亲，拦住杨玄感说："宫城空虚，又多积粟，攻之易下，进可绝敌人之食，退可割宜阳之地。"弘农宫兵力空虚，又有很多粮食，非常容易攻克，这样，进可断绝敌人的粮食，退可占据宜阳的地盘。

杨玄感一听心动了，于是便想先攻下弘农宫。李密见状赶紧劝说道："公今诈众西入，军事贵速，况乃追兵将至，安可稽留！若前不得据关，退无所守，大众一散，何以自全？"您本来就是哄着大家向潼关撤退，这种事贵在神速，而且追兵快到了，无论如何不能逗留，如果不能赶到潼关，凭险拒守，后退又无处可守，前后被夹击，士卒一旦逃散，用什么保全自己？

李密所言极是，这个时候必须快速进入潼关，否则后果不堪设想。但杨玄感却不想让到手的鸭子飞了，拒绝了李密的建议，率部来到弘农宫。弘农太守杨智积登上城墙，对杨玄感破口大骂。杨玄感被骂急了，下令全力攻打弘农，誓要将杨智积千刀万剐，结果打了三天也没有打下来。

就这样，宝贵的三天时间被杨玄感浪费了，后果极其严重，宇文述所率的追兵已经到了眼前，杨玄感且战且走，连战连败。双方在董杜原迎来了生死决战，此时杨玄感军队里的不少人因为感到绝望而逃跑，隋军则士气旺盛。结果毫无悬念，杨玄感大败，仅带着十余人逃走。人越走越少，到最后只剩下他和弟弟杨积善，马累得跑不动了，兄弟俩只好徒步行走。

杨玄感自知败局已定，对弟弟说："如今事情失败了，我不能被活捉受辱，你杀了我吧！"杨积善狠狠心，举刀杀了杨玄感，成全了哥哥的心愿。然后举刀自杀，但没有刺中要害，被赶来的隋军抓获。

至此，历时两个月的杨玄感之乱宣告失败！

多米诺第一张骨牌

接下来是一场血腥的屠杀，杨广下令让御史大夫裴蕴和民部尚书樊子盖负责处理后事，给他们的指示很明确："玄感一呼而从者十万，益知天下人不欲多，多即相聚为盗耳。不尽加诛，则后无以劝。"为什么杨玄感一下子就能纠集那么多人？就是因为天下人太多了，人多就会造反，所以还是别要那么多人好，干脆把造反的人一律杀光，以便警告后人，让他们不敢效仿。

裴蕴原本就是有名的酷吏，樊子盖也是以冷酷无情著称，再加上杨广的指示要求，一场大清洗不可避免地上演了。自杀未遂的杨积善认为自己手刃"贼首"杨玄感，立下大功，请求免死。杨广怎么可能同意，下令将其绑在刑具上，让文武百官把他当靶子射击，万箭穿心而死。投降杨玄感后又反叛的韦福嗣认为自己弃暗投明，不应获罪，但樊子盖拿出韦福嗣写给自己的劝降书，上面写着"废此淫君，更立明哲"，最后被乱箭射死，然后五马分尸。李子雄以同样的方式被诛杀。杨玄感的弟弟无论是否参与叛乱，全部被杀掉。杨玄感围攻东都的时候曾经开仓放粮，凡是从那里领过米的百姓，一律抓起来活埋。"所杀三万余人，皆籍没其家，枉死者大半，流徙者六千余人"，最后一共杀了三万多人，还流放了六千多人。

杨广连死了的杨玄感也不放过，在洛阳将杨玄感分尸，并暴尸三天,又把他的肉切成一块一块,放火焚烧。杨广还不解气,接纳公卿请求把杨玄感改为枭姓。

参与叛乱的重要人物中唯一逃脱的是李密,他在杨玄感兵败后也被隋军捉住,当时杨广在高阳,李密和他的同伙要被一起押送到那里去。李密很清楚,如果到了高阳,下场会非常惨烈。于是他对同伙们说:"我们的性命,如同早上的露水,如果被送到高阳,一定会被剁成肉酱。眼下在路上,还可想想办法,怎能送去遭受酷刑,而不设法逃避呢?"大伙儿都表示赞成,他把大家身上所有的金银搜罗在一起,用来打点押送人员,说:"我们死后,请用这作为经费安葬,余下的就全部报答您的恩德。"押送人员见钱眼开,答应了他们。这样逐渐拉近了彼此的关系,一路上李密买来酒菜,经常请押送官员吃吃喝喝,使押送官员对他们的防备逐渐松懈。走到邯郸时,李密等人找了个机会挖穿墙壁逃掉,后来辗转到了瓦岗寨,成为隋末农民起义的首领之一。

回顾杨玄感叛乱的整个过程,失败是注定的。最重要的问题是时机不对,杨广滥用民力,第一次征伐高句丽大败而归,虽然激起了民怨,出现了一些起义,但从总体上看,杨广的统治还算稳固,实力上没有根本损伤,还远没有到众叛亲离的地步。杨玄感在这个时候起兵,有些错估了形势,如果他采用了李密的主张,或许情势会好一些。但想推翻杨广取而代之无异于痴人说梦,倘若再隐忍一下,等到后来民怨沸腾,天下大乱时再竖起反旗,成功的可能性更大一些。

不过,虽然杨玄感叛乱以失败告终,却极大地动摇了杨广的统治。因为杨玄感不是一般人,他本人是朝廷的高官,父亲杨素更是杨广曾经最信任的人,这次叛乱意味着隋朝统治阶层已经开始崩塌,就像多米诺骨牌的第一张。在洛阳城下,一大批隋朝重臣名将之后纷纷叛变,释放了一个非常危险的信号:高层内部已经开始分裂,而堡垒往往容易从内部攻破,从这个意义上说,正是杨玄感将统治集团撕开了一个口子。

另外,杨玄感叛乱民众的参与度也是空前的,一如杨广所说:"玄感一呼而从者十万",要知道,起兵之初只有不到一万人,但"从乱者如市",很快就发展到了十几万人,沿途还有不少民众送酒送肉慰劳叛军。这说明人心已经思变,如果再这样下去,后果相当严重。

杨广其实意识到了问题的严重性,因此他可以对一些农民起义熟视无睹,但一听杨玄感叛乱脑袋就大了,立即决定第一时间从高句丽撤军。从一定意义上讲,杨玄感反叛实际上给杨广敲了一个警钟,如果他改弦易辙,悬崖勒马,让百姓休养生息,重新弥合统治集团内部的分裂,或许还能挽救颓势。但遗憾的是,他认为杨玄感叛乱只是一个孤立事件,完全是杨玄感的野心在作祟。所以他采用了简单粗暴的处理方式,不但诛杀参与叛乱的贵族,而且连同领过赈粮的百姓都坑杀,以为大开杀戒就能杀一儆百,结果又错失了一次拯救王朝命运的机会。

要说还是老臣苏威看得远,杨广听到杨玄感造反的消息,很是紧张,询问苏威的意见。苏威说:"夫识是非,审成败,乃谓之聪明。玄感粗疏,必无所虑,但恐因此浸成乱阶耳。"意思是说,那些明辨是非、审视成败的人,才是聪明人。杨玄感粗鄙简单,不是聪明人,不必为他忧虑,但是这恐怕会成为出现祸乱的开头。苏威实际上是在旁敲侧击,让杨广正视王朝的危机,不要使小祸乱发展成为无法收拾的大祸乱。

杨广只听懂了前半句,没真正明白后半句的意思,他的心里一直想着高句丽。连续两次没有拿下高句丽,使得他就像一个输红眼的赌徒,恨不得把所有的赌注押上。但是他忽视了如今的形势和第一次出征时已不可同日而语,第一次征讨失败便开始有民众造反,现在已经呈现星火燎原之势。

最早揭竿而起的是一位叫作王薄的人,大业七年(611年),他聚集农民在长白山起义。这个长白山是山东的邹平地区,而非众人皆知的吉林长白山。王薄自称为"知世郎",意为能预知天下局势将发生变化。还创作了一首《无向辽东浪死歌》,歌词写道:"长白山前知世郎,纯着红罗绵背裆。长槊侵天半,轮刀耀日光。上山吃獐鹿,下山吃牛羊。忽闻官军至，提刀向前荡。譬如辽东死，斩头何所伤？"最后一句的意思是相比较到辽东战场上白白送死，被官军砍掉脑袋又算得了什么，号召百姓不要去白白送死。这首诗流传甚广，虽然没过多久，王薄领导的起义被镇压下去，但却点燃了第一颗火种。

紧接着平原（今山东陵县）刘霸道、鄃县（今山东夏津）张金称、漳南（今河北故城东）孙安祖和窦建德、渤海（今山东滨州市西南）高士达、韦城（今河南滑县东南）翟让、章丘（今山东章丘西北）杜伏威等相继起兵。其余小股反隋武装不可胜数。

杨广对此并不当回事，在平定了杨玄感叛乱后，他执意三征高句丽，要将上次即将到手的胜利重新夺回来。大业十年（614年）二月，杨广召集文武百官，商议再次征伐高句丽的事宜。群臣对此的反应是沉默不语，史书上说"数日，无敢言者"，几乎所有人都意识到不能再出征了，但是没有一个人敢站出来进谏，因为他们知道这位帝王执意要做一件事，谁都不可能拦得住。更何况，有高颎等人的前车之鉴，惹了杨广不高兴，很可能脑袋搬家，最好的方式就是闭嘴。

既然没有人反对，杨广下诏再次征发天下兵，攻打高句丽，诏书中称："黄帝五十二战，成汤二十七征，方乃德施诸侯，令行天下。"黄帝打了五十二场战争，成汤出征了二十七次，才获得成功，相比较而言，二次出征不算什么。言外之意，如果第三次还无法征服高句丽，那就第四次、第五次……

杨广还想着毕其功于一役，但他很快发现，形势完全不一样了。一方面此时天下已遍地都是"盗贼"，各郡县官员们都深陷于剿匪捕盗的泥潭中不能自拔，抽不出多少兵力来送往前线，所以此次征讨高句丽的规模小了很多。另一方面隋军士气低落，还没有走到涿郡，士兵们就开始纷纷逃亡，"士卒在道，亡者相继"，照这样下去，到了高句丽就没有多少兵马了。

杨广意识到了问题的严重性，走到临渝宫（今河北抚宁）时，他搞了一场大规模的祭祀活动，亲自上阵祭祀黄帝。为了起到警示作用，

"斩叛军者以衅鼓",把抓回来的逃兵斩首,将人血涂在一面大鼓上。效果如何呢?"亡者亦不止",几乎没有效果。

由于逃兵不断,整个队伍的推进速度很慢。从二月出发直到七月,才到了怀远镇(今辽宁辽中),距离高句丽都城平壤还有很长的距离,照这个速度,到了那里已经是秋冬季节,很难开战,估计又要无功而返,瞎折腾一回。

就在杨广犯难之际,来护儿率领的水军带来了意外之喜。他们在毕奢城(今辽宁大连金州区)击破一支高句丽军,成功登陆后迅速向平壤推进。高元见状害怕了,上次就险些被灭,亏得是隋朝后院起火。经过两次征伐,高句丽也打不动了,损失惨重,疲态尽显,听说隋朝大军又来了,思来想去,决定遣使投降,为了表达诚意,还将叛逃高句丽的隋将斛斯政送还回去。

杨广见到降表,非常兴奋,一直担心此次出征会无功而返,如今高元主动投降,算是挽回了面子。更何况盗贼四起,后方不稳,他决定顺势而为,见好就收。没想到,来护儿不干了,在他看来,这是灭掉高句丽的最好时机,更何况上两次出征搞得他非常郁闷。于是,来护儿找来诸将说:"大军三出,未能平贼,此还不可复来。劳而无功,吾窃耻之。今高丽实困,以此众击之,不日可克。吾欲进兵径围平壤,取其伪主,献捷而归。"准备继续进攻,生擒高元,灭掉高句丽。

来护儿手下长史崔君肃劝他应奉诏还师,但来护儿还是坚持自己的意见,他说:"将在外,君命有所不受。我宁可俘获高元返回而受到责罚,也不能放弃这次成功的机会。"崔君肃看到劝不动来护儿,转而对诸将说:"若从元帅,违拒诏书,必当奏闻。"如果听从来护儿的,就是违抗皇命,一定要奏明皇上,纷纷劝说来护儿见好就收,并且都表示不愿打了,来护儿只能长叹一声下令撤军。

大业十年(614年)八月,杨广从怀远镇班师回京,第三次远征高句丽落下了帷幕。

令人尴尬的是,隋军班师回京路上遇到了意外,当大军走到今天河北邯郸时，一支由杨公卿率领的八千人的义军早已等候多时。等隋军大部队过去后，八千人突然袭击了后卫部队，抢了几十匹御马扬长而去，连皇帝的队伍也敢打劫，可见当时天下已经混乱到了什么程度。

杨广回到京城后，已经临近了大业十一年（615年）的新年，他召高元入朝参加新年藩国的觐见仪式，但高元却无动于衷。这搞得杨广相当没面子，三次征伐，劳民伤财，就是为了让高句丽彻底臣服，但高元违背承诺，又一次对杨广啪啪打脸。杨广先是把愤怒发泄到叛将斛斯政身上，下令将斛斯政绑在柱子上，让群臣将其乱箭射死，然后千刀万剐，还要求群臣分食其肉。吃人肉极其恶心，但大臣们为了表忠心，一个比一个吃得来劲，到后来居然一片不剩。如此还不解气，杨广生气，"敕将帅严装，更图后举"，下令将帅们做好准备，想着再次征讨高句丽。

只是真的打不动了。三征高句丽对于隋朝是灾难性的事件，已经耗尽了几乎所有的资源，从根本上动摇了杨广的统治。究其原因，消耗实在是太大了，直接或间接参与人数高达三四百万，各种频繁苦重的徭役更是难以计算。在此之前，虽然营建东都、开凿大运河、南下江都、北巡边塞也耗费了大量的人力物力，但与三征高句丽相比，简直就是小巫见大巫。

这场战争几乎影响到王朝的每家每户，《隋书》里说"天下死于役而家伤于财"，天下人死于劳役，每家都耗损财物。先是耗尽了中原地区的人力物力，接着又波及到了江南地区，从南方征调兵源北上涿郡服役。同时需要从江南运送大量粮食到前线，由于牛车被征调完，只能征调三十万人力小车运送物资，而这种小车只能载米三石，但却需要两个人推着前进，从江南到辽东，路途漫漫，导致许多车夫不堪忍受而四处逃亡。

三征高句丽给天下百姓带来了深重的灾难，百姓或在疆场战死或因劳役而死，虽然有三分之二的人死而不归，但每年还是要征发役夫，每家每户平民的子弟，大多开赴战场，骨肉分离的哭声，各个地方都能听到。更有甚者，"重以官吏贪残，因缘侵渔"，不少官吏趁火打劫，鱼肉百姓，更是雪上加霜。

征战给百姓带来深重苦难的同时，对生产力也造成了极大的破坏。大部分青壮劳力被征发，导致"耕稼失时，田畴多荒"，大量的田地因无人耕种而撂荒，粮食产量急剧下降，许多人都填不饱肚子，以至于"宫观鞠为茂草，乡亭绝其烟火，人相啖食，十而四五"。百姓实在活不下去，只能揭竿而起，"百姓困穷，财力俱竭，安居则不胜冻馁，死期交急，剽掠则犹得延生，于是始相聚为群盗"。不造反是死，造反反而有可能活命，所以义军蜂起。

杨广并没有因此反思自己的过错，反而一味用严刑酷法来镇压，他下诏说："天下窃盗已上，罪无轻重，不待闻奏，皆斩。"对反叛者实行株连，胆敢参加叛军的，就杀他全家。樊子盖镇压汾、晋间起义军时，大肆烧杀；王世充镇压刘元进领导的起义军时，一次坑杀了三万人。但是屠杀只能激起人民更大的愤怒，"百姓怨嗟，天下大溃"，起义队伍越来越多、越来越强大，留给杨广的日子不多了。

第二十一章　内外交困

当有李氏应为天子

大业十一年（615年）的元旦，对于杨广来讲，心情极为黯淡。本来他想利用这个机会展示征伐高句丽的丰功伟绩，但高元的爽约，使得一切都落空了。按照惯例，这天要举行大朝会，杨广要接受文武百官和四方蛮夷的朝贡，高句丽没有派朝贡使者来，其他各国朝贡的使者来了一些，不过与其说是朝见，不如说是来看笑话的。而且被赶跑的吐谷浑王伏允也趁机"复其故地，屡寇河右"，隋朝的"国际地位"遭遇断崖式下坠。

一向好面子的杨广，强撑着完成既定的程序。回到长乐宫，实在按捺不住郁闷的心情，饮酒大醉，赋了一首五言诗，其中写道："徒有归飞心，无复因风力。"杨广令宫中美人吟唱，边听边泪湿衣襟，一旁的侍者也跟着掉眼泪，这位雄才大略的帝王第一次对自己产生了怀疑。

就在这个节骨眼上，一则谶语流传开来，说"当有李氏应为天子"，如果换作以前的杨广，恐怕不会在意这些，但经历了三征高句丽的失败以及杨玄感的叛乱，他的那份自信早已荡然无存，变得越发的敏感和脆弱，因此对这句话保持了高度的警觉。

不过，这里说的李氏是谁呢？总不能把天下姓李的都杀了。杨广将重点怀疑对象放在外甥女婿李敏身上，他是杨广姐姐杨丽华为女儿宇文娥英精挑细选的夫婿，杨广答应了杨丽华的临终请求，让他继承了食邑，并在朝中担任光禄大夫。

杨广为什么会怀疑他呢？主要因为在李姓贵族中，李敏的地位最高。还有一个原因是李敏名字的问题，因为他还有一个小名叫"洪儿"，杨广曾听父亲隋文帝说做过一个梦，梦到洪水把大兴城给淹了，李洪这个小名又让杨广联想到了这个梦。

杨广把李敏召来，当面告诉他自己的忧虑，李敏一听吓坏了，要知道名字图谶，自己就变成了图谋不轨的嫌疑犯，这下摊上大事了。李敏担惊受怕，想不出好的破解方法，只好找自己的堂叔李浑和堂兄李善衡商量对策。

李浑是隋朝开国功臣申国公李穆的第十子，李穆深得隋文帝器重，被拜为太师，在《隋书》的列传中，李穆名列第一。李家上下都受到了恩典。杨广还是晋王时，李浑便跟随他，成为深受信任的藩邸旧臣。由于长子李惇早亡，李穆死后，由李惇的儿子李筠继承了申国公的爵位。

李浑对侄子继承爵位大为不满，再加上李筠对他态度不好，这让李浑更加难以忍受，于是派了另一个侄子李善衡将其谋害。由于李浑还有一个侄子李瞿昙与李筠关系恶劣，李浑就嫁祸于李瞿昙，说其为了报仇杀掉了李筠，还没有搞清楚怎么回事的李瞿昙成了冤死鬼。

但令李浑失望的是，即便杀了李筠，由于自己只排行老十，按理也轮不上继承爵位。李浑于是找到杨广身边的红人宇文述，请他出面帮忙说话。他们之间有亲戚关系，李浑的妻子是宇文述的妹妹，换句话说，李浑是宇文述的妹夫。

李浑向宇文述承诺事成以后，以封邑税赋的一半作为酬谢。宇文述听到有如此厚重的回报，再加上这一层亲戚关系，当即答应。宇文述是杨广的心腹，经过他的运作，李浑如愿以偿地继承了申国公的爵位。但此后李浑只顾自己花天酒地，搜求美女珍玩，对于答应宇文述的事情故意装傻充愣，迟迟没有兑现。这搞得宇文述非常生气，立下了毒誓："我竟为李金才所卖，死且不忘！""金才"是李浑的字，说自己到死也不会放过李浑。

但是想报复李浑并非易事，因为隋文帝赐给了李穆丹书铁券，"自今以后，虽有愆罪，但非谋逆，纵有百死，终不推问"。李穆一家只要不是谋反叛逆，纵然有一百个死罪，也不会加以审问并追究刑责。

"当有李氏应为天子"流传时，宇文述敏感地意识到机会来了，他和杨广说："李浑经常与李敏等人商议事情，有时候谈到天亮。李浑是朝廷重臣，手里掌管着禁军，陛下不可不小心。"本来就对李敏有怀疑，这话更加引起了杨广的警觉，他下令让宇文述暗中调查，宇文述抓住机会，让武贲郎将裴仁基诬陷李浑谋反。

杨广下令将李浑、李敏全家抓捕入狱，但是审问了好几天，仍然得不到确凿的证据。宇文述改变了策略，直接提审李敏的妻子宇文娥英，对她说："您是皇帝的外甥女，不愁找不到更好的男人。李浑、李敏都是应了图谶的人，皇上铁定要杀他们，已经无力回天了，您应该想办法自我保全，只要听我的，保证不受牵连。"

宇文娥英是金玉之身，哪里受得住牢狱之苦，听宇文述这样一说便服软了，表示一切都听宇文述的。宇文述让宇文娥英招供说："李家确实想谋反，李浑曾经找李敏说，你的名字应了那个谶语，以后一定会当皇帝，我可以帮你做成这件事。现在趁着陛下失去人心，征讨高句丽失败的时候，正是动手的好时机。我们带人突袭杨广的御营，一日之内，大事可成。"

杨广看到外甥女的招供状，既愤怒又伤心，他不知道是宇文述在中间捣鬼，拉着宇文述的手哭着说："吾宗社几倾，赖亲家公而获全耳。"由于杨广的女儿嫁给了宇文述的儿子，两人是儿女亲家，杨广的意思是说如果没有宇文述，江山社稷就完蛋了。

杨广下令诛杀李敏、李浑等二十三人，其余有亲戚关系的，无论年龄大小，都被流放到岭南。宇文娥英作为污点证人，暂时没有受到处罚，但最终也难逃厄运，几个月后被赐毒药自尽，杨丽华一家彻底断根。

杨广在这件事上做得有些过头，不仅让姐姐杨丽华一家断后，而且又得罪了关陇贵族。因为李氏家族是关陇集团中头号功臣的贵戚家族,连这样的家族成员杨广说杀就杀,难免搞得关陇贵族人人自危。杨玄感之乱已经暴露出彼此间的矛盾,杨广不仅没有及时弥合,反而杀掉了李敏、李浑,这样更加剧了分裂。

雁门关 = 鬼门关

收拾完李姓内患后,不愿意待在宫中的杨广又一次准备出巡,这次还是往北,去突厥的地界。在到处都有民变的情况下,做这样的事情确实有些匪夷所思,不过却相当符合杨广的个性,经历了高句丽的失败,想到突厥人的地盘重新找回那种至高无上的感觉。

杨广非常清楚地记得上次北巡的盛况,启民可汗特意为他修了一条长长的御道,各部落心甘情愿地向大隋臣服,那种感觉好极了。不过,杨广这次注定无法重温旧梦,因为东突厥的大头领换人了。大业五年(609年),启民可汗去世,他的儿子咄吉成为新可汗,称为始毕可汗。

始毕可汗和他父亲不同,很有理想抱负,决定重振突厥雄风。经过几年的苦心经营,东突厥逐渐强盛起来,重新对隋朝构成了威胁。这引起了杨广的不安。裴矩给他出主意,建议还是用过去行之有效的方法,从内部分裂突厥。他建议将宗室女子嫁给始毕可汗的弟弟叱吉设,并封其为南面可汗,挑动兄弟内斗,坐收渔翁之利。但令杨广和裴矩失望的是,叱吉设的胆子太小,根本不敢答应,这事也就告吹了。始毕可汗后来知道此事,心中对隋朝产生了怨恨。

接着发生了一件事,更把始毕可汗惹急了。裴矩一计不成又来一计,他向杨广进言说:"突厥人本来很单纯,容易离间。但却有不少狡猾的西域胡人为他们出谋划策,其中一个叫作史蜀胡悉的最为诡计多端,备受始毕可汗信任,必须除掉此人。"杨广同意,让裴矩负责具体实施。

裴矩使诈,派人给史蜀胡悉传话说:"天子大出珍物,今在马邑,欲共蕃内多作交关。若前来者，即得好物。"隋朝皇帝拿出许多珍宝到马邑进行互市，谁要是早来，谁就能先得，来得越早，得到的越多。这显然是裴矩抛出的一个诱饵，史蜀胡悉还真上钩了，"胡悉贪而信之，不告始毕，率其部落，尽驱六畜，星驰争进，冀先互市"。史蜀胡悉没有告诉始毕可汗，带着自己的部众，赶来马邑互市，想着先到先得。裴矩早就做了准备，史蜀胡悉到了马邑，刚准备交易的时候，埋伏在马邑周围的隋军突然一下子冲出来把史蜀胡悉和他的部众全部杀光了。

如果暗中做了，神不知鬼不觉，也不会有多严重的后果。但杨广却大张旗鼓地给始毕可汗写了一封信，说："史蜀胡悉忽领部落走来至此，云背可汗，请我容纳。突厥既是我臣，彼有背叛，我当共杀。今已斩之，故令往报。"意思是说史蜀胡悉背叛始毕可汗，所以我把他杀了。始毕可汗当然不信，对隋朝更为不满，"由是不朝"，从此不再向隋朝朝贡。

杨广就是在这样的情势下开始北巡，大业十一年（615年）八月，他带着后宫嫔妃、文武百官、僧尼道士等出发了，连同护卫部队一共有十几万人。始毕可汗闻讯带着几十万骑兵赶来，他不是来迎接，而是来报复。

杨广一路上心情尚好，浑然不知巨大危险将要降临，直至走到雁门时接到一份密信，才知道大事不好。给他通风报信的是始毕可汗的妻子义成公主。这位公主是隋朝宗室之女，开皇十九年（599年），启民可汗的夫人安义公主去世后，隋文帝将其嫁给了启民可汗。启民可汗去世后，按照突厥的规矩，又嫁给了始毕可汗。她得知了始毕可汗的军事计划，赶紧派使者给杨广送信，告诉他情势危急，不能再往前走了。

杨广接到义成公主密报，吓出了一身冷汗，迅速率部驰入雁门（郡治雁门，今山西代县），齐王杨暕率本部人马进入崞县（今山西原平北崞阳镇）。始毕可汗来势汹汹，很快将雁门郡的四十一座城池攻陷了三十九座，仅余雁门、崞县两城。眼看胜利就在眼前，始毕可汗下令加大攻势，一时间箭如雨下，有些箭矢甚至落到了杨广脚下。

杨广在此之前从来没有遭遇过这样的情况，第一次感受到了死亡的威胁。惊恐之下，抱着最小的儿子赵王杨杲失声痛哭起来，竟然眼睛都哭肿了。群臣们一时不知所措，因为他们从来没有看到过当今皇上哭鼻子，而且哭得如此伤心，谁能想到，曾经志得意满、不可一世的杨广，居然沦落成今天这副模样。

只是眼泪解决不了任何问题，当务之急是如何尽快摆脱困境，但谈何容易。除了敌众我寡外，还有一个更致命的问题，粮草也所剩无几，至多只能维持二十天。换句话说，如果不能在二十日内突围，只能坐以待毙了。

该如何办呢？杨广擦干眼泪将随行的大臣召集起来，让大家商议办法。宇文述第一个站出来建议杨广亲率精锐，杀出重围，突围而去。老臣苏威表示坚决反对，他说："城守则我有余力，轻骑乃彼之所长，陛下万乘之主，岂宜轻动！"皇帝是九五之尊，怎么能冒如此大的风险？况且突厥人精于野战，隋军善于守城，这样做正中敌人下怀，最好的方法还是固守待援。虞世基和民部尚书樊子盖都赞成坚守雁门城，并建议用高官重赏来激励将士，同时保证不再对高句丽用兵，这样才能鼓舞士气，抵住突厥的攻击。

固守待援成为普遍共识，不过，光死守也不是办法。杨广的小舅子内史侍郎萧瑀建议走夫人路线，派人联络义成公主，让她说服始毕可汗退兵。萧瑀一定是受了汉高祖的启发，当年刘邦在白登山被匈奴人围了七天七夜，正是采纳陈平的建议，用重金收买冒顿单于的夫人阏氏，最终才成功突围。萧瑀认为完全可以仿效，更何况义成公主心向大隋，成功的概率很大。

杨广采纳了群臣的意见，一方面派人去做义成公主的工作，另一方面下令各地发兵勤王。为了鼓舞士气，杨广亲自巡视慰问守城士卒，勉励他们道："努力击贼，苟能保全，凡在行陈，勿忧富贵，必不使有司弄刀笔破汝勋劳。"只要能够成功守住城池，富贵的事情不用考虑，一定会重重加赏。并下令"守城有功者，无官直除六品，赐物百段；有官以次增益"。过去没有官职的，可以直接升为六品官，还要赐布匹一百段。如果已经有官职的，从六品的基础上再往上加。

杨广的承诺力度足够大，效果也很明显。"于是众皆踊跃，昼夜拒战，死伤甚众"，军民士气大涨，个个摩拳擦掌，拼死抵抗突厥的进攻，雁门城牢牢掌握在隋军手中。各地援兵接到诏命，纷纷出动驰援雁门，在忻口（今山西新县北）集结。

夫人路线走得也很成功，义成公主见到隋朝使者非常激动，表示一定会想方设法为杨广解围。她派人向始毕可汗报告说"北方有急"，说草原有变，后院起火。始毕可汗明知义成公主所言可能有假，但考虑到雁门守军誓死抵抗，一时半会儿无法攻克，而隋军各路援兵纷纷抵进，再打下去，自己可能被反包围。况且，此战已经让杨广见识到厉害，于是见好就收，下令撤军。

九月十五日，东突厥起兵撤围而去，杨广提到嗓子眼的心终于放下了。不过，虽然消除了危险，但刚从鬼门关走了一遭的杨广却高兴不起来，相反他的情绪坏到了极点。想想上次北巡风光无限，如今连一向臣服的东突厥也反了。如果说征伐高句丽的失败让杨广第一次对自己产生了怀疑，而此次雁门被围，则让他产生了一种深深的失望。这些年来，所有的努力似乎都付之东流，到头来竹篮打水一场空。他没想到，竟然有一天会抱着自己的儿子失声痛哭，杨广的自信心遭受了前所未有的打击，从此开始一蹶不振。

皇帝说话不算数

大业十一年（615年）九月，杨广的车驾到达太原，在这里稍作休整。大臣纷纷劝说杨广尽快返回大兴城，如今天下大乱，当务之急是把京城守好。苏威说："今者盗贼不止，士马疲敝，愿陛下还京师，深根固本，为社稷之计。"不过，杨广对此却显得很犹豫，宇文述察言观色，觉得杨广另有心思，便说："从官妻子多在东都，宜便道回洛阳，自潼关而入。"就是说随从百官的家眷大多在东都洛阳，请陛下先前往洛阳将他们接上，然后由潼关返回大兴城。

杨广正是这个意思，本来就不想回大兴城，宇文述如此说，正中下怀，其他人也不好反驳，于是返回东都洛阳。回到洛阳后，按理说首先要做的是论功行赏，杨广在雁门城许了承诺，现在是兑现的时候了。跟随回到东都的将士们都在盼着这件事，但是由于当时承诺的条件过于优厚，负责操办此事的苏威有不同意见，他说："威追论勋格太重，宜加斟酌"，这样的奖赏，国库很难承担，还要再商议一下。樊子盖不干了，君子之言驷马难追，何况是皇上说的话。如果失信于将士，以后谁还会为朝廷卖命？为此，两人争执了起来，杨广站到了苏威一边，对樊子盖说了一句："公欲收物情邪！"你难道想拿这些赏赐收买人心吗？此言一出，吓得樊子盖再也不敢说话了。

最后的赏赐如何呢？"将士守雁门者万七千人，至是，得勋者才千五百人，皆准平玄感勋，一战得第一勋者进一阶，其先无戎秩者止得立信尉，三战得第一勋者至秉义尉，其在行陈而无勋者四战进一阶，亦无赐。"参加雁门之战的将士一共有一万七千人，最后得到勋位的才有一千五百人，都是比照平定杨玄感的标准：打一仗得第一功的晋升一级，此前没有军职的人仅授予立信尉的职位；打三仗得第一功的授予秉义尉，那些虽然参加战斗但没有立功的人打四仗才能晋升一级。立信尉是个从九品官，这与杨广承诺的从六品起步相去甚远，至于答应给每个人赏赐的一百段布匹，更是一笔勾销。

将士们对此当然非常生气，杨广在雁门城上信誓旦旦，没想到作为皇帝居然言而无信。更让他们感到愤怒的是，杨广当时还答应不会再攻伐高句丽，如今又开始商议征伐事宜，也就是说杨广答应的没有一件事能够办到。

同样感受到杨广过河拆桥的还有他的小舅子萧瑀，当初正是他劝说杨广走夫人路线，才赢得了一线生机。同时也是他劝谏杨广公开宣布不再征伐高句丽，如今杨广又动了远征的念头，首先要扫除的就是萧瑀这个障碍。杨广对群臣说："突厥狂悖，势何能为！少时未散，萧瑀遽相恐动，情不可恕！"杨广倒打一耙，说突厥猖狂侵扰又能怎么样，趁没有解围，萧瑀就恐吓我改变主意，这件事不能宽恕。于是下令将萧瑀贬为河池郡守，并且让他当天就离开京城。

关于雁门之围的后续处置就此结束，杨广成了地地道道的失败者，不仅身陷险境，受到巨大惊吓，以至于从此逃避政事，破罐子破摔，而且让手下的将士寒了心，最终导致了众叛亲离。

下一个感到寒心的是老臣苏威。杨广回到洛阳后，问起各地造反的事情，宇文述一贯粉饰太平，说："盗贼很少，不足为虑。"杨广听后很高兴，又问苏威相关情况，苏威不想说假话，所以藏到一个宫殿柱子后面。没想到杨广执意问他的意见，苏威婉转说道："我不管这件事情，所以不知道盗贼到底有多少，只是担心他们越来越近。"杨广问他什么意思，苏威说："盗贼过去远在长白山一带，现在连荥阳附近也出现了盗贼。"他的回答惹得杨广很不高兴，瞬间变了脸色，其他大臣见状不敢再多说什么。

不久后，恰逢五月初五，按照规矩，百官都要献礼，别人进献的都是珍宝奇玩，只有苏威献上了一部《尚书》，旨在劝诫杨广实施仁政。杨广觉得苏威太扫兴了，对其更感不满。过了不长时间，杨广又问他讨伐辽东之事，苏威建议赦免群聚的盗贼，让他们讨伐高句丽。杨广最烦听到盗贼的事情，苏威这是哪壶不开提哪壶，又一次激怒了杨广。

苏威的倒霉日子很快到来了，御史大夫裴蕴看到苏威屡屡犯上，搞得杨广很不开心。于是，他见风使舵，唆使一个叫作张行本的平民告发苏威，罪状有两条：一是当年苏威在高阳郡主持选拔官员时，利用职权滥授别人官职；二是说苏威害怕突厥，在雁门之围后，一再请求回到京师。裴蕴不出面，指使一个平头百姓诬告苏威，手法实在有些粗糙。张行本哪里会知道苏威滥用职权私授官职，更不可能知道苏威劝

第二十一章　内外交困　269

谏杨广回大兴城的事情，但这并不重要，杨广只需要一个人开口举报即可。

杨广随即下令调查这些事，这不过是走个程序，调查结案时，杨广下诏说："苏威生性热衷于朋党，好为异端，心中怀揣旁门左道，贪图名利，污蔑国家法令，诽谤朝廷官员。多年征伐外国，是为了尊奉先皇的遗志。凡有询问，朝臣们都能毫无保留地陈述意见，只有苏威不表示态度，作为人臣发挥不了应有的作用，怎么能这样呢？"于是解除了他的官职，将他贬为庶民。

过了一个多月，有人告发苏威与突厥勾结阴谋举事，大理寺因此审问苏威。苏威争取主动，表示自己侍奉二朝三十多年，所犯各种错误接连不断，实在罪该万死。杨广见他主动认错，心生怜悯，下令释放他，但苏威从此远离了政坛。

苏威凉了，杨广很快也要凉了。

第二十二章　三下江都

暗战关陇贵族

杨广面对当前的局势已经有了力不从心的感觉，感受到一种前所未有的焦虑。

据史书记载，早在第一次远征高句丽时，杨广已经出现了这样的症状，"每夜眠恒惊悸，云有贼，令数妇人摇抚，乃得眠"，夜里睡觉，总是突然一下子就吓醒了，醒了之后就大喊有贼，得好几个妇女在身边拍着他、摇着他，才能再次入睡。

大业十二年（616年），杨广这个症状更严重了，经常因为一点小事自己吓自己。当年四月，洛阳的大业殿西院发生火灾，杨广的第一反应居然以为是起义军已经打进宫里来了，连滚带爬地跑到宫殿后面西苑的草丛之中躲了起来，直到火彻底扑灭，才战战兢兢地重新回到宫里。

这一年的元旦，对杨广来说是最冷清的一个新年，一个外国使臣都没来，就连各地官员来的也不多，原因是各地起义军的阻隔。看着冷冷清清的朝堂，杨广产生了深深的幻灭感，他觉得自己如此努力，到头来却换了个四大皆空的结局，与其这样，为什么还要努力呢？人生苦短，还不如及时行乐。

如何行乐呢？杨广想到了江都。一贯察言观色的宇文述再次猜中了杨广的心思，建议离开东都前往江都，一览江南美景。杨广想都没想，欣然同意。一些大臣觉得实在太荒唐，如今内忧外患，应该回大兴城重整朝纲，怎么能跑去江南看风景呢？右侯卫大将军赵才进谏说：

"今百姓疲劳，府藏空竭，盗贼蜂起，禁令不行。愿陛下还京师，安兆庶，臣虽愚蔽，敢以死请。"如今百姓穷困，府库空虚，盗贼蜂起，禁令不行，希望陛下能回京都安抚百姓臣僚。言外之意洛阳都不能待了，更别说江都了。杨广听后勃然大怒，下令将赵才关入监狱。

这样的处罚算是轻的。有个小官员建节尉任宗上书极力劝阻，被杨广在朝堂上当众杖杀。另一个奉信郎崔民象上表说，如今天下盗贼横行，皇上不应出游。杨广闻言，怒火中烧，"先解其颐，然后斩之"，先卸掉崔民象的下巴，然后再将其斩杀。

杨广执意要下江都，已经到了人挡杀人、佛挡杀佛的地步。没有人再敢站出来提反对意见，只有来护儿出于忠心劝道："如今天下大乱，不是陛下巡游之时。您应留在洛阳，指挥大军平定战乱。"杨广虽然很生气，但来护儿毕竟是心腹，所以并没有处罚他，但是以一连数日不召见他表达自己的不满。后来杨广怒气稍解，召来护儿入见，对他道："连你都这样想，我还有什么指望？"来护儿不敢再说话了。

杨广对来护儿说的话很有玩味，好像此次决意下江都不是为了散心或逃避，而是在下一盘大棋。不得不说，杨广确实有这方面的考虑。如今天下大乱，反贼四起，接连遭遇了高句丽之败和雁门之围，他觉得已经没有可能恢复原来的局面，如今首先需要考虑的是如何自保。

如何自保呢？在群臣看来，回到大兴城是最佳方案，即使形势再坏，毕竟还可以凭借关中险要地势阻挡起义军。但杨广却不这样认为，他清醒地认识到关中地区对自己的支持力量有限。自从登基以后，他不是四处巡游就是待在洛阳，在大兴城的时间满打满算也就一年的时间。

不仅如此，杨广一直有"重南轻北"的情结。登基以后，重用的大臣除了杨素、宇文述等少数几位外，他更信任在扬州总管时的藩邸旧臣，从文官到武官，杨广提拔了一大批江南人士，其中包括虞世基、裴蕴、来护儿等。这使得隋文帝时代高层政治圈占绝对主流的关陇贵族受到排挤，高颎、贺若弼、宇文弼甚至因"讥讽朝政"而被杀。

事实上，长期以来杨广一直和关陇集团进行暗战，他即位仅一年，即下令大规模兴建东都，建成后迁都洛阳，很大因素是这方面的考虑。长安的关陇本土势力盘根错节，很难铲除。但洛阳不同，地处隋朝中心地带，在这里能够摆脱关陇贵族的束缚，做一个真正的皇帝。

另外，他实行了爵位和勋官改革。在杨广之前，勋官的爵位靠军功来获得，地位很高，关陇集团中很多成员都是勋官，一旦获得爵位，就能享受很多政治和经济方面的优待，因此关陇集团很看重勋官。但杨广继位不久后，就开始对爵位和勋官进行大刀阔斧的改革，勋官变成了一种荣誉称号，附加在勋官上的政治和经济的优待被弱化了，此举极大损害了关陇集团成员的利益。杨广还首创科举进士，中下层地主甚至部分贫寒子弟，从此可通过读书应考登上仕途，目的也是限制和打击昔日豪族垄断政治的局面。另外，杨广凿穿大运河在实现南北沟通的同时，也在一定程度上降低了对关陇地区的依赖。

杨广为什么如此打压关陇贵族？史书上没有给出答案，或许是想摆脱关陇集团的束缚，不愿意皇权被其他家族分享。抑或是因为他的子孙还年幼且懦弱，害怕日后没有人能镇得住关陇贵族，会有人效仿他的父亲杨坚图谋篡位，说到底就是为了维护和加强皇权。

杨广上台后不断削弱关陇集团的影响力，由此引发了关陇集团强烈的反击，典型的例子就是杨玄感叛乱。杨玄感叛乱的时候，站在台上举行誓师大会，他说的第一句话就是"我身为上柱国"，这五个字是有讲究的。因为杨广改革了勋官制度，所以杨玄感这一句话就是要强调自己的身份，唤起关陇集团成员的共鸣，促使一大批关陇人士在这次反叛中站到了杨玄感一边。

因此，在杨广心中江南才是他的安身立命之地。在成为皇帝之前，他经略江南十几年，在这个"福地"夺嫡成功。当年江南叛乱后，为了安抚人心，他在这里采取了一系列措施，赢得了江南士人和百姓的拥护。相比于关中和中原，这里有更多的人支持他，如果能在江南站稳脚跟，最差的结局也会像南朝一样划江而治，如果搞得好的话，甚至可以重整旗鼓，打回中原去，收复所有失地。

杨广决心已下，一方面令王世充抓紧赶制龙舟，因为先前的龙舟在杨玄感叛乱时都被烧毁了；另一方面开始做撤离的准备。宫中的女人太多，不可能全部带走，对于无法随行的妃嫔宫女，杨广特意做了一首告别诗："我梦江南好，征辽亦偶然。但存颜色在，离别只今年。"我做梦都向往江南的美好，随军征讨高句丽只不过偶然兴起而已，你们要好好保养自己美丽的容颜，我明年就会回来。

第一句确实是杨广的心里话，但第二句则是典型的自我安慰了。三征高句丽搞得灰头土脸，以至于要去江南躲避，哪里像他说的那般轻松。此去江南能否还能回来，杨广心里根本没底，后两句算是宽慰这些女子的话。

龙舟准备完毕后，杨广第三次起身下江南，这次规模虽然远不如上两次，但还是带了不少人，包括皇亲国戚、后妃宫女、文武官员、僧尼道士以及禁军骁果等。杨广令代王杨侑留守大兴城，越王杨侗留守东都洛阳，当时他的这两个孙子只有十几岁。如此乱局中，杨广将大兴城和洛阳留给两个未成年的孩子，说明他已经铁了心要放弃北方了。

宇文述死了

杨广此次南巡的情景与以往完全不同，过去是走走停停，饱览沿途美景，各地争相献上美酒美食，他快活得不得了。这次一路走来传来的都是各地造反的消息，还有许多"不解风情"的官员或百姓拦路上书，请求杨广不要南下。半途中，从九品小官奉信郎王仁爱上表以"盗贼日盛"，请求杨广返回大兴城，杨广毫不客气地将王仁爱斩首。走到梁郡（今河南商丘）时，又有百姓上书："陛下若遂幸江都，天下非陛下所有。"杨广觉得国家大事，哪里容得小民插嘴，下令将其砍头。

在前往江都的路途上，有一天夜里，杨广听到一首民谣，歌中唱道："我兄征辽东，饿死青山下。今我挽龙舟，又困隋堤道。方今天下饥，路粮无些小。前去三千程，此身安可保？寒骨枕荒沙，幽魂泣烟草。悲损门内妻，望断吾家老。安得义男儿，焚此无主尸。引其孤魂回，负其白骨归！"

这首名为《挽舟者歌》的歌谣，是以为龙舟拉纤者的口吻所写，歌词大意是：我的兄长征讨辽东，却饿死在青山之下。如今我替皇帝拉纤，又困在隋堤的官道上。现在天下都没有粮食了，我是在饿着肚子往前走，可江都距离还很远，我肯定到不了那里，就会饿死在半路上。死了以后，我的尸骨将被抛撒在荒郊野外，任凭风吹日晒；游荡异乡的孤魂，将在烟雾荒草间哭泣。家中的妻子，将因悲伤而哭坏身体；父母双亲将因盼我归去而望穿双眼。只希望能有个义气男儿，将我这无人认领的尸体焚烧，把我的骸骨运回乡里，将我的亡灵引渡回家。

据笔记小说《海山记》记载，杨广听后派人去找唱歌的人，但始终没有查出来。无论这个故事是真是假，但歌中那种凄凄切切的情绪是真实的，杨广好大喜功、穷兵黩武、骄奢淫逸给百姓带来了极其深重的灾难，这首歌集中抒发了天下民众对暴政的控诉。

虽然各地造反已成星火燎原之势，但一路上心情黯淡的杨广还是顺利到达了江都。刚到不久，又传来一个坏消息，他所倚重的宇文述去世了。宇文述是杨广的老部下，在帮助夺取太子之位中立了大功。杨广登基后，他南征北战，从吐谷浑到高句丽再到突厥，立下不少军功。

虽然能征善战，但宇文述却是一个佞臣，用《隋书》中的话说："君所谓可，亦曰可焉；君所谓不，亦曰不焉。无所是非，不能轻重，默默苟容，偷安高位，甘素餐之责，受彼己之讥。此固君子所不为，亦丘明之深耻也。"只会揣摩上意，一味说杨广爱听的，在治国理政方面不仅没有出过什么好主意，反而还陷害了不少好人。同时，他生性贪婪，疯狂敛财，隋朝走向败亡，其中也有他的"贡献"。

对于宇文述的病情，杨广很是上心，不断派人探问，并打算亲自去看望，后被大臣苦劝才没有去。看到宇文述来日不多，杨广派司宫魏氏问宇文述有无托付之事，"必有不讳，欲何所言？"表示一定满足他的临终心愿。

当时宇文述的儿子宇文化及因为犯法而被削职为民，待在家里无所事事，宇文述最后的请求是："化及，臣之长子，早预藩邸，愿陛下哀怜之。"希望杨广能可怜宇文化及，让他官复原职。杨广听到宇文述的遗言后潸然泪下，说道："吾不忘也。"

宇文述的葬礼搞得很隆重，杨广下诏为之罢朝，并赠宇文述司徒、尚书令、十郡太守，给他一个很不错的谥号——"恭"。并令黄门侍郎裴矩主持公祭，鸿胪寺监护丧事。遵照宇文述的遗愿，杨广重新起用了他的两个儿子，宇文化及为右卫屯将军，宇文智及为将作少监。杨广打死也不会想到，自己最后正是死于宇文兄弟之手，正所谓"天道轮回，造化弄人"。

李密来到瓦岗寨

杨广丢弃北方躲到江都后，天下更是乱成了一锅粥。四处狼烟，遍地烽火，各路义军已经席卷天下。在这些义军中，势力比较大的是翟让和李密领导的瓦岗军，窦建德领导的河北起义军，以及杜伏威、辅公祏领导的江淮起义军。在这三支队伍中，势力最强、影响最大的无疑是瓦岗军。

瓦岗军的创始人叫作翟让，他是东郡韦城（今河南滑县）人。起初担任东郡法曹，后来不知道因为犯了什么罪被判处死刑。狱吏黄君汉认为翟让是条汉子，夜里悄悄对翟让说："天时人事，也许是可以预料的，哪能在监狱里等死呢？"翟让又惊又喜，说："我如今就好比关在圈里的牲口，生死只能听从您的吩咐了。"黄君汉舍命打开枷锁，放了翟让。

翟让再三拜谢，但又担心连累黄君汉，流着泪说："我蒙受您的再生之恩，得以幸免，但您怎么办呢？"没想到，黄君汉生气地说："我本以为你是个大丈夫,可以拯救黎民百姓,所以才冒死来解救你,你怎么却像儿女子弟一样以涕泪来表示感谢呢?你就努力设法逃脱吧,不要管我了!"翟让这才逃走,逃亡到瓦岗(今河南滑县东南)落草为王。

翟让到了瓦岗寨后,很快有两个得力助手来投奔。一个是同郡的单雄信,此人骁勇矫健,擅长骑马使矛,号称"飞将",他还招集一些年轻人前去投奔翟让。另一个叫作徐世勣,字懋功,后改名李勣,他和其他走投无路逼上梁山的人不同,投奔瓦岗不是因为活不下去。恰恰相反,徐世勣家本是富豪,史称其"家多僮仆,积粟数千钟",但他和他父亲徐盖并不是守财奴,而是乐善好施之人,"拯济贫乏,不问亲疏",经常救济贫苦人,不论关系亲疏。

徐世勣来投奔瓦岗军,大概是因为理想,想趁天下大乱干一番大事业。他到了瓦岗寨后,很快便显示出与众不同的才干。徐世勣觉得一直待在瓦岗寨,靠在当地劫掠为生没有什么前途,于是劝翟让说:"附近是您与我的家乡,乡里乡亲,不宜侵扰。宋、郑两州临近御河,商旅众多,去那里劫掠官私钱物非常方便。"翟让觉得有理,便带着人马进入荥阳、梁郡的地界,在运河上劫取公私财物,收益颇丰。有钱就不缺人,前来投奔翟让的越来越多,很快就发展到一万多人。

尽管队伍越来越庞大,但说到底还是靠打劫为生的盗贼,真正让这支队伍发生脱胎换骨的变化,成为真正意义上的起义军,是因为来了一位关键人物——李密。

李密成功逃脱后,先是投奔平原县的义军头目郝孝德,但这位头领是位粗人,对满腹经纶的李密看不上眼,态度上也不恭敬,李密觉得待在这里没前途,于是选择了离开。接下来,李密投奔了王薄的起义军,同样不受待见。他没办法,只能继续漂泊,穷困潦倒,一路上只能以剥树皮、挖草根为生,到了淮阳郡,实在走不动了,只好隐姓埋名,自称刘智远,招收徒弟讲学,做起了讲书先生。

虽然暂时安定下来,但李密志存高远,当下的生活根本不是他想要的,所以心中颇感郁闷,写下了一首五言诗《淮阳感怀》:"金风荡初节,玉露凋晚林。此夕穷涂士,郁陶伤寸心。野平葭苇合,村荒藜藿深。眺听良多感,徙倚独沾襟。沾襟何所为?怅然怀古意。秦俗犹未平,汉道将何冀?樊哙市井徒,萧何刀笔吏。一朝时运会,千古传名谥。寄言世上雄,虚生真可愧。"李密联想到秦末汉初的历史风云,开始羡慕起樊哙和萧何。说樊哙不过是个市井之徒,萧何不过是一个刀笔小吏,但是他们却在历史上留下了自己的名字,以此提醒自己千万要珍惜机会,不能虚度一生。

李密虽然在诗中为自己打气,但如今似乎看不到任何希望。杨玄感不听自己的意见,兵败而亡,同时连累自己失去了施展才干的舞台,想到这些,心里更为悲伤,因此写完这首诗后,竟然痛哭流涕,不能自已。

纸终究包不住火,有人觉得李密根本就不像一个普通教书先生,于是向淮阳太守赵佗告发,赵佗派兵前来捉拿,李密提前听到风声,又一次成功逃脱。李密接着逃到了妹夫丘君明那里避难,丘君明当时任雍丘县令,见到大舅哥来了,顿时吓了一跳。李密是朝廷捉拿的钦犯,丘君明不敢收留他,但又不忍心将他送去官府,只好将李密送到好友王季才那里。

王季才是个游侠,平日就喜欢结交豪杰好汉,因此对李密非常欣赏,不仅收留了他,还把女儿嫁给了他。李密总算安定下来,但好景不长,丘君明的侄子丘怀义告发了李密,官军前来捉拿,正巧李密有事外出不在家,得知消息后赶紧逃跑,又成功躲过一劫。但是他的妻子,以及王季才和丘君明都被诛杀。

李密走投无路,前来投奔瓦岗军。有人知道李密曾经是杨玄感的旧部,便怂恿翟让杀了他,翟让没有听从,下令把李密关押在军营之外。

李密只能自救,他通过瓦岗军将领王伯当向翟让带话说:"当今主昏于上,人怨于下,锐兵尽于辽东,和亲绝于突厥,方乃巡游扬、越,委弃京都,此亦刘、项奋起之会,以足下之雄才大略,士马精勇,席卷二京，诛暴灭虐，则隋氏之不足亡也。"别看李密一直在逃亡，但对天下大势了然于胸。这段话的意思是如今皇帝昏庸，百姓怨恨，在辽东用光了精锐部队，和突厥断绝了友好关系，眼下正在巡视扬州、越州，撇下了洛阳、长安，这也是像刘邦、项羽那样争夺天下的时机。凭您的雄才大略，精兵强将，夺取洛阳、长安，消灭凶残势力，那么灭亡隋朝绰绰有余。

这席话让翟让茅塞顿开，原本只是占山为王，如今李密却给他规划了一个宏伟蓝图，顿时觉得李密是个难得的人才，赶紧把他放了，并进一步征询他的意见，该如何做才能实现这样的目标。李密继而说："今兵众既多，粮无所出，若旷日持久，则人马困弊，大敌一临，死亡无日矣！未若直取荥阳，休兵馆谷，待士勇马肥，然后与人争利。"现在人马已经很多，但是没有地方弄到粮草，如果长久耽搁下去，就会人困马乏，大敌一到，要不了几天我们就会失败。不如直接夺取荥阳，休整部队筹集粮草，等到兵强马壮，然后去跟别人争夺天下。

翟让深以为然，不过李密想法虽好，但要想攻克荥阳并非易事，首先要过隋朝大将张须陀这关。张须陀作战勇猛，曾击溃过不少起义军，翟让也是他的手下败将。翟让听说张须陀前来镇守荥阳，心里颇感畏惧，想放弃原来的计划。李密劝他万万不能撤军，说："须陀勇而无谋，兵又骤胜，既骄且狠，可一战而擒也，吾为公破之。"张须陀是比较勇猛，但是这个人没有谋略。又因为他打了很多胜仗，所以就会很冒进，要想打败他只要稍微排兵布阵就可以。

李密说得轻松，但心里不是很有底，毕竟张须陀熟读兵书，勇猛过人，当年更是以五人之力抵挡住两万多的农民起义军。河北、山东、河南、安徽、江苏等地的起义军无不闻风丧胆，号称隋朝第一名将。不过，狭路相逢勇者胜，李密想着至少先打一仗，大不了再跑一回路。翟让虽然半信半疑，但李密既然这样说了，他也不好再认怂，硬着头皮摆开阵势在荥阳大海寺准备与隋军决战。李密率领数千骑兵埋伏在大海寺北树林内。

张须陀根本不把翟让这个手下败将放在眼里，一声令下，全线出击。翟让的农民军果然立马溃不成军，纷纷丢下武器往回跑。张须陀哪里肯放过这么好的机会，指挥大军紧追不舍。追到北树林时，发现情形不太对劲，就在此时，李密率领伏兵从林中杀出，刚才还是抱头鼠窜的翟让立马掉头冲回来，前后夹击，隋军大败。

张须陀不愧是一员猛将，他力战杀出重围，但见部下仍然被围，立即又拍马杀回。反复几次，救出了很多人，可他身上也中了很多箭。张须陀仰天长叹道："兵败到了这种地步，哪还有脸面见天子呢？"于是下马与敌军交战，力竭后被杀。张须陀战死后，他部下的士兵将领日夜哭泣，数日不止。不败的名将终于败了，而他唯一的败仗却成为他最后的一仗！

翟让主动让贤

这一仗立下头功的是李密，正是他力劝翟让不要退兵，并施展计谋消灭了不可一世的张须陀，李密在瓦岗军中的威望直线上升。此仗过后，翟让让李密单独统领一支队伍，名为"蒲山公营"。李密对这支队伍极为重视，军容严整，令行禁止。李密自己节衣缩食，将金银都分发给部下，因此，人人都愿意为他效命。李密的命运由此发生转折，从走投无路的投靠者变成了和翟让平起平坐的瓦岗军头领。

李密从此在军中发挥了更重要的作用，不久他向翟让提出新的建议，说："昏主蒙尘，播荡吴、越，群兵竞起，海内饥荒。明公以英杰之才，而统骁雄之旅，宜当廓清天下，诛剪群凶，岂可求食草间，常为小盗而已！今东都士庶，中外离心，留守诸官，政令不一。明公亲率大众，直掩兴洛仓，发粟以赈穷乏，远近孰不归附？百万之众，一朝可集，先发制人，此机不可失也！"

这段话的意思是说，如今皇上无道，在吴越一带躲起来，各地竞相起事，全国百姓正闹饥荒。您凭着杰出的才干，统率着骁勇强大的军队,应该平定天下,消灭各处敌兵,怎能躲藏在民间苟且偷生,永远当一个小小的流寇就了事呢?现在东都洛阳的士民百姓,里里外外离心离德,留守京城的官员,政令不能统一。您亲自统率强大的兵众,直接去袭击兴洛仓,散发粮食救济穷苦百姓,各地群众谁不归附?百万人马,一个早晨就能招集起来,抢先下手制服别人,这个时机不能错失!

李密给瓦岗军明确了下一步作战方向,之所以提出进攻洛阳的建议,是因为在李密看来,东都洛阳内部空虚,士兵缺乏训练,没有战斗力。留守东都的隋炀帝之孙越王杨侗年幼无知,士民离心离德。实际掌握大权的段达、王世充等隋朝旧将,勇而无谋,无法控制住局势。

翟让对此的反应有些出乎意料,他既没有采纳,也没有否决,而是说:"仆起陇亩之间,望不至此,必如所图,请君先发,仆领诸军便为后殿。得仓之日,当别议之。"我出身于农民,声望还没到这一步,一定要实现您所讲的目标,就请您率先出兵,我带上各支队伍作为后续力量,夺取兴洛仓后再作商议。

翟让在关键时刻变得谦虚起来,或许是因为李密确定的目标过于宏伟,他自己实施起来确实力不从心,与其这样,不如让李密放手一搏。从这点上看,翟让确实是一个老实人,没有嫉贤妒能,相反给了李密用武之地。

既然翟让这样表态,李密没有了后顾之忧,大业十三年(617年)春天,李密和翟让带领七千名精兵从阳城向北出发,跨过方山(今河南登封北),从罗口袭击兴洛仓,没费什么力气便顺利攻克。然后,"开仓恣民所取,老弱负襁,道路不绝",立即开仓放粮,附近的百姓扶老携幼来领粮食,吃饱肚子后纷纷要求参加瓦岗军,几天之内,队伍扩充到十几万人。

镇守东都洛阳的越王杨侗听闻兴洛仓被占,瓦岗军已经出现在眼皮子底下,于是派遣虎贲郎将刘长恭率领步兵骑兵二万五千人前来讨伐,被李密击败,刘长恭带着残兵败将狼狈逃回洛阳。

李密的声望此时暴涨。在他没有加入瓦岗军之前，这支队伍只是靠打劫为生的盗贼，小打小闹，没有整出什么大动静。而李密有胆有识，目光长远，他加入之后，出谋划策，抢抓战机，仗越打越大，人越打越多，一个胜利接着一个胜利，从瓦岗打到了荥阳，马上要打到洛阳，瓦岗军彻底改头换面，成为实力最强的一支义军。没有李密，就没有瓦岗军的今天。翟让意识到了这一点，李密的才干比自己强太多，如果还想取得更大的战绩，应该让李密统率瓦岗军。翟让于是主动让贤，把头把交椅让给了李密，推举李密当首领，称作魏公。

大业十三年（617年）二月，李密在巩县（今河南巩义）城南郊外设立祭坛，祭天登位，年号称作永平元年，下发的文书落款为行军元帅魏公府。授予翟让司徒官衔，封为东郡公。任命单雄信为左武侯大将军，徐世勣为右武侯大将军，祖君彦为记室，其余的人各按等级授予官职。

长乐王窦建德

再说窦建德的河北起义军。窦建德是贝州漳南（今河北故城）人，他为人非常仗义，是有名的"及时雨"，这并非浪得虚名，在他身上发生了许多感人的故事。

在窦建德年轻时，曾经有个同乡死了父母，家境贫寒无力安葬，当时他正在耕田，听到此事后二话没说，立即放下农活，主动送去办理丧事所需要的全部财物。这样"做好事"的实例一桩又一桩，使得窦建德名声大噪，深得当地人的崇敬。他父亲去世时，送葬的竟然有一千多人。

窦建德走上造反之路，也是因为仗义，这与一个人有关。此人名叫孙安祖，他和窦建德是老乡，杨广第一次征伐高句丽时，征发男丁当兵，窦建德被征召并被委任为二百人长。孙安祖也被征召，但恰逢家里遭了水灾，老婆孩子因饥饿而死。孙安祖以家庭贫穷为由不愿入伍，向漳南县令当面求情，县令不仅不同意，还大发脾气狠狠打他，孙安祖杀死县令，逃跑投奔窦建德。

窦建德收留了孙安祖，但觉得他总躲在自己这里不是长久之计，于是和孙安祖说："今年发生水灾，百姓贫困，但皇上不体恤民情，要亲自到辽东督战，加上往年西征，损伤的元气还没有恢复，百姓疲劳困乏，连年征战，长年在外的人不能回家，如今又要出兵，容易酿成动乱。男子汉大丈夫只要不死，就该建功立业，怎能只去当仓皇逃跑的俘虏啊。高鸡泊面积辽阔，方圆几百里，湖沼上的蒲草又密又深，可以到那里去隐藏起来，找机会出来抢劫，不仅能够养活自己，将来拉起人马，等待时局动荡，必然干出一番惊天动地的大事业。"孙安祖觉得有理，招集引诱逃避征兵和没有家产的，得到了几百人，跑到高鸡泊落草为寇。

与此同时，有个叫高士达的起兵造反，在清河郡一带活动。说来也怪，当时往来于漳南县境的各股盗贼，到处抢劫放火，唯独不到窦建德的家乡骚扰。因此官府推定窦建德跟盗匪们相互勾结，拘捕了他的家属，不论老少都杀掉了。窦建德听到全家被杀光，率领手下的两百人逃跑并投靠了高士达。不久后，孙安祖在内讧中被杀，他原来的数千手下转而投奔窦建德，队伍不断壮大，很快发展到一万多人。

大业十二年（616年），涿州通守郭绚率领一万多人马到高鸡泊讨伐高士达。没和正规军交过手的高士达心里感到慌乱，觉得自己的智慧谋略不如窦建德，就提升他为军司马，把军权全部交给了窦建德。

窦建德迎来了施展军事才能的机会。他没有选择正面硬抗，而是使出了"苦肉计"，假装跟高士达闹矛盾。高士达积极配合演戏，对外宣扬说窦建德叛逃，还拉出一名俘虏来的女人诈说成窦建德的妻子，当着部队的面杀掉。戏演得差不多了，窦建德派人送信给郭绚请求投降，愿意当先头部队，打败高士达来为自己报仇。郭绚信以为真，带着队伍大摇大摆来和窦建德会合。窦建德乘其不备发动突袭，大败郭绚，杀死俘获几千人，得到战马一千多匹。郭绚带着几十个人逃走，窦建德派遣部将一直追赶到平原县,斩下他的首级进献给高士达,窦建德由此一战成名。

很快更大的考验来了,太仆卿杨义臣率领一万多人消灭了张金称的义军后,乘胜来进攻高士达。窦建德和高士达建议说:"数遍隋朝的所有将领,会打仗的只有杨义臣。他刚刚打败张金称来进攻我们,锐气不可抵挡,请带着军队避开他们,使他们想打又打不到,拖他几个月,等隋军将士们疲劳厌倦了,乘机打他个猝不及防,这样才能夺取胜利。如果眼下跟他争高低,只怕抵挡不住。"或许是因为上次窦建德大败郭绚,让高士达觉得隋军也就那么回事,所以没有听窦建德的。

高士达留下窦建德守卫大本营,自己率领精兵迎战杨义臣。初战告捷,更加重了高士达的轻敌思想,居然在阵前纵情喝酒大摆筵席。窦建德得知后非常担心,说:"东海公(高士达)还没有打败敌人就自高自大,灾祸过不了几天就会来了。隋朝的军队乘胜追击,必然打到这里,到时人心震惊恐惧,怕是守不住了。"于是留下部分人马守卫军营,自己带领精兵强将一百多人占据险要位置,以防高士达吃败仗。

果不其然,杨义臣大败高士达,高士达在战场上被杀。窦建德身边的人马听说高士达战死,也都四散逃跑,无奈之下窦建德带着一百多人逃到了饶阳(今河北饶阳)。等杨义臣走后,窦建德重新返回战场,收拾掩埋了跟随高士达战死士卒的遗体,还为高士达举行了葬礼,全军穿起白色的丧服。又招集逃散的士卒,得到几千人,重新组建了队伍,窦建德开始自称将军。

窦建德从此改变了策略,过去义军只要抓住了隋朝官员和当地士绅全都杀掉,但他却反其道行之,对这些人以礼相待。于是,一些州县官员纷纷献城投降,窦建德的队伍得以迅速扩大。大业十三年(617年)正月,窦建德在河间、乐寿两县的交界处设立祭坛举行典礼,自称长乐王,年号就用这年的干支"丁丑",并设置机构委任官吏。

浮浮沉沉杜伏威

最后说说杜伏威、辅公祏的江淮起义军。杜伏威是齐州章丘（今山东省济南市章丘区）人，家里经济条件不好，但他本人也不想着经营谋生之业，以至于"家贫无以自给"，吃了上顿没下顿。杜伏威为了解决温饱问题，选择了一条捷径，直接做了贼人，经常穿壁翻墙偷东西。

辅公祏是杜伏威的生死之交。辅公祏的姑姑家以牧羊为业，看到好兄弟经常饿肚子，辅公祏将姑姑家的羊偷走送给杜伏威改善生活。如果仅仅偷一次很难发现，但架不住辅公祏一而再再而三，最后被姑姑发现了，一气之下去报了官，官府下令捉拿，杜伏威和辅公祏一起逃走。

两人聚了一帮人直接开始了打家劫舍，虽然名声不好听，但至少可以解决温饱问题。这一年，杜伏威只有十六岁，或是因为步入社会早，别看他年龄小，颇有老大的风范，"常营护诸盗，出则居前，入则殿后"，每一次行动总是冲在前面，撤退殿后，在群盗中威望越来越高，最终被推举为首领。

不过，杜伏威觉得这些小打小闹没有前途，当时天下大乱，杜伏威和辅公祏决定去投奔长白山（今山东章丘境内）义军头领左君行。但左君行根本看不起他们，得不到重用的两人离开了左君行，"转掠淮南，自称将军"，到淮南一带劫掠，杜伏威自称将军，开始独立竖起反隋的大旗。

杜伏威在这里打开了局面，手下的人马扩充到上万人。不过，江淮一带隋朝的力量比较强大，起义的队伍也不少，如果不能尽快壮大，就很有可能被吞并或消灭。杜伏威于是想方设法寻找机会去联合和吞并附近的其他起义军。

杜伏威的目光首先瞄向了苗海潮的起义军，这支队伍的人马要比杜伏威和辅公祏多一些。杜伏威派人给苗海潮带话说："你我都苦于隋政，才起兵举事，但是都势单力薄，无法和官军抗衡，要是咱俩联合起来就不用惧怕官兵了。如果你能当头领，我们听你指挥，如果你没这个本事，就听我们指挥。要不然咱俩打一仗，谁胜了谁就做老大。"这番话说得很有水平，既说明了利害关系，言语中又带了些许威胁。苗海潮早听说杜伏威打仗不要命，同时被这席话的气势所镇住，带着自己的全部人马归附了。

不久，另一个义军头领赵破阵也派人来了，不过不是像苗海潮一样请求归附，而是要求杜伏威听他的。杜伏威将计就计，让辅公祏率兵在外严阵以待，他亲自带领十个将士带着牛肉和酒进去拜见。赵破阵非常高兴，拉着杜伏威进入营帐内，举行大宴会并尽情痛饮。杜伏威在席上斩杀了赵破阵，然后兼并了他的队伍。从此，杜伏威实力大增，率军纵横江淮，已经威胁到了江都的安全。江都留守派校尉宋颢前来镇压，杜伏威用计将隋军引入芦苇荡中，放火将宋颢烧死，用火攻大败隋军。

就在杜伏威蒸蒸日上时，没想到却摔了一个不小的跟头。大业十一年（615年）十月，东海李子通率所部万余人来淮南投靠杜伏威。李子通原本是义军左相才的部下，但是因为能力比较强，被左相才所嫉妒，待不下去便率部来投奔杜伏威。

杜伏威看到队伍一下子多了一万多人，非常高兴地接纳了李子通。但李子通是个胸有大志不肯屈居人下的人，他想吞并杜伏威的队伍，自己做老大。于是找了一个机会，突然发动兵变，杜伏威措手不及，在李子通的追杀下身负重伤。关键时刻，杜伏威的养子兼大将王雄诞背负他藏匿到芦苇丛中，侥幸躲过了追杀。

屋漏偏逢连夜雨，就在杜伏威养伤期间，隋军前来进攻，杜伏威无法亲自指挥，结果被隋军大败。其部将西门君仪的妻子背着杜伏威夺路而逃，王雄诞领着敢死队拼命断后，杜伏威这才逃得一命。

经过这两次死里逃生，杜伏威元气大伤，身边只剩下千把人，不得已只能躲进山里，四处游击，不断吸收流民加入以扩充势力。经过半年的恢复，杜伏威又有了数万人，控制了江都附近的六合作为根据地。

大业十二年（616年），杨广离开洛阳前往江都，杜伏威部正好就在江都眼皮底下，为了保证杨广出巡安全，隋朝派出虎牙郎将公孙上哲率军前往镇压。双方在盐城（今江苏盐城）大战一场，结果公孙上哲部被全歼。朝廷并不甘心，誓要拔掉杜伏威这颗"眼中钉"，随后，派遣大将陈棱带八千精锐进行讨伐，陈棱的军队训练和器械远强于杜军，杜伏威连连失利。但陈棱兵力不多，无法彻底剿灭杜伏威，双方打成僵持局面。

当年发生了灾荒，老百姓先是吃树皮树叶，后来竟然煮土为食，"诸物皆尽，乃自相食"。大量百姓揭竿而起，杜伏威乘机吸收了大批饥民，势力迅速膨胀。杜伏威与陈棱强弱之势由此发生倒转，于是杜伏威主动挑战。陈棱知道战局不利，因此龟缩不出。杜伏威采取激将法，"遗棱妇人之服以激怒之，并致书号为'陈姥'"，派使者给陈送了一套妇女衣裳和一封信，信中称呼陈棱为"陈姥"，就是陈老太太的意思。

陈棱果然被激怒，发兵攻打杜伏威，这正是杜伏威求之不得的。这一仗打得十分激烈，杜伏威亲自上阵，一马当先，但却被一员隋将暗箭射中，鲜血直流。杜伏威大怒道："不杀了你，箭矢不拔！"然后径直冲杀过去，将发箭的那个射手斩于马下。然后提着此人的首级杀入敌阵，连续杀了几十人，隋军士气大挫，最后全军覆没。陈棱单骑逃回江都，杜伏威趁势扩大战果，占据了高邮、历阳等重镇，并在历阳自称总管，封辅公祏为长史。

杜伏威号令所到之处，江淮间各路小起义军争相归附，郡县纷纷投降。"尽有江东、淮南之地，南接于岭，东至于海"，成为隋末起义军中实力较强的一个。

第二十三章　李渊起兵

真假"桃色事件"

四处的烽火让在江都的杨广烦心不已。大业十三年（617年）七月传来的一个消息，让他更加感到愤懑，甚至有些绝望。这个噩耗是在晋阳的太原留守李渊也起兵造反了。杨广之所以如此激动，是因为他和李渊不仅是君臣，还是亲戚。他的母亲和李渊的母亲是亲姐妹，都是独孤信的女儿，换句话说，他们是表兄弟。

李渊的出身很显赫，他的祖父李虎是西魏的八柱国之一，被封为唐国公。父亲李昞袭封爵位，是北周的御史大夫、安州总管、柱国大将军。只不过，李渊七岁时父亲就去世了，他袭封为唐国公。隋朝建立之初，隋文帝任命李渊为千牛备身，也就是皇帝的禁卫武官。由于特殊的身份，隋文帝对这个外甥很器重，照顾有加。李渊和杨广年龄相仿，常有来往。

李渊历任谯（今安徽亳州）、岐（今陕西凤翔）、陇（今陕西陇县）三州刺史。这应该是隋文帝有意为之，让他辗转多地进行历练。杨广登基后，李渊先后做了荥阳（今河南荥阳）、楼烦（今山西静乐）两个郡的太守，后来又被征入朝任殿内少监。后又调任卫尉少卿，掌管宫廷禁卫事，开始由文官转任武职。

杨广征伐高句丽时，李渊受命督运粮草。杨玄感发动叛乱后，他奉杨广之命镇守弘化郡（今甘肃庆阳）。李渊这个人好交朋友，"倜傥豁达，任性真率，宽仁容众，无贵贱咸得其欢心"。为人洒脱，性格开朗，待人宽容，无论贵贱之人都得其欢心。在弘化郡，李渊广交天下豪杰,这引起了杨广的猜疑。

有一次杨广出巡途中,召李渊到行宫觐见,李渊因病没有去,这让杨广大为不满。恰好李渊的外甥女王氏在后宫做妃子,杨广问王氏:"你的舅舅怎么迟迟不来?"王氏回答说李渊病了,杨广追问:"病的要死了吗?"这话传到李渊的耳中,让他顿时感到后背发凉,深感恐惧,"因纵酒沉湎,纳贿以混其迹焉",为了自保搞起了"自污",不仅天天无节制地饮酒,而且拼命地收受贿赂。

李渊这样做,效果还算不错。大业十一年(615年),李渊调任山西河东慰抚大使,就在这一年,发生了杨广雁门被围事件。由于李渊离得近,所以在各路勤王大军中到得比较早,因为表现突出,杨广暂时打消了对他的猜疑,李渊得以升为右骁卫将军。大业十三年(617年),李渊正式任太原留守、晋阳宫监,成为这一地区最高的军政长官。

关于李渊为什么会起兵,根据后来唐朝的史料记载,李渊原本并不想造反,主要是因为次子李世民不断的规劝和运作,才使得李渊下定了起事的决心。

李世民是如何运作的呢?史料记载,他看到天下烽火四起,认定隋朝灭亡已成定数,觉得是时候起兵造反、逐鹿中原了。但是单凭他的力量不可能做成这件事,必须要说服父亲李渊。只是谈何容易,除了君臣之义,李渊还是杨广的表哥。就在李世民犯难时,有个人给他出了主意,此人叫作刘文静,当时任晋阳县的县令。

史书上说刘文静"伟姿仪,有器干,倜傥多权略",不仅长得帅,而且很有才干,非常善谋略。他觉得李世民与众不同,是能做大事的人,对左右说:"非常人也。大度类于汉高,神武同于魏祖,其年虽少,乃天纵矣。"李世民豁达大度,神武雄豪,是汉高帝、魏太祖一流的人物,对其非常看好。

刘文静赏识李世民,投桃报李,李世民对他也很尊敬。刘文静因与瓦岗军头领李密有姻亲关系,受到牵连,被关进了监狱。李世民认为刘文静可以共谋大事,便去狱中探望,并向他询问对时局的看法。

刘文静说："天下大乱了，只有商汤、周武王、汉高祖、光武帝之才方能平定。"李世民对此说道："卿安知无？但恐常人不能别耳。今入禁所相看，非儿女之情相忧而已。时事如此，故来与君图举大计，请善筹其事。"这番话很有意思，李世民说你怎么知道没有，只是你没有看出来而已，话里话外是说自己有这样的才能，所以想听听刘文静的真知灼见。

刘文静看到李世民态度真诚，敞开心扉说："今李密长围洛邑，主上流播淮南，大贼连州郡、小盗阻泽山者，万数矣，但须真主驱驾取之。诚能应天顺人，举旗大呼，则四海不足定也。今太原百姓避盗贼者，皆入此城。文静为令数年，知其豪杰，一朝啸集，可得十万人，尊公所领之兵，复且数万，君言出口，谁敢不从？乘虚入关，号令天下，不盈半岁，帝业可成。"如今李密围攻洛阳，皇帝远在淮南，各地义军数以万计，跨州连郡、阻碍山泽。如能顺天应人，高举义旗，则天下不难平定。而今避乱的百姓都来到太原城中，一旦聚集起来，可得十万之众，令尊所领之兵也有数万，君言出口，谁敢不从？到时乘虚入关，号令天下，不到半年，帝业可成。李世民对这次沟通非常满意，"君言正合人意"，古有隆中对、汉中对，这次可以称之为"狱中对"。

但如何才能说服李渊呢？刘文静给李世民推荐了一个人，此人叫作裴寂，时任太原宫监。他和李渊的关系很好，经常在一起喝小酒，如果能让裴寂出面，成功的可能性比较大。

李世民知道裴寂有个弱点，便是喜欢赌博，便私下拿出数百万钱财，交给龙山县令高斌廉，让其在赌博时故意输给裴寂。就在裴寂赢了钱心情大好的时候，李世民找到裴寂，告诉他这些钱是专门让高斌廉输给他的，希望裴寂能帮一个忙，接着以实情相告，"寂即许诺"，裴寂很爽快地答应了。

于是，历史上非常著名的一出"桃色事件"诞生了！

裴寂邀请李渊宴饮，喝得很开心，不知不觉李渊就喝高了。等李渊醉倒在床上后，裴寂偷偷将两名宫女送进寝室，陪李渊过夜。第二天清晨，李渊酒醒后发现身边躺着两个宫女，顿时吓出一身冷汗。因为晋阳宫是杨广的行宫，宫女是皇帝的女人，如今李渊睡了宫女，那可是杀头的大罪。

李渊喝得"断片"了，赶忙将裴寂找来，劈头盖脸地斥责了他一番，责问他为什么要陷害自己。裴寂乘势说："二郎密缵兵马，欲举义旗，正为寂以宫人奉公，恐事发及诛，急为此耳。今天下大乱，城门之外，皆是盗贼。若守小节，且夕死亡；若举义兵，必得天位。众情已协，公意何如？"二郎说的是李世民，裴寂说李渊这位二儿子暗中招兵买马，欲行大事。我私自让宫女侍奉您，如果事情泄露，一定会被皇帝诛杀。如今天下大乱，盗贼遍布天下。若守小节，难免一死，若举义兵，必能成事。您意下如何？李渊的答复说："我儿诚有此计，既已定矣，可从之。"既然生米煮成熟饭了，也就只能这样了。

李渊不是窝囊废

李渊果真是因为中了裴寂和李世民之计才下定起兵的决心吗？这里面要打一个大大的问号，这样说，有些太小瞧唐朝开国皇帝李渊了。

首先李渊并不是一个胆小怕事的窝囊废，《旧唐书》里记载了一件事：有史世良者，善相人，谓高祖曰："公骨法非常，必为人主，愿自爱，勿忘鄙言。"相传李渊年轻的时候，找到当时有名的方士史世良测算，史世良说他骨法和常人不一样，日后必定会建立属于自己的王朝，希望李渊能好好保护好自己。面对如此觊觎之语，李渊并没有感到恐惧，相反，"高祖颇以自负"。

事实上，李渊不仅不是窝囊废，反而是个有勇有谋之人，他的箭法相当了得，留下了"雀屏中选"的典故。北周的上柱国窦毅要嫁女，但他认为自己的女儿不是等闲之辈，不仅相貌美丽，又有学识，必须要嫁给一个出色的夫君。于是在选婿时想了一个办法：让人在门屏上画了两只孔雀，凡是两箭各射中一只孔雀眼睛的，就招为女婿。前边几十人都没有射中，到李渊这儿两箭都射中了。窦毅欢喜不已，便将女儿嫁给了李渊，窦氏后来生下了李建成、李世民等出类拔萃的儿女。

还有一次，李渊率领十余人与数千盗匪相遇，他临危不惧，连射七十余箭，竟然无一虚发，盗贼们见状惊恐万分，四散而逃。

其次，李渊对皇位并非没有想法，民间一直流传着一个叫作"唐公阿婆"的故事。一次宫廷宴会上，杨广看到李渊的脸上皱纹多，便戏称李渊是"阿婆面"。李渊听后非常不开心，回家后也神色沮丧。窦氏感到奇怪，询问李渊原因，他沉默良久，才说："皇帝看着我说我是'阿婆面'。"窦氏闻言，马上贺喜道："这是值得庆贺的事。您继承的是唐国公爵位，'唐'便是'堂'，'阿婆面'就是指'堂主'啊！"窦氏暗指李渊将来要做皇帝，取代杨广。李渊听后，大为喜悦。不过，这个故事正史上没有，只是记载在《唐语林》里的《贤媛》中，真实性不太好说。

事实上，李渊一直以来是有野心的，正史上多有此类的记载。其一是李渊在担任河东抚慰使时，他的副使对他说："今玉床摇动，帝座不安，参墟得岁，必有真人起于其分，非公而谁乎！主上猜忌，尤忌诸李，金才既死，公不思变通，必为之次矣。"劝他早做打算，抓住时机取杨广而代之。李渊什么态度呢？"帝感其言"，深以为然，非常赞赏。

其二是李渊获任太原留守后，对李世民说："唐本就是我的封国，太原作为唐所在之地，这就是天赐良机，赐予却不取，灾祸将会来临。"这话说得再明白不过了，已经有了起兵的意图和想法。李渊并没有停留在口头上，还付之于行动，在镇压各路义军的过程中，他招降纳叛，并授意长子李建成在河东"潜结英俊"，让李世民也在晋阳暗中结交豪杰，招纳逃亡之人，网罗各种人才，为以后举事储备人才。

其三是李渊担任殿内少监，和宇文述的儿子宇文士及关系很好，彼此视对方为知己。李渊称帝后，宇文士及前来投奔，李渊对身边人说:"此人与我言天下事,至今已六七年矣,公辈皆在其后。"就是说宇文士及是和他讨论改朝换代的第一人。如果按照李渊所说,往前推六七年,还是大业九年(613年)左右,李渊在那时就有了篡位的想法。

太原城头竖反旗

李渊之所以没有如李世民那般着急,是因为他已经年过五十,做事更加沉稳,想着等万事俱备时再揭竿而起。在此之前,他必须要稳定后方。李渊曾说:"历山飞不破,突厥不和,无法经邦济时。"历山飞是一支义军,头领是魏刀儿,有十万之众。李渊到任以后,首先带兵在雀鼠谷击溃了活动于太原以南的历山飞别将甄翟儿部,稳定了山西的局势。

只是突厥人不好对付,李渊派副留守高君雅和马邑太守王仁恭出兵,却吃了个大败仗。消息传到江都,杨广大怒,派使者到太原下令斩杀王仁恭,让李渊去江都说清楚。这引发了李渊的巨大不安,不知道杨广会如何处罚,但无论如何,离开了自己的根据地,到了江都任杀任剐都是杨广说了算。

就在这个时候,李世民劝自己的父亲说:"今主昏国乱,尽忠无益。偏裨失律,而罪及明公。事已迫矣,宜早定计。且晋阳士马精强,宫监蓄积巨万,以兹举事,何患无成?代王幼冲,关中豪杰并起,未知所附,公若鼓行而西,抚而有之,如探囊中之物耳。奈何受单使之囚,坐取夷灭乎!"

意思是说,如今的朝廷昏乱,为这样的国君效忠没有任何意义,本来是父亲的手下打了败仗,却召您去问罪。现在的形势很危急,希望早下决心。太原兵强马壮,晋阳宫囤积了大量物资,以此举事,何愁不成功?起兵后直扑关中,镇守大兴城的代王杨侑,不过是一个十多岁的孩子,现在关中豪杰并起,但还没有一个领导核心,如果我们打过去,会成为最强的一支力量。到那时候,夺取天下就如探囊取物,为什么要去江都做囚犯，坐以待毙呢？

　　本来就有反意的李渊认为这话很有道理，于是决定造反。但就在将要举事时，恰好杨广派来使者传命赦免李渊和王仁恭，让他们官复原职。李渊得到赦免后，心里又有些犹豫，但箭在弦上，不得不发，身边的人都劝他起兵，李渊终于"雄断英谟，从此遂定"。

　　尽管决心已下，但李渊并没有贸然举事，而是做了几件事。一是大力募兵，作为太原留守，李渊手下有几万兵马，但想拿下大兴城远远不够。不过作为朝臣，公开募兵会被人怀疑，需要找一个合理的借口。正巧赶上担任鹰扬府校尉的刘武周起兵反叛，杀掉了马邑太守王仁恭，在突厥人的帮助下，进占了汾阳宫。李渊便以收复汾阳宫为由派李世民、刘文静、长孙顺德以及刘弘基到各地募兵，一个月后便召集部众数万人。二是召回诸子，当时李渊和李世民在太原，长子李建成、四子李元吉都在河东，李渊派密使召他们暗中潜回太原，一起共谋起事。三是制造舆论，为了激发民众反隋的情绪，李渊指示刘文静伪造杨广的诏令，说"发太原、西河、雁门、马邑人年二十已上，五十已下悉为兵，期以岁暮集涿郡，将伐辽东"。矫诏一出，顿时民怨沸腾，"由是人情大扰，思乱者益众"。

　　办完这三件事，李渊决定动手了。为了一举成功，还有一件事必须要做，便是除掉杨广安插在太原的耳目，主要是太原副留守王威和高君雅。此时他们也嗅出了不同的味道，看到李渊招兵买马，怀疑李渊要造反。两人和好友武士彟一起喝酒聊天，流露出了这样的情绪，说："刘弘基、长孙顺德都是征高句丽时的逃兵，怎么能让他们前去征兵？我们准备逮捕审讯他们。"

　　武士彟是中国历史上唯一女皇帝武则天的父亲，原本是一个经营木材生意的商人，曾经参与东都洛阳营建。杨广大规模征兵，武士彟弃商从戎，参军入伍，在鹰扬府做一名队正。后来认识了李渊，两人很投脾气，成为好友。李渊当上太原留守后，武士彟成为留守府中主管军事装备的幕僚。或许是因为长期做生意的缘故，武士彟头脑极为灵活，情商很高，左右逢源，因此和王威与高君雅关系处得也不错。

　　武士彟一听两人说的话有些不对劲，预感到双方矛盾很深，需要自己选边站队。他当然会站到李渊一边，于是答道："此并唐公客也，若尔便太纷纭。"他们如今是唐公（李渊）的门客，如果这么做，会有麻烦。王威和高君雅听他这么一说，并没有立即动手，这为李渊赢得了时间。

　　不过，随着时间的推移，王威、高君雅感到气氛越来越不对，觉得李渊很快就要图谋不轨。此时正赶上大旱天气，李渊父子想要到晋祠求雨，两人密谋趁李渊父子到晋祠祈雨时除掉他们，向杨广邀功请赏。只是保密工作做得太差，不知是有意还是无意，将密谋透露给另外一个好朋友晋阳乡长刘世龙。刘世龙虽然与王威、高君雅交往频繁，但觉得跟着李渊更有前途，于是向李渊告发。李渊、李世民先发制人，让人指控王威、高君雅二人暗中勾结突厥，引突厥入寇中原，以此为由将二人囚禁，恰巧数万突厥军队进攻晋阳，李渊立刻下令将二人斩首。

　　杀掉两人后，李渊在太原誓师，正式起兵，发布了声讨杨广的檄文，斥责杨广"巡幸无度，穷兵极武，喜怒不恒，亲离众叛"，让天下老百姓都活不下去，导致天下大乱。"十分天下，九为盗贼。荆棘旅于阙廷，豺狼充于道路，带牛佩犊，辍耕者连孤竹而寇潢池；锄耰棘矜，大呼者聚崔苻而起芒泽。"李渊表示起兵是替天行道，而不是想篡位，只是试图重现大隋的辉煌。

　　李渊知道要想成功，还有一件事必须处理好，便是与突厥的关系。突厥经常侵扰，李渊对其没有太好的办法，几次派兵出战都没有占到任何便宜。如果直扑关中，突厥从背后打过来，腹背受敌，后果不堪设想。

　　刘文静建议不如与突厥联合，这样既消除了外患，又增加了实力。李渊于是派遣刘文静出使突厥，刘文静见到始毕可汗后说："如今天下大乱，唐公为国家近戚，担心皇室毁灭，故此起兵。唐公希望与可汗兵马一同进入京师，到时百姓、土地归于唐公，财帛和金宝归于突厥。"面对如此的诱惑，始毕可汗动心了，当即命大将康鞘利率二千骑兵随刘文静南下，又献马一千匹。

李渊派遣刘文静安抚突厥后，决定西进，杀向关中。他命四子李元吉为太原太守，留守根据地，自己带着李建成、李世民以及三万精兵，从晋阳出发，直奔大兴城。表面上打着"志在尊隋"的旗号，宣布尊立杨广的孙子代王杨侑为帝。

一封书信搞定李密

镇守大兴城的代王杨侑听说李渊起兵，并且率部西进的消息，立即做出了部署。派遣虎牙郎将宋老生率精兵两万屯霍邑（今山西霍州），左武侯大将军屈突通领骁果数万人屯河东，阻击李渊军南下。

在进军途中，李渊接到了一封非常重要的信件，来自李密。李密和翟让率领瓦岗军夺取兴洛仓后，实力大增，威逼洛阳。李密让手下的大笔杆子祖君彦写了一篇檄文——《为李密檄洛州文》，这篇檄文堪称经典，引经据典，酣畅淋漓地揭露了杨广的种种罪行。具体说来，杨广有十大罪状，不论是真的还是假的，一股脑儿都算到杨广的头上。文章写得恢宏磅礴，尤其是"罄南山之竹，书罪无穷；决东海之波，流恶难尽"两句，更是脍炙人口，还衍生出了"罄竹难书"这个成语。

檄文发布后，极大鼓舞了瓦岗军的斗志，李密率部屡破隋军，几次将负责洛阳守卫的隋军将领王世充击败。特别是在夹石子河之战中取得大胜，搞得王世充只带着一些残部逃跑。但是就在形势大好时，瓦岗军内部却出现了分裂，主角是李密和翟让。

在此之前，翟让主动让贤，甘做绿叶，让李密当了大头领，表现得很大度，两人之间配合得也不错。但随着瓦岗军的不断壮大，已经有了问鼎中原的机会，便发生了一些微妙的变化。虽然退居二线的翟让没什么想法，但他的亲友和手下开始觉得不甘心。

翟让的部将王儒信劝翟让自任大冢宰，这个职位是百官之长，相当于宰相，管理所有的事务，把让给李密的权力夺回来。翟让并没有听从，他始终认为李密是领导瓦岗军的最佳人选。翟让的哥哥翟弘是个粗人，好功名利禄。他对翟让说："在瓦岗军中，你的功劳最大。天子你可要自己当，怎么可以让给别人？"翟让听后哈哈大笑，也没怎么当回事。但是这些事被李密安插在翟让身边的亲信得知，告诉了李密。李密听说后，很是恼火，对翟让产生了猜疑。

就在此时，有人出来火上浇油。此人是左长史房彦藻，也就是李密的秘书长，曾经受到过翟让的斥责，记恨在心，在李密面前说了很多翟让的坏话。有一次，他对李密说："翟司徒责怪我，说：你上次攻破汝南，得到不少金银财宝全部都给魏公（李密）手下了，一点儿都不分给我的手下。要知道李密是我一手推立的，还不知道以后怎么样呢。"

房彦藻说中了李密的痛处，李密很清楚翟让是瓦岗军的创始人，虽然让出了第一把交椅，但在军中非常有影响力，只要翟让在瓦岗军中振臂一呼，他的权力就随时可能被拿回去。于是，李密问房彦藻该如何是好，房彦藻说："翟让刚愎贪婪，有无君之心，应早图之。"

李密由此下定决心除掉翟让，他采用了鸿门宴的方式。大业十三年（617年）十一月十一日，翟让应邀带着兄长翟弘、侄子翟摩侯到李密住处参加宴会，并让虎将单雄信、大将徐世勣等人站在身后护卫。李密看到翟让有所准备，不好下手，便说："我与翟司徒和几位高官喝酒，不需要这么多人，只留下几个使唤的人就行了。"房彦藻在旁边帮腔说："大家在一起是为了喝酒取乐，天这么冷，司徒（翟让的官衔）的随从人员也喝点酒、吃点饭吧。"

翟让认为李密不会暗害自己，于是让随从都出去喝酒吃饭了。宴会开始之前，李密拿出一张好弓给翟让看。翟让接过弓，刚刚把弓拉满，李密手下的武士蔡建德就从翟让身后砍了一刀，翟让顿时倒在了血泊中。接着，翟弘、翟摩侯、王儒信都被杀了。徐世勣想跑，结果被守门的士兵砍伤脖子。单雄信看到形势不对，跪下来磕头哀求饶命。

李密见目的已经达到，觉得当务之急是稳定军心，于是说："我与各位一起兴起义兵，是为了除暴安良。司徒却独断专行、贪婪暴虐、凌辱同僚、对上无礼。只杀他一家人，请你们不要干涉。"他不仅口头上说，还做了做样子，让人把徐世勣扶到自己的营帐里，亲手为他包扎伤口，又独自一个人骑着马进入翟让的军营去稳定军心。虽然瓦岗军最终没有出大乱子，但李密杀掉无辜的翟让，使得瓦岗军内部出现了嫌隙，搞得人人自危，为以后的败亡埋下了祸根。

李渊为什么会给李密写信？是因为他起兵后，觉得自己的势力还不够，而此时瓦岗军风生水起，处于最强盛的时候。于是他想着与李密建立联系，让他别为难自己，关键时刻还希望李密能伸以援手。因此，在信中李渊主动示弱，说自己只反杨广，没有夺取天下的意思，这一点请李密理解，顺带还给李密戴了不少高帽。

李密读了李渊的来信后很高兴，让祖君彦起草了回信，大谈同姓之谊，"与兄派流虽异，根系本同"，就是说两人五百年前是一家，"自唯虚薄，为四海英雄共推盟主。所望左提右挈，勠力同心，执子婴于咸阳，殪商辛于牧野，岂不盛哉！"意思是自己虽然不才，但却被天下英雄推为盟主，希望李渊能归顺他，一起灭掉隋朝。

李渊觉得如何呢？"密妄自矜大，非折简可致"，李密实在过于狂妄，这种人，不是轻易能对付的。他对左右说："吾方有事关中，若遽绝之，乃是更生一敌；不如卑辞推奖以骄其志，使为我塞成皋之道，缀东都之兵，我得专意西征。俟关中平定，据险养威，徐观鹬蚌之势以收渔人之功，未为晚也。"现在关中正有战事，若马上断绝了和他的来往，就是又树了一个敌人，不如用阿谀奉承之语吹捧他，使他心志骄横，让他替我挡住成皋之道，牵制东都之兵，这样我就可以专心一意地进行西征了。待到关中完全平定以后，咱们依据险要之地，养精蓄锐，慢慢地观看鹬蚌之争以坐收渔人之利，也并不晚啊。

李渊决定继续恭维李密，好让他更加自满，替自己挡住中原的隋军。回信中，李渊尊称李密为"大弟"，拍马屁说："天生烝民，必有司牧。当今为牧，非子而谁！"天生百姓，必须要有统领的君主，而当今天下，这个人除了你还有谁？李渊还写道："老夫年逾知命，愿不及此。欣戴大弟，攀鳞附翼，唯弟早膺图箓，以宁兆民！宗盟之长，属籍见容，复封于唐，斯荣足矣。"说自己已年老身衰，只盼李密早日夺取天下，成就帝业后，若能恢复自己唐公的封地爵位，便感激不尽。

李密果然对此很受用，李渊的一番吹捧让他觉得飘飘然，拿着回信给僚佐们看，并说："连唐公都这样推举我，这天下很容易就平定了！"答应不阻拦李渊向关中进军，并决心继续与洛阳隋军死磕。李渊几句恭维话就将李密稳住，让其拖住洛阳一带的隋军，他自己可以放心地向关中进发了。

宋老生和屈突通

李渊想要进入关中，首先要打掉宋老生和屈突通这两个拦路虎。宋老生并不好对付，此人武力超强。不过，比宋老生更难对付的是天气，时值七月，进入雨季，连日阴雨，道路泥泞难行。李渊不得已只好下令队伍停下来，很快后勤补给就出现了问题，军粮难以接济上。此时传来一个更坏的消息，说突厥和刘武周联手准备攻打晋阳，当时刘文静出使突厥还未回来，这个消息的真伪不得而知，但却在军中引发了极大的恐慌。

是进是退，李渊必须拿一个准主意，他把裴寂、李建成、李世民召集到一块，开了一个紧急会议。会议的主题是要不要先撤兵回太原，待日后战机成熟，再发兵攻打长安。裴寂首先表态，他说："宋老生、屈突通连兵据险，未易猝下。李密虽云连和，奸谋难测。武周者，事胡也。太原一方都会，且义兵家属皆在太原，不如还兵救之。更图后举。"如今前面有宋老生和屈突通据险死守，一时半会很难拿下。李密虽然表面上和我们合作，但此人城府很深，下一步如何很难说。而近来军中又盛传突厥人与刘武周联兵南下，未知虚实。太原是我军的大本营，将士的家眷都在那里。不如回师先守住太原，以后再徐图大事。

裴寂这样一说，更加重了李渊的恐慌心理，开始琢磨如何退兵。这个时候，李世民不干了，他说："今禾菽被野，何忧乏粮！老生轻躁，一战可擒。李密顾恋仓粟，未遑远略；武周与突厥外虽相附，内实相猜。武周虽远利太原，岂可近忘马邑！本兴大义，奋不顾身以救苍生，当先入咸阳，号令天下。今遇小敌，遽已班师，恐从义之徒一朝解体，还守太原一城之地为贼耳，何以自全！"前几句逐条回复了裴寂所担心的情况，一是眼下正值收获季节，遍地都是庄稼，不用担心断粮；二是宋老生急躁轻浮，一战便可将其生擒；三是李密一门心思守着东都粮仓，不可能南下攻打我们；四是刘武周虽然表面依附突厥，但内心却和突厥人相互猜忌。他虽然贪图太原，但更怕马邑被突厥抄了后路。

李世民最后几句说得尤其精彩，我们之所以起兵举义，目的就是为了拯救苍生！如今为了小小的挫折就班师回去，恐怕义军会随时解体。到时候我们固然据守太原，但那跟盗匪又有什么区别呢？李世民的意见，获得了大哥李建成的支持，《资治通鉴》里说"建成亦以为然"。

尽管李世民说得慷慨激昂，但李渊没有立即采纳。其实也好理解，毕竟太原实在太重要了，如裴寂所说，万千将士的家眷都在那里，万一老巢被端，就会沦为丧家之犬。李世民的话虽说也有几分道理，但是他太年轻了，许多事情不能仅凭年轻人的热血，还是要考虑得更加周全。

李渊最后决定采纳裴寂的建议，回师太原，命令前锋为边后卫，后卫改前锋，掉转枪头，向太原城进发。李渊下达命令之后，已经天黑，就去睡觉了。李世民无法入睡，数月之中呕心沥血促成的举义大事，就这样功败垂成，毁于一旦，他心急如焚，来到父亲李渊的营帐，在帐外发声大哭。

李渊召李世民进帐，问他为何痛哭，李世民说："今兵以义动，进则战克,退还众散。退散于前,敌乘于后。死亡无日,何得不悲?"如今我们以仁义起事,进则必胜,退则必败,如果全军溃散,敌人乘机进攻,就离死不远了,想到这里因而悲痛。李渊听李世民这么一说,觉得很有道理,退兵很容易溃散,只有往前打才有活路。于是决定停止回师,继续前进。

人助者天助,过了一段时间,雨也停了。李渊率军来到霍邑,他最担心的是宋老生据险防守而不出战,本来后勤补给就很困难,很难继续耗下去。但李建成、李世民认为宋老生有勇无谋,略施小计,便能引他出战。他们请李渊带一些人在城下辱骂宋老生,估计用词很脏,宋老生不堪受辱,率军出战,双方很快陷入混战。

宋老生指挥军队猛冲,直指李渊。敌人来势汹汹,李渊不得不后退。李世民一看情势危急,从南面率领两千骑兵前来助战。由于事出突然,宋老生的军队顿时乱了。这时李世民展现了"战神"本色,砍瓜切菜般连杀数十人,大刀砍得都卷了刃。

双方激战正酣时,李渊派人高呼"已斩宋老生",使得隋军军心大乱,再也无心恋战,只知拼命往回跑。李渊率领全军乘势追击,城门早已为李渊军夺占,宋老生进城无望,下马跳入壕沟,被李渊部将刘弘基一刀砍死。主将被杀,战斗基本就结束了,李渊率部攻克了霍邑,突破了第一道防线。

就在此时,刘文静从突厥赶到前线,同来的还有突厥大将康鞘利所带的兵士和马匹。李渊大喜过望,军中先前所传突厥人联合刘武周进攻太原的谣言不攻自破,后方没有问题,使得李渊更加放心地全力西进。

接着便要面对镇守河东郡的屈突通。相对于刚打了胜仗气势正盛的李渊,屈突通的处境非常艰难,孤军守城,没有援兵。李渊分析说:"屈突通虽然有不少精兵,与我军仅相隔五十余里,但却不敢来战,足以证明部下已经不为屈突通效命了。"不过,李渊的判断显然有些乐观了,河东城城高险峻,屈突通率部拼死抵抗,李渊的人马攻打了几次都无法攻克，伤亡比较惨重。

该何去何从呢？继续攻打还是绕城而过？李渊倾向于后者，因为长期耗在这里，不仅会增加伤亡，还会给大兴城的隋军更多的时间做好防御准备。裴寂却不同意，他说："屈突通拥大众、凭坚城，吾舍之而去，若进攻长安不克，退为河东所蹑，腹背受敌，此危道也。不若先克河东，然后西上。长安恃（屈突）通为援，通败，长安必破矣。"屈突通手握重兵，坚守固城，就算我们今天绕开他，万一我们不能拿下长安，撤退时就会遭到屈突通的阻击，到时候腹背受敌，局势将对我们十分不利。不如我们先全力拿下河东，再选择西进。河东是长安的门户，屈突通一旦战败，长安城还不是手到擒来。

裴寂说得有道理吗？应该有些道理，正常的打法本该如此，但是他忘记了一个词——兵贵神速。几万大军在河东郡裹足不前，即使将来能够攻克城池，消耗必然会很大，大兴城的隋军早已做好准备，以逸待劳，能否顺利拿下大兴城还要画个大大的问号。

李世民站出来反驳裴寂，他说："兵贵神速，吾席累胜之威，抚归附之众，鼓行而西，长安之人望风震骇，智不及谋，勇不及断，取之若振槁叶耳。若淹留自敝于坚城之下，彼得成谋修备以待我，坐费日月，众心离沮，则大事去矣。且关中蜂起之将，未有所属，不可不早招怀也。屈突通自守虏耳，不足为虑。"打仗讲究兵贵神速，我们拥有连战连捷的余威以及四方来附的部众，如果快速西进，长安必定惊恐，当他们来不及做决定的时候，我们就已经像秋风扫落叶般拿下了长安城。若坚守在河东城下，就会使长安有充分的时间准备，致使我们贻误战机。一旦军心离散，到那时就什么都做不了了。

李渊觉得两边说的都有道理，思索再三，决定采用折中方案。他和李世民率主力向关中进攻，令李建成和刘文静驻守河东郡西边的潼关，监视屈突通，阻止其向大兴城增援。

李世民作为前锋，进展非常顺利。主要原因是关中地区有不少内应，其中势力最大的居然是李渊的第三个女儿，后来唐朝平阳公主李氏带领的队伍。李氏是位奇女子，他的夫君是柴绍，一家人住在大兴城。李渊起兵前，派密使召他们回晋阳，但两个人同时离开京城，目标太大，容易引起嫌疑。

柴绍对夫人说："你的父亲将要起兵扫平乱世，我打算前去帮助他，但一起离开不可行，我独自走后又害怕你有危险，到底应该怎么办呢？"平阳公主的回答很干脆，说："君宜速去。我一妇人，临时易可藏隐，当别自为计矣。"你赶紧离开，我是一个妇人，遇到危险容易躲藏起来，到那时自会有办法。

平阳公主有着过人的胆识，柴绍离开后，她成功地逃出了大兴城，回到鄠县（今陕西省西安市鄠邑区）的李氏庄园，女扮男装，自称李公子，将当地的产业变卖，赈济灾民，很快招收了一支几百人的队伍。李渊起兵后，平阳公主听到这个消息，决心要为父亲招募更多的人马。让人意想不到的是，她收编了当时好几支势力庞大的起义军。

这支由女子作为主帅的义军，军纪严明，令出必行，令行禁止，秋毫无犯，得到了民众的拥护。百姓将平阳公主称为"李娘子"，将这支军队称为"娘子军"，队伍声名远扬，很多人都来投奔，规模不断壮大，攻占了关中地区的许多城池和要塞。

李渊主力军队渡过黄河，进入关中地区，发现自己的女儿竟然拥有如此庞大的一支队伍，既震撼又惊喜，随即他便派自己的女婿柴绍带领数百骑兵前往渭河北岸与平阳公主会合，夫妻二人终于团圆了。顺利会师之后，平阳公主挑选出一万精兵，与丈夫共同配合父亲李渊攻打长安。

再说屈突通，他得知李渊渡过黄河，留下部将尧君素守河东，自己率部计划由武关（今陕西丹凤东南）出蓝田（今陕西蓝田）回救大兴城。但在潼关遇到了刘文静的顽强阻击，双方相持了一个月，始终不能突破潼关防线。

屈突通觉得不能再这样拖下去，做了冒险之举，派手下桑显和夜袭刘文静军营。这次偷袭收到了奇效，刘文静仓促应战，结果被流矢击中，所部士气大挫。隋军乘势攻下两个营寨，眼看就要大获全胜，结果突然停止了进攻。原来桑显和眼见胜券在握，又见军士疲惫，饥肠辘辘，于是下令暂停进攻，就地开饭，等吃饱了肚子再彻底解决战斗。

但是桑显和没有意识到，一顿饭的时间足可以改变战局。趁隋军吃饭休整之际，刘文静重新调整部署，派兵重新杀回丢失的营寨。又令一支几百人的队伍运动到隋军背后，突然发起攻击，前后夹击，隋军全军覆没，桑显和单身逃走。

屈突通的处境愈加窘迫，进不得退不得，刘文静派人劝降，屈突通痛哭道："我蒙受国家厚恩，侍奉二主，陛下对我的恩宠照顾非常优厚，拿着国家的俸禄而在困难时背叛，怎能逃避国难？只能以死报国！"还摸着自己的脖子说："应当为国家挨一刀！"手下将士看到主帅这样，深受感动，都跟着痛哭流涕。

感动归感动，但眼泪解决不了任何问题。很快李渊攻克了大兴城，派人劝降屈突通。此时屈突通已经走投无路，但还是表现得很有骨气，将李渊的使者杀掉，然后令桑显和留守，自己率主力东去，准备去洛阳投奔越王杨侗。没料到，他前脚刚走，桑显和便献城投降。刘文静派部将与桑显和率精锐追击，结果屈突通在半路被追上，双方摆开阵势，屈突通的儿子屈突寿受命去劝说他，屈突通骂道："往昔与你是父子，今天就是仇敌了。"并命令身边的人用弓箭射击屈突寿。

桑显和看到屈突通死活不投降，只好向他的部众喊话："京师陷落，各位都家住关西，为何还要向东去？"这话太有杀伤力了，众人闻听此言，全都扔掉兵器投降。屈突通见大势已去，下马向江都的方向再三跪拜，痛哭道："臣力尽兵败，没有辜负陛下，天地神祇，实所鉴察。"随后被擒送往长安。李渊见到他，问其为何迟迟不投降，屈突通说："我未能尽人臣的忠节，所以到了这个地步，让本朝蒙羞，实在是愧对代王。"李渊并未生气，反而觉得他是一个真正的忠臣，下令将他释放，并授兵部尚书，封蒋国公。

攻克大兴城

就在刘文静和屈突通在潼关对峙的时候,李渊发起了攻打大兴城的战役。此时他手下的兵马已经从最初的三万人增长到近二十万人。在此之前,李世民派刘弘基攻取了扶风,然后率部南渡渭水。驻守丰邑的李建成也奉李渊之命,率部直驱长安,对大兴城的包围圈不断缩小。

十月十四日,李渊抵达城下,驻营春明门外,二十万人马将大兴城围得水泄不通。镇守城池的名义上是代王杨侑,但实际上说了算的是刑部尚书卫文升。杨广重用他,是因为卫文升才干突出。在杨广第一次征伐高句丽时,各路兵马出师不利,损失惨重,只有卫文升这一路全身而退,这让杨广对他刮目相看。

杨玄感叛乱后,在东都洛阳被围的关键时刻,又是卫文升孤军深入,驰援洛阳。在邙山决战中,卫文升率军拼死作战,致使杨玄挺中箭而死,拖住了杨玄感的主力,为宇文述、来护儿援兵赶到赢得了宝贵的时间,做出了突出的贡献。此战过后,杨广对他更为赏识信任,让他留守京城辅助代王,对他说:"函谷关以西,全部委托给你,你安然无恙,国家就安然无恙。你有危险,国家就有危险。"并体贴地说:"你出入必须有兵士护卫,坐卧应加强防备,如今特意给你一千士卒,充当侍卫随从。"

虽然杨广对卫文升寄予厚望,但当杨广离开洛阳后,卫文升看到天下大乱,心里萌生退意,上表乞求告老还乡。杨广当然不同意,心里很不放心,特派内史舍人封德彝赶到京城,传达自己的口谕说:"京师是国家的根本,是王业的根本,是宗庙祖坟所在地,所以才派你在这里驻守,为了江山社稷,不能同意你退休。"卫文升只好硬着头皮干下去。

李渊占有绝对优势,想着兵不血刃拿下城池,他派人劝降,希望守军放下武器，但卫文升并没有理睬。这倒不是因为卫文升想死扛到底，搞个鱼死网破。根据《隋书》的记载是"师入关，自知不能守，忧惧称疾，不知政事"，卫文升当时已经七十七岁了，真干不动了，为了感恩杨广的信任，在这个位置苦苦支撑。当他听说李渊率军向大兴城进发，自知不能守御，忧愁恐惧，自称有病，不再参与政事。

既然卫文升放弃抵抗，大兴城陷落只是时间问题。代王杨侑没办法，只好令左翊卫将军阴世师主持京城防务。为了表明与城池共存亡的决心，阴世师下令"发其坟墓，毁其五庙"，挖掘了李家的祖坟，毁坏了李家的家庙，还下令杀掉了李渊最小的儿子李智云。

李智云是李渊的第五个儿子，为小妾万氏所生，相比其他兄弟，他是唯一的庶出。李渊为太原留守后，只带了李世民上任，而留下了李建成、李元吉和李智云三兄弟在家乡。李渊起兵前，密召他们到晋阳，李建成和李元吉回来了，但不知为何却留下了李智云。李渊造反后，李智云被逮捕并押解到大兴城，后被杀。

李渊感到震怒，下令发动猛攻，用了半个月便攻克大兴城。这个时候，离李渊在太原誓师起兵还不到半年，可谓势如破竹。

李渊进城后做了三件事：第一件事是"与民约法十二条，悉除隋苛禁"，这有点像当年刘邦进入咸阳后与民"约法三章"，为的是争取民心。二是斩杀了阴世师，不过对于这个不共戴天的仇人，李渊表现得宽大仁慈，只杀了阴世师，没有搞株连，"世师有子弘智等，以年幼获全"，一双儿女却因年幼免于死罪，被没入掖庭。三是迎立杨侑为帝，遥尊在江都的杨广为太上皇。

李渊之所以扶立杨侑为皇帝，出于两方面的考虑。一是取而代之的时机还不成熟，让杨侑先做个过渡，等万事俱备随时可以废黜他。二是这样做意味着杨广不再是隋朝皇帝，自己可以"挟天子以令诸侯"，占据道义上的制高点。

所有人都知道，李渊成为皇帝只是时间问题，只是需要走一些固定的程序。果不其然，杨侑下诏授李渊为假黄钺、使持节、大都督内外诸军事、大丞相、录尚书事,晋封唐王,将军政大权集于一身。李建成为唐国世子,李世民为京兆尹、秦国公,李元吉为齐国公。

自此,李氏父子完全控制了关中局势,并以此为根据地,最终打下了属于李家的江山。

第二十四章　杨广之死

过一天算一天

远在江都的杨广对此无能为力,不过对于他来说,一切都无所谓了。他此次来江南,根本就没有计划再回去,如今能够划江而治,偏安江南已经是最好的结果。

不管局势如何糟糕,但日子还是要一天一天过,如何才能不再想这些烦心事呢？杨广的选择是纵情声色。过去不怎么喝酒的杨广到了江都以后,完全变成一个酒鬼。史书记载:"荒淫益甚,宫中为百余房,各盛供张,实以美人,日令一房为主人。江都郡丞赵元楷掌供酒馔,帝与萧后及幸姬历就宴饮,酒卮不离口,从姬千余人亦常醉。"宫中一百多间房,每间摆设都极尽豪华,内住美女,每天以一房的美女做主人。江都郡丞赵元楷负责供应美酒饮食,杨广与萧后以及宠幸的美女每天都要宴饮,酒杯不离口,随从的一千多美女也经常喝醉。

即便如此,还是不能完全麻醉自己,"帝见天下危乱,意亦扰扰不自安",杨广经常还会被焦虑所包围,"退朝则幅巾短衣,策杖步游,遍历台馆,非夜不止,汲汲顾景,唯恐不足"。每天下朝后,他都会用一幅方巾将头发扎起来,身穿短衣,拿着手杖,游走于宫中的楼台观所,一直到天黑才回去,不停地观赏周边的景色,唯恐没有看够。

杨广心里有种不祥之感,隐约觉得来日不多了。他曾经拿着镜子照着,回头对萧后说:"好头颅,谁当斫之！"这样好的脑袋,不知道谁会把他砍下来。此言一出,把萧皇后吓坏了,问他何出此言,杨广苦笑道:"贵贱苦乐,更迭为之,亦复何伤！"贵贱苦乐,都是循环更替,又有什么好伤感的呢？

杨广虽然已经做好了最坏的打算，但还是努力安慰自己和萧皇后。有天夜里他夜观星象后，操着吴侬软语对萧皇后说："外间大有人图侬，然侬不失为长城公，卿不失为沈后，且共乐饮耳！"长城公说的是陈叔宝，他在隋朝得到了这个封号，而沈后是指陈叔宝的皇后沈婺华。杨广的意思是说，外面有不少人算计我，大不了我为陈叔宝，你当沈后，我们姑且只管享乐饮酒吧。

杨广虽然意识到形势比较严重，但实际上真实情况比他想象的严重得多。身边的人怕惹他不高兴，不愿给他讲实情，特别是掌握奏章和机要的虞世基，各地送来关于造反的奏报，他不是压着不报，就是避重就轻。虞世基经常和杨广说："盗贼成不了气候，地方官吏正在全力围剿，很快就会彻底消灭。"

在河北前线的隋军将领杨义臣奏报说消灭了大量的盗贼，虞世基觉得这是个好消息，如实上奏，但没想到杨广非但不高兴，反而叹息道："我原来没有听到盗贼发展到如此地步，想不到仅河北一地就有数十万之多。"虞世基一看适得其反，紧张坏了，赶忙说："盗贼人数虽多，但都是小股势力，成不了气候，不必担忧。倒是杨义臣长期在京外拥有重兵，不得不防。"杨广觉得很有道理，倒打一耙，下令将杨义臣的队伍解散，让士兵回家务农。

杨广眼见北方局势已经无法挽回，下定决心保住半壁江山。于是打算将都城从大兴城迁到丹阳（今江苏南京），这是事关国体的大事，杨广令群臣就此进行讨论。朝堂上形成了针锋相对的两派，虞世基等表示赞成，而右侯卫大将军李才等人坚决反对，"极陈不可，请车驾还长安"，恳请杨广回关中。门下录事李桐客说："江东地势低洼，气候潮湿，环境恶劣，地域狭小，难以支撑朝廷和军队，最终百姓难以承受负担而造反。"

杨广对李桐客所言面露不悦之色，御史揣摩上意，旋即弹劾李桐客，说他诽谤朝廷。李桐客被关入监狱。众臣见状，觉得杨广迁都意志坚决，不容反驳，于是纷纷表态说："江东之民望幸已久，陛下过江，抚而临之，此大禹之事也。"

既然是大喜事，又没有人反对，杨广下令修建丹阳宫，准备迁都。

骁果军不干了

虽然诸位大臣勉强同意，但另外一支重要力量却不干了，这便是杨广身边的骁果。所谓"骁果"就是禁卫军。大业九年（613年），杨广为了扩充军队招募了一批新军，这些军士大多是关中人，身强力壮，骁勇善战，所以被称为"骁果"。杨广此次来江都，带了一万多名骁果随行。

由于骁果都是关中人，思乡心切，"见帝无西意，多谋叛归"，看到杨广没有回关中的意思，暗中策划准备西逃回家。郎将窦贤开了个头，他带领部下西逃，杨广派骑兵追杀了他，但并没有起到杀一儆百的作用，仍然不断有人逃跑。这让杨广很是焦虑，如果都跑完了，最后他就成为光杆司令了。

裴矩为解杨广之忧，出了一个主意说："人情非有匹偶，难以久处，请听军士于此纳室。"骁果都是年轻小伙子，背井离乡，没有建立家庭，心中就不安，应该让军士们在本地娶妻，成家后他们就不会想家了。杨广觉得这个建议太到位了，高兴地对裴矩说："公定多智，此奇计也。"

杨广将为骁果娶妻的事情交由裴矩办理，裴矩相当给力，把江都境内未成婚的女子和寡妇集合起来，由骁果军士随意挑选。骁果对此当然很高兴，非常感谢裴矩，都说"裴公之惠也"，娶妻成家后，逃跑的人果然少了许多。

但这种稳定注定是短暂的，没过多久，不少骁果军士思乡之情又起。带头的竟然是杨广最为信任的骁果将领司马德戡，他奉命统领骁果，驻扎在江都的东城。

司马德戡看到烽烟四起，觉得隋朝岌岌可危，不知道该如何办才好，于是找来平时要好的虎贲郎将元礼、直阁将军裴虔通商量，他说："现在骁果人人想逃跑，如果如实反映情况怕被杀头。如果不说，事情真发生了，也逃不了族灭，怎么办？又听说关内沦陷，李孝常以华阴反叛，皇上囚禁了他的两个弟弟，准备杀掉，我们这些人的家属都在西边，能不担心这事吗？"元、裴两人一听都惊了，急忙问："既然如此，有什么好办法呢？"司马德戡给出的答复是："骁果若亡，不若与之俱去。"如果骁果都逃亡，我们不如和他们一起跑路。

司马德戡四处联络，朝中的一些大臣和骁果不少将领纷纷响应，准备一起逃跑。开始还是暗地联系，到后来索性半公开了。不少人都知道要生变，一位宫女听到风声，告诉萧皇后说："外面有人要造反。"萧皇后让她直接和杨广说，没想到杨广不仅没有听，反而下令杀了宫女，理由是这不是宫女应该过问的事情。

既然杨广想当鸵鸟，别人也只能成全他。后来又有人和萧皇后说起这样的事，她表示道："天下事一朝至此，势去已然，无可救也。何用言，徒令帝忧烦耳！"天下大事到了这个地步，大势已去，无法挽回。何必禀告呢？徒令陛下增添烦恼而已。"自是无复言者"，从这以后没有人再说这事。

司马德戡等人本来定于三月月圆之夜结伴西逃，但此时有一人说了一番话，令局势发生了颠覆性变化。此人是宇文述的儿子宇文智及，他得知司马德戡的计划后，对司马德戡说："陛下虽然无道，可是威令还在，你们逃跑，和窦贤一样是找死，现在是老天爷要隋灭亡，英雄并起，同样心思反叛的已有数万人，乘此机会起大事，正是帝王之业。"司马德戡此前满脑子想的都是逃跑，从来没有想过兵变造反的事情，听到宇文智及如此分析，觉得很有道理，逃跑没出息，不如干票大的。

但做这种大事总需要一个领头的，经过商议确定的人选是宇文智及的哥哥，宇文述的另一个儿子宇文化及。司马德戡等将想法告诉宇文化及,他的反应是"初闻大惧,色动流汗",脸色都变了,直冒冷汗。

宇文化及有这样的表现并不奇怪,他原本就是一个没有见过大世面的纨绔子弟。这位公子哥仗着自己父亲的权势,为非作歹,为所欲为,经常骑着高头大马,带着家丁仆人,挟弓持弹,狂奔急驰于长安道上,因此,城中百姓称他为"轻薄公子"。

杨广当太子的时候,宇文化及为宫廷护卫官,经常出入杨广的内宫,同杨广处得很亲近,后累迁为太子仆,成为东宫的高级僚属,与杨广的关系更加密切。他的弟弟宇文士及娶了隋炀帝的长女南阳公主,攀上了皇亲后,宇文化及更加骄横,目中无人,在同公卿百官交往中,说话很蛮横,许多公卿都受到过他的侮辱。

杨广登基后,授宇文化及为太仆少卿。他倚仗与当今皇上的老交情,更加贪婪妄为,横行不法,终于惹出了大事。大业初年(605年),杨广驾临榆林郡,陪驾的宇文化及和弟弟宇文智及违背禁令与突厥人做买卖。杨广得知后大怒,把他囚禁了几个月,驾返京城时,杨广下令杀宇文化及。但南阳公主出面求情,才免他死罪。宇文述死前为两个儿子求情,杨广念及旧情,才重新起用他们。

杨广身边最亲近的人都准备造反,他离末日越来越近了!

司马德戡加快了部署,为了让骁果完全听他指挥,派人散布谣言说:"陛下听说骁果想反叛,酿了很多毒酒,准备利用宴会把骁果都毒死,只和南方人留在江都。"这则谣言在骁果中造成了极大的恐慌,司马德戡见时机成熟,召集全体骁果军吏,宣布了兵变计划,所有军士都表示听从司马德戡的指挥。

自作孽不可活

司马德戡在当夜三更集合数万军士,正式开始举事。与此同时,在江都城的内应也做好了准备。唐奉义和裴虔通商量好,各门都不上锁。杨广感觉不对劲，看到有火光，同时听到阵阵喧嚣声，问询发生了什么事，当天值班的裴虔通回道："草坊失火，外面的人在一起灭火呢。"杨广信以为真。

宇文智及也开始行动，他在宫城外集合了一千多人，劫持了负责巡夜的禁军将领，然后让军士分头把守街道。杨广的孙子燕王杨倓感觉情形不对，赶紧入宫汇报，到玄武门时假称自己中风，很快就要死了，想与皇上见面告个别。裴虔通非但不通报，还把杨倓关了起来。

第二天天还未亮，司马德戡的先遣队伍到达宫城，裴虔通用他们来替换各门的卫士，然后带人直扑杨广的寝宫。负责护卫寝宫的右屯卫大将军独孤盛看到来了这么多的人，问他们是什么队伍，为何到这里。裴虔通说："形势已经这样了，不关将军您的事，不要轻举妄动！"独孤盛大骂："老贼，说的什么话！"顾不上披铠甲，就与身边十几个人一起拒战，寡不敌众，最后被乱兵杀死。

司马德戡率部直扑玄武门，玄武门的位置很重要，是通往后宫的最后一道防线，因此杨广对玄武门的防卫非常重视。他从官奴中挑选了几百个勇猛矫捷的猛士安置在这里，称为"给使"，杨广对他们特别优厚，甚至将宫中女子嫁给他们做妻子。所以，这些人对杨广忠心耿耿，死心塌地。

只是，有句话说得好——"堡垒最容易从内部攻破"。司宫魏氏深得杨广信任，但她早已和司马德戡等勾结，答应做内应。这一天，按照事前商议好的，魏氏假传圣旨，让给使们全体出宫休假，这样一来，杨广最看重的最后一道防线消失了。

司马德戡几乎没有遇到任何阻拦，顺利从玄武门进入宫城。杨广此时才知道根本不是什么失火，而是有人造反了。于是赶忙换上一件衣服，逃到了西阁。裴虔通在魏氏的引领下带兵闯入永巷，问："陛下在哪里？"有位美人出来指出杨广的藏身之处。裴虔通让校尉令狐行达拔刀冲上去，杨广躲在窗后对令狐行达说："你想杀我吗？"令狐行达回答："臣不敢，不过是想奉陛下西还长安罢了。"说完扶杨广出了西阁。

杨广到了永巷，发现叛军头领是裴虔通，大为吃惊，问道："卿非我故人乎！何恨而反？"你不是我的旧部吗？有什么深仇大恨要谋反？杨广所言不虚，早在还是晋王时，裴虔通就是他的亲信，等杨广登基后，凭借这种关系，裴虔通屡获提升，成为杨广身边的近臣。因此他看到裴虔通参与其中，感到非常吃惊，裴虔通的回答和令狐行达如出一辙，说："臣不敢谋反，只是没有办法，关中将士都想回家，所以用这种方式请陛下回京罢了。"

杨广一听原来是这个起因，觉得形势没有想象中那么坏，顺水推舟说："朕正打算回去，只为长江上游的运米船未到，现在和你们回去吧！"裴虔通随即派兵将杨广看管起来。

接下来该众人推举的宇文化及出来主持局面了，司马德戡派人去迎接他。但没想到宇文化及胆小如鼠，他没有参与兵变的过程，一直在府中待着，不知道外面发生了什么，在众人的簇拥下，勉强上了马。在去往宫城的路上，但凡有人在马前拜见，宇文化及只会低头趴在马鞍，连说"罪过"。

宇文化及胆战心惊地来到宫城，司马德戡迎接他进入大殿，称呼其为丞相。相比于宇文化及的惶恐，失去人身自由的杨广显出难得的镇定，裴虔通对他说："百官悉在朝堂，陛下须亲自慰劳。"裴虔通让随从牵马过来，请杨广上马，杨广予以拒绝，理由是这匹马的马鞍太破旧。裴虔通没有办法，只好找了一副新马鞍换上，杨广这才同意上马。一路上，叛军看到杨广被擒获，欢声雷动。裴虔通原本想带着杨广去见宇文化及，听任宇文化及处置。但宇文化及不敢面对杨广，不同意见面，让他们处死杨广。

司马德戡和裴虔通只好将杨广带到寝殿，他们拔刀站在边上，虎视眈眈地看着杨广。杨广知道已经没有挽回余地，叹息道："我有什么罪过，为何到了今天？"司马德戡和裴虔通沉默不语，一个叫作马文举的叛军将领说："陛下违弃宗庙，巡游不息，外勤征讨，内极奢淫，使丁壮尽于矢刃，女弱填于沟壑，四民丧业，盗贼蜂起，专任佞谀，饰非拒谏，何谓无罪！"你抛下宗庙不顾，不停地巡游，对外连年征伐，对内奢靡无度，青壮男子都战死在沙场上，妇女弱者死于沟壑之中，民不聊生，盗贼蜂起，天下大乱，而你一味任用奸佞，拒不纳谏，文过饰非，怎么能说没罪？

马文举的意思是杨广不仅有罪，而且罪名很多且罪过很大。杨广回道："朕实负百姓，至于尔辈，荣禄兼极，何乃如是！"我确实对不起百姓，可是你们这些人，荣华富贵都到头了，为什么会这样？接着质问道："今日之事，谁是主谋？"挑头的司马德戡站出来应声答道："溥天同怨，何止一人！"整个天下的人都心怀怨恨，哪止一个人？此时宇文化及派封德彝去宣布杨广的罪状。杨广对他说："你可是个读书人，怎么也干这种事？"封德彝羞红了脸，退了下去。

司马德戡终于要动手了，他首先拿杨广身边的赵王杨杲开刀，杨杲是杨广最宠爱的幼子，当时只有十二岁，没见过这样恐怖的场景，不停地号啕大哭。裴虔通觉得心烦，上去持刀将杨杲砍死，血溅到杨广的衣服上。

下一个该轮到杨广了，他此时不再害怕，努力维护一个帝王最后的尊严，杨广对叛军说："诸侯之血入地，尚大旱三年，况天子乎？天子自有天子的死法。"杨广所说的死法是喝毒酒，这是他早就准备好的，在此之前，杨广感到形势悲观，很可能有杀身之祸，于是就用瓶子装好了毒酒，交给身边的美人，告诉他们："如果盗贼进来，你们先喝，然后我喝。"但此时左右美人都逃走了，无法找到准备好的毒酒。

令狐行达按着杨广坐下，准备动粗。杨广无奈之下解下身上的白练巾，交给令狐行达，曾经雄心万丈、想着建立千秋功业的杨广就这样被活活勒死，结束了五十岁的人生。萧皇后和几个宫女拆下几块床板，做成了一个小棺材，将杨广的遗体草草安葬。

有功无德隋炀帝

杨广的结局非常悲惨,但后世几乎没有人同情他,都觉得他落得如此下场完全是咎由自取。一如《隋书》里的评价:"土崩鱼烂,贯盈恶稔,普天之下,莫匪仇雠,左右之人,皆为敌国。终然不悟,同彼望夷,遂以万乘之尊,死于一夫之手。亿兆靡感恩之士,九牧无勤王之师。子弟同就诛夷,骸骨弃而莫掩,社稷颠陨,本枝殄绝,自肇有书契以迄于兹,宇宙崩离,生灵涂炭,丧身灭国,未有若斯之甚也。"

"天作孽,犹可违,自作孽,不可逭",杨广成为不作死就不会死的典型,再加上祖君彦那篇檄文流传甚广,深入人心,只要说起杨广,自然就与荒淫无道联系起来,一棍子打死,永世不得翻身。

不过,如果用脸谱化评价一位历史人物,似乎过于简单,尤其对于杨广这样一个复杂的人物,事实上,一直以来对杨广一生的评价并不是一个声音。

《剑桥中国隋唐史》说:"在中国的帝王中,他绝不是最坏的,从他当时的背景看,他并不比其他皇帝更加暴虐。他很有才能,很适合巩固他父亲开创的伟业,而他在开始执政时也确有此雄心。但是他希望历史会肯定他的执政以及他追求豪华壮观的欲望,这就使他的判断力不能发挥出来。那种骄奢淫逸的作风只能使阿谀奉承之辈得势,而他周围确有这样一批人,这对他是致命的。远征高句丽——这种企图的目的我相信是合理的,即使是传统的——随着每次失败,却使他越来越着迷,而着迷对于拥有最高权力的专制君主及其统治的人民来说往往是致命的。"

张国刚先生在《资治通鉴启示录》中说:"在他统治的大业年间,确实有几件大事业不能不说。比如,营建东都洛阳,修建京杭大运河,西巡出塞,开拓疆土,开设进士科。还有一些不为公众所关注的成就。比如,隋炀帝曾经下诏大力发展教育和学术事业,'君民建国,教学为先。移风易俗,必自兹始',隋末大学者王通在炀帝继位时刚二十岁,房玄龄、杜如晦、魏徵、李靖等都是他的学生,王通的教学活动主要是在大业时期。"

无论如何评价杨广,有一点是无可置疑的,他并不是从即位之初就荒淫无道。恰恰相反,如同他确定的年号"大业"一样,他心里极为渴望做一些大事,让自己千古留名,并带着整个王朝走上前所未有的高度。他为此殚精竭虑,确实做成了一些大事,但是他忽略了一个极为重要的事情,所有的一切都以百姓的付出为前提。在杨广眼里,只有宏大的目标,而没有百姓的生死,"以天下为易事,视民生为儿戏",最终自己成了自己的掘墓人。

蒙曼教授对此概括得很到位,她说:"隋炀帝是大暴君,只是,暴君不是昏君,隋炀帝虽然无德,但是有功。只是他的功业,没有和百姓的幸福感统一起来,所以才会有'巍焕无非民怨结,辉煌都是血模糊'的说法。"又说"确实,隋炀帝有功,但是无德。所谓无德,就是不识人君之大体,不知道君、臣、民之间到底应该怎样处理关系。也就是内圣不足吧。隋炀帝是个绝对的个人英雄主义者,这种个人英雄主义,表现在他对于自身建功立业的狂热追求上。事实上,正是因为隋炀帝盲目追求前无古人后无来者的英雄业绩,忽略了老百姓的承受能力,忽略了人民的幸福感,才会有滥用民力的行为,才会有最终的失败。帝王这种形式的纵欲带来的灾难,远大于追求个人享乐所带来的灾难。"

《剑桥中国隋唐史》也有近似的观点:"儒家修史者对炀帝道义上的评价的确是苛刻的,因为他们把他描写成令人生畏的典型的'末代昏君'。在民间传说、戏剧和故事中,他的形象被作者和观众随心所欲的狂想大大地歪曲了——人民生活在一个无节制地使用权力、有豪华宫殿和享有无限声色之乐的世界中,只能产生这种感情上的共鸣。"

对杨广的这份"共鸣"成为主流,特别是对于他的私生活,荒淫好色成为他最主要的标签。为此什么样的传言都有,有传言说他专门修建"迷楼",迷楼中千门万户,曲折不断;幽房雅室,室室相通。进入迷楼，让人如坠云端，不知所在。杨广挑选了美女数千人居住在迷楼中。他每天在此淫乐，有时一个多月仍不想出去。

还有传言说杨广为了满足其淫欲，打造了"如意车"。"如意车"极其狭小，只能容下一人，并且里面设置了许多机关，将女子放到车中，车中的机关就将她的手脚全都卡住，女子的身子就没法动一下，杨广便可为所欲为了。此外还有让美女拉纤，让宫女穿开裆裤等等。按照这样的说法，要论荒淫程度，杨广在古代皇帝中可以名列三甲。

但这些绘声绘色的故事基本都是虚构的，为的是对杨广刻意抹黑。准确地说，杨广确实有耽于安逸、沉湎酒色的一面，但那是第三次下江都之后。在此之前，他不是在准备出巡就是在出巡的路上，没有那么多时间和精力花在酒色上面。换句话说，如果杨广在征伐高句丽前去世，留在史书上的将是一个非常有为的帝王，可惜历史从来没有假设。

对此，一些历史学家站出来为杨广打抱不平。当代历史学家胡戟说："在中国从门阀贵族政治向科举官僚政治转化，从门阀社会向门阀后社会转化的历史关头，宇文泰、宇文邕、杨坚、杨广、李世民、武则天六人都做出了历史性的贡献。其中，在政治改革中走得最远的是隋炀帝和武则天。可后面这两位在历史上却是脏水被泼得最多的。"

张国刚先生对杨广的"荒淫无度"也不认同，他说："炀帝被杀时是五十岁，共有四个儿子，两个女儿，其中一个儿子很早就夭折了。在活下来的五个孩子中，可以了解的是至少有两子一女是萧皇后生的。说隋炀帝荒淫，实在不知从何说起。相比较而言，李世民活了五十一岁，留下了十四个儿子，二十一个公主，是三十五个孩子的父亲。隋炀帝的子女只是李世民的一个零头，说炀帝荒淫好色，至少从这一点来看，是不真实的。萧皇后是隋炀帝一生的最爱，没有人能编排出隋炀帝在萧皇后之外，还有特别青睐的哪个妃子。"

《剑桥中国隋唐史》对此表示认可，"民间文学把炀帝描绘成荒淫无度的人——以各种异想天开的方式沉迷于女色。但人们会发现，即使怀有敌意的修史者也不能掩盖这一事实，即他的正妻，一个聪慧和有教养的妇女，从未遭到他的冷落而被宫内其他宠妃代替，她始终被尊重，而且显然受到宠爱。"

无论后世何种评价，喋血江都的杨广都感受不到了。宇文化及离开江都后，负责镇守江都的陈棱，感念杨广的旧恩，集众缟素，为他发丧，算是给杨广补办了一个体面的葬礼，将他改葬在吴公台下。"大唐平江南之后，改葬雷塘"，杨广的身后之地又变成了雷塘。唐朝诗人罗隐对此颇有感怀，写了一首《炀帝陵》，其中写道："君王忍把平陈业，只博雷塘数亩田。"

2013年，扬州西湖镇一家房地产公司施工，无意中挖出一座古墓，经考古学家考证，这座古墓的主人是隋炀帝杨广。相比于他的帝王身份，坟墓显得非常寒酸，占地只有二三十平方米，规模甚至不如当地一些小地主的坟墓。

杨广被杀，开启了血腥大屠杀的序幕。杨广每次出巡都带着弟弟蜀王杨秀，实际上是将他软禁在身边。宇文化及本来想拥立杨秀为新皇帝，但其他人不同意，于是将杨秀和他的七个儿子全部杀掉，接着又诛杀了杨广的次子杨暕和他的两个儿子。

齐王杨暕死得最冤也最为糊涂，在大哥太子杨昭死后，杨暕本来最有希望成为太子。但是他自律性太差，品性骄纵，妄行不法，使得杨广对他越来越疏远，父子间变得相互猜忌。杨广常担心这个儿子会发动政变，因此给杨暕的侍卫都是老弱病残之人。江都叛乱刚发生时，搞不清具体情况的杨广对萧皇后说："莫非是阿孩邪！"阿孩是杨暕的乳名，他还以为是杨暕兴兵作乱。宇文化及派人到齐王府抓捕杨暕，同样不明真相的杨暕还以为是父亲要逮捕他，哀求道："请不要下手，孩儿不负老爹。"叛军不由分说将他砍死了，杨暕至死还以为是父亲杨广对他下了毒手。

隋朝杨姓皇族，不管是婴儿还是老人，一律处死，只剩下秦王杨浩，因为他与宇文智及平日多有来往，交情不错，所以没有被列入屠杀名单。

杀完了皇亲国戚，接下来轮到朝臣了。虞世基、裴蕴、来护儿等都被诛杀，重臣里只有裴矩和苏威幸免。裴矩是因为给骁果张罗娶妻，获得了军士们的好感。叛军们都说"非裴黄门之罪"，意为裴矩没有过错，不应该受惩罚。裴矩见到宇文化及，立即在马前下跪，主动投降。而苏威是因为杨广对他冷落，后期基本没有参与政事，另外，他名气大、资历老，宇文化及把他当作了安抚人心的招牌。

该杀的都杀完后，宇文化及以萧皇后的命令立杨浩为皇帝。不过杨浩只是一个傀儡，住在别宫，只负责在宇文化及拟定的诏书和文告上签字。

第二十五章　曲终人散

三位隋帝并立

杨广之死，引发了连锁反应，留守东都洛阳的大臣认为杨侗是原太子杨昭之子，与皇帝的血缘最为接近，于是共同拥立他为皇帝。这样一来，天下出现了三位杨姓皇帝并立的局面，只是这三位都说了不算，但只要他们在，隋朝还不能算亡。

三位皇帝中最先倒台的是杨侑，杨广被杀的消息传到长安后，李渊大哭一场，说："吾北面事人，失道不能救，敢忘哀乎！"我北面称臣侍奉君王，君王失道我却不能挽救，虽说如此，我又岂敢忘记哀痛悲伤呢？事实证明，这只是李渊表演的一场政治秀，因为在两个月后，他逼迫隋恭帝杨侑禅位于他，建立了唐朝。

第二个丢掉皇位的是杨浩。宇文化及带着十多万人马离开江都，说是要返回关中，被扶立为皇帝的杨浩裹挟其中。一路上发生了许多变故，走到半路，骁果将领沈光、麦孟才、钱杰为了给杨广报仇，图谋铲除宇文化及，但事情败露，没有成功，全部被诛杀。

到达彭城后，由于水路不通，宇文化及下令掠夺当地的牛车两千辆，把宫女珍宝共同装车；他的戈甲兵器，也让兵士背着。由于道路遥远，人困马乏，三军将士怨声载道，觉得宇文化及比杨广还要狠毒。

宇文化及对司马德戡颇为猜忌，任命他为礼部尚书，表面上升官了，实际上是剥夺了他的兵权。司马德戡因此愤愤不平，对当初建议他拥护宇文化及的赵行枢抱怨道："君大谬，误我！当今拨乱，必藉英贤；化及庸暗，群小在侧，事将必败，若之何？"你真是害我不浅，当今这样的局势，一定得靠有杰出才干的人才能领导，宇文化及没有才能又昏庸愚昧，一群卑劣的小人围在他身边，肯定要坏事，那该怎么办？赵行枢不以为然，答道："在我等耳，废之何难？"这有何难，废掉他是分分钟的事。

于是，司马德戡、赵行枢和几位将领暗中联络，准备发动兵变诛杀宇文化及，拥立司马德戡为主。但此事又遭泄露，宇文化及派宇文士及装作游猎到司马德戡的大营，司马德戡并不知道事情败露，出营迎接，宇文士及趁势逮捕他。宇文化及质问他说："我和你共同努力平定海内，冒着天大的风险。如今事情刚刚成功，正想一起保富贵，你又为何要谋反呢？"司马德戡实话实说道："本来杀昏主，就是受不了他的荒淫暴虐；推立足下，却比昏主有过之而无不及；迫于人心，也是不得已。"宇文化及大怒，下令绞死司马德戡，并诛杀了他十九个同党。

杀掉司马德戡，宇文化及继续西进，在黎阳被李密大败，手下部众大多逃亡，只剩下不到两万人。宇文化及看到这样的惨状，心灰意冷，觉得失败不可避免，天天借酒浇愁，每次喝多了都埋怨弟弟宇文智及说："当初干这件事，我并不知情，都是你的安排，让我当领头人，而今干什么都不能成功，兵士天天逃跑，头上还罩着谋害君王的罪名。天下之大，没有人接纳。落得今天的结局，岂不都是因为你？"话里话外，觉得自己是被弟弟忽悠了。宇文智及当然不背这个锅，大怒道："当事情顺利的时候，你怎么不说这种话？现在眼看要失败，既然把罪状都归到我身上，为什么不杀了我投降窦建德。"兄弟俩争吵不停，搞得士气更为低落。

宇文化及知道大势已去，叹息道："人生故当死，岂不一日为帝乎？"人注定难免一死，不如当一天皇帝过过瘾。于是，将傀儡皇帝杨浩毒死，在魏县称帝，国号许。

流星一般的王朝

如今只剩下唯一的杨姓皇帝杨侗。他的帝位同样不安稳，因为东都洛阳被李密团团包围，危在旦夕，手下最能打的王世充也屡战屡败。但是，宇文化及的西进给他带来了生机，因为李密陷入了两线作战的窘境。于是派使者前来请降，宰相元文都劝杨侗一定要抓住时机，赦免李密，命他攻击宇文化及，这样一来，他们相互残杀，可以坐收渔翁之利。等到宇文化及败亡，李密也会疲惫不堪，到时候再收拾李密，就会变得易如反掌。杨侗觉得有理，于是任命李密为太尉、尚书令、魏国公，让他全力抗击宇文化及。

杨侗的决定引发了王世充的极大不满，他对手下将领说："元文都那些人都只是会写文章的文人，我看事态的发展，一定会被李密控制。再说我们和李密多年作战，杀死了人家的兄弟父兄子弟，李密一定会报仇，如果一旦成为他的属下，我们这些人就没有活路了。"他说这话的意思很明确，就是为了拱火，挑动属下反对元文都和李密。

元文都得知此事后，非常恐惧，与左右密议准备在上朝时杀掉王世充。但此时内部出了叛徒，一个叫作段达的下属担心此事很难成功，于是将元文都的密谋告诉了王世充，王世充随即带兵包围宫城。元文都指挥宫内侍卫试图抵挡，但实力悬殊，城门最终被攻破。杨侗见到王世充领兵入宫，急问为何如此，王世充说："元文都、卢楚谋相杀害，请斩文都，归罪司寇。"元文都、卢楚想害我，只要把他们杀了，甘愿接受责罚。

杨侗看到已经无法控制局势，对元文都说："公自见王将军也。"元文都哭道："臣今朝亡，陛下亦当夕及。"今天我死了，下一个就轮到陛下您了。但是，一切都无济于事，元文都和他的儿子全部被杀。

杨侗的境遇更为凶险，王世充将他的护卫全部更换，换上了自己的人，实际上是将杨侗软禁起来。王世充接着大败李密，更加飞扬跋扈。有一次他吃了杨侗赐给的食物，回家就闹肚子，怀疑是食物中毒，以此为由不再上朝。接着又让杨侗晋升自己为相国，统领百官，封为郑王，加九锡之礼。

王世充已经迫不及待地想篡位了，让手下劝说杨侗将帝位禅让给自己，但被杨侗严词拒绝，杨侗说："天下者，高祖之天下，若隋德未衰，此言不可发；必天命有改，亦何论于禅让？公等皆是先朝旧臣，忽有斯言，朕复当何所望！"这天下是高祖（隋文帝）的天下，如果我隋朝的气数还没有衰竭，这种话就不该讲；如果天意要改朝换代，那还谈什么禅让不禅让？各位都是先帝的老臣，突然说出这种话，我真失望啊！

王世充觉得杨侗是敬酒不吃吃罚酒，派人告诉他："现在国内还没有平定，必须有个年长的君主，等到天下太平无事了，恢复您皇上的位置。一定遵守以前的盟约，绝不违背。"意思是暂时替杨侗坐一下皇位，等天下安定了再还给杨侗。这听上去非常荒唐，但杨侗对此已经无能为力，只能把皇位禅让给王世充，改国号为郑。一个月后，杨侗被毒杀，他留下的最后一句话是："愿自今已往，不复生帝王家。"

随着杨侗之死，意味着隋朝成为历史的过往。

隋朝自开皇元年（581年）建立，义宁二年（618年）灭亡，只有短短的三十七年，是中国古代历史上的一个短命王朝。但是虽然享国时间不长，但地位却非常重要。隋朝结束了三百多年的分裂局面，成为真正意义上统一的多民族国家。隋文帝励精图治，经济得到了快速发展，开创了"开皇之治"，实现了从魏晋南北朝走向大唐盛世的成功过渡。成功解决了长期以来北方游牧民族对中原的威胁，隋文帝因此被尊称为"圣人可汗"，构建了以隋朝为中心的东亚秩序。隋朝建立了科举制，为后世历代所传承；开凿了大运河，使得黄河、长江流域连接在一起，消除了南北经济文化交流的障碍。

因此，隋朝虽然国祚不长，但在政治、经济、文化等诸多方面贡献很大，对后世产生了巨大影响。这一点很像同样是二世而亡的秦朝。没有秦，便没有强汉；没有隋，也就没有盛唐。正如王夫之所说："隋统一天下……以启唐二百余年承平之运……隋无德而有政，故不能守天下而固可一天下，以立法而施及唐宋，盖隋亡而法不亡也。"

隋亡而法不亡，这个短命王朝就像一颗流星，在历史的星空中转瞬而逝，在它夺目光芒的照耀下，中华民族的历史即将进入一个最为鼎盛的时代！